作者简介

李 东 男，山东安丘人，青岛理工大学副校长，教授，硕士生导师，主要从事思想政治教育的研究与实践工作。主持完成教育部人文社会科学研究任务项目等课题9项，公开发表学术论文近20篇，出版专著2部，曾获山东省高校学生教育管理工作优秀科研成果奖一等奖、中国高等教育学会第七次（2009）优秀高等教育研究成果专著类优秀成果奖等。

孙海涛 男，青岛理工大学副教授，硕士生导师，山东高校辅导员名师工作室主持人，主要从事思想政治教育、绩效管理等方面的研究与实践工作。主持完成教育部人文社会科学研究任务项目等课题7项，公开发表学术论文近20篇，曾获全国高校辅导员工作优秀论文评选一等奖、山东省高校学生教育管理工作优秀科研成果奖一等奖、山东软科学优秀成果奖二等奖等。

教育部人文社会科学研究专项任务项目（高校思想政治工作）"在大学生中积极培育和践行社会主义核心价值观研究"（批准号13JDSZ1011）资助

思想政治教育研究文库
教育部思想政治工作司组编

在大学生中培育和践行社会主义核心价值观研究

Foster and Practice the Core Socialist Values among College and University Students

李东　孙海涛／著

中国书籍出版社
China Book Press

图书在版编目（CIP）数据

在大学生中培育和践行社会主义核心价值观研究/
李东，孙海涛著．—北京：中国书籍出版社，2015.3
（思想政治教育研究文库）
ISBN 978－7－5068－4793－3

Ⅰ.①在…　Ⅱ.①李…②孙…　Ⅲ.①大学生—思想
政治教育—研究—中国　Ⅳ.①G641

中国版本图书馆 CIP 数据核字（2015）第 051816 号

在大学生中培育和践行社会主义核心价值观研究

李　东　孙海涛　著

责任编辑	张翠萍　卢安然
责任印制	孙马飞　马　芝
封面设计	中联华文
出版发行	中国书籍出版社
地　　址	北京市丰台区三路居路 97 号（邮编：100073）
电　　话	（010）52257143（总编室）　　（010）52257153（发行部）
电子邮箱	chinabp@ vip. sina. com
经　　销	全国新华书店
印　　刷	北京彩虹伟业印刷有限公司
开　　本	710 毫米×1000 毫米　1/16
字　　数	261 千字
印　　张	15
版　　次	2015 年 5 月第 1 版　2015 年 5 月第 1 次印刷
书　　号	ISBN 978－7－5068－4793－3
定　　价	68.00 元

总　序

　　为深入学习贯彻党的十八大和十八届三中、四中全会精神,落实立德树人根本任务,进一步提升大学生思想政治教育工作科学化水平,教育部思想政治工作司启动《思想政治教育研究文库》培育建设工作,旨在鼓励和引导广大思想政治教育理论研究和实际工作者聚焦大学生思想政治教育理论和实践领域的规律性前沿性问题,把经验提升为理论,增强工作与研究的科学化水平,切实提升大学生思想政治教育工作质量。

　　把握思想政治教育的时代特征。中央高度重视和关心大学生思想政治教育工作。党的十八大以来,习近平总书记发表系列重要讲话,对全面贯彻党的教育方针,为党和人民的事业培养合格建设者和可靠接班人作出重要指示,强调"青年一代有理想、有担当,国家就有前途,民族就有希望",强调"广大青年要从现在做起,从自己做起,要从勤学、修德、明辨、笃实四个方面下功夫,强调"广大青年要使社会主义核心价值观成为自己的基本遵循,并身体力行大力将其推广到全社会去"。中央在颁发2004年16号、2005年8号文件的基础上,2014年,中办、国办又印发《关于进一步加强和改进新形势下高校宣传思想教育工作的意见》,对加强高校宣传思想工作作出全面部署。围绕贯彻落实习近平总书记系列重要讲话精神和中央有关文件精神,教育系统各级党组织高度重视,大力推动,思想政治教育工作在改进中加强,在创新中发展,取得了重要进展。方法和途径深入拓展,队伍建设不断加强,育人环境不断优化,广大青年学生思想政治面貌主流积极健康向上。在肯定工作和成绩的同时,我们也要清醒的看到,高校作为各种思想文化交流交锋的前沿和阵地,所面临的形势仍然十分复杂和严峻。随着信息技术的日新月异和对外开放的不断扩大,思想政治教育对象、环境、方式、内容都发生了很大变化,新媒体技术对思想政治教育实践产生的影响越来越深远,社会新变革对思想政治教育理论创新的需要越来越迫切,青少年的成长特点对思想政治教育模式变革的诉求越来越强烈。受环境、个人成长经历、社会思潮的影响,青少年学生的独立性、选择性、差异性更为凸显。这些都是思想政治教育学科需要研究的新问题,需要应对的新挑战。广大思想政治教育工作者需要准确把握当前的这些时代特征,梳理总结新中国成立以来尤其是改革开放以来大学生思想政治教育取得的可喜成绩和宝贵经验,关注时代发展的特点和党的战略部署,不断丰富完善具有中国特色的大学生思想政治教育的工作体系和理论体系,树立思想政治教育理论自信,形成思想政治教育理论自觉。

聚焦思想政治教育的前沿问题。马克思指出"问题就是公开的、无畏的、左右一切个人的时代声音。问题就是时代的口号,是它表现自己精神状态的最实际的呼声。"思想政治教育的前沿问题是指在理论研究和实际工作中遇到的热点问题、难点问题和规律性问题,这些问题对大学生成长成才以及思想政治教育创新发展产生重要影响,具有普遍性、集中性和迫切性等特点,需要进行创造性的研究和破解。一是要树立问题意识。从理论研究角度说,没有问题意识就没有理论聚焦,没有理论聚焦就不能形成对问题的关注,思想政治教育理论和实践的创新发展过程,就是一个不断地提出问题、回应问题、解决问题的过程。从实际工作层面看,问题意识来自于现实生活的呼唤。现实生活中矛盾、问题的集中爆发,必然引起人们的普遍关注,成为当下迫切需要解决的社会热点和难点问题。二是要掌握正确的方式方法。思想政治教育规律所揭示的是思想政治教育发展过程中的内在本质联系。从受教育者的角度看,有效的思想政治教育必须遵循受教育者身心发展的一般规律,这就要求思想政治教育工作者必须正确掌握和运用科学的方式方法,坚持以理服人、以文化人。既要正确处理统一要求与因材施教的关系,也要根据受教育者身心发展规律,坚持和掌握反复教育与强化教育的原则和方法。反复和强化不是简单地重复某一原理或结论,而是从各个层面阐述基本原理,从而使受教育者在感受生动性、鲜明性和独特性、新颖性中理解基本原理。三是要有跨学科的视野。思想政治教育学科经过30余年的励精图治,学科发展渐成规模、学科体系不断完善、人才培养日趋优化,但相较于其它学科还显得年轻,基础也相对薄弱。所以,思想政治教育的创新发展要深入发展,走内涵式发展道路,其理论研究和实践探索就需要具备跨学科视野,在坚持独立性,遵循理论研究规律、思想工作规律、人才培养规律、课程设置规律和创新发展规律的基础上,借鉴其他学科的优秀理论成果和研究方法,丰富自身建设内容,建构自身发展体系,进而深化研究,推进实践。思想政治教育研究的跨学科实践,关键在于把握跨"度",与其他学科之间形成适度张力,形成符合实践需要的中国特色的思想政治教育内容、方法和理论体系。

推动理论与实践的相互促进。习近平总书记指出,"不论是新问题还是老问题,不论是长期存在的老问题还是改变了表现形式的老问题,要认识好、解决好,唯一的途径就是增强我们自己的本领。增强本领就要加强学习,既把学到的知识运用于实践,又在实践中增长解决问题的新本领。"正是因为抓住了"实践"这条生命线,思想政治教育理论研究才逐步从经验走向科学,形成了具有自身特色的研究领域、研究范式、研究方法和研究体系。实践是思想政治教育研究的源泉和动力,思想政治教育研究是实践的指导和依据,二者相互作用,互为依存。要实现思想政治研究与实践的相互促进,就要根植于中国特色社会主义思想政治教育的伟大实践,开展对实践中新问题、新情况的导向性研究,并通过实践不断丰富学科内涵,提高研究的质量。要坚持思想政治教育研究的现实取向,也就是要理论联系实际,坚持在实践中形成理论、发展理论、运用理论,把实际工作作为研究的"试验场",促进研究的发展、实务工作的推进和研究者的成长。要探索研究成果的转化应用和实践检验模式,扎实推动研究成果在思想政治教育实践中的推广应用,形成有效的理论成果转化体系,用实践来检验成果的可用不可用,管用不管用。

入选《思想政治教育研究文库》培育建设计划的这些著作都是广大思想政治教育工作者长期研究和探索过程中心血和智慧的结晶,他们着眼于大学生思想政治教育领域的重要理论和现实问题,从立德树人、教育现代化、交叉学科、拔尖创新人才培养、提升思想政治教育针对性实效性等多元视角入手,研究规律,总结经验。这些作品从不同的角度反映了大学生思想政治教育理论研究与实践探索的丰硕成果,是大学生思想政治教育创新发展的宝贵财富。

希望在《思想政治教育文库》的引领和示范下,广大思想政治教育工作者坚持理论联系实际,以高度负责的态度、科学严谨的精神来做研究,既推出成果,又锻炼队伍,为落实立德树人根本任务,提高思想政治教育工作科学化水平,推动教育事业科学发展做出新的更大贡献。

编委会

2015 年 5 月

序

齐秀生

　　青岛理工大学李东等同志的专著《在大学生中培育和践行社会主义核心价值观研究》一书入选教育部《思想政治教育研究文库》，即将由中国书籍出版社出版，我在此向他们表示祝贺！

　　党的十八大报告指出："倡导富强、民主、文明、和谐，倡导自由、平等、公正、法治，倡导爱国、敬业、诚信、友善，积极培育和践行社会主义核心价值观。"富强、民主、文明、和谐是国家层面的价值要求，自由、平等、公正、法治是社会层面的价值要求，爱国、敬业、诚信、友善是公民层面的价值要求。社会主义核心价值观把涉及国家、社会、公民的价值要求融为一体，体现了社会主义本质要求，继承了中华优秀传统文化，也吸收了世界文明有益成果，是增强民族凝聚力和向心力的纽带，是推进全面深化改革的强大正能量和社会和谐的价值支撑。社会主义核心价值观提出之后，在社会各界引起了巨大反响和广泛关注，掀起了培育和践行社会主义核心价值观的高潮。中央办公厅印发了《关于培育和践行社会主义核心价值观的意见》，全面阐释了培育和践行社会主义核心价值观的重要意义、指导思想、基本原则和方式方法，并提出把社会主义核心价值观要求体现到经济建设、政治建设、文化建设、社会建设、生态文明建设和党的建设各领域，推动培育和践行社会主义核心价值观同实际工作融为一体、相互促进。因此，正确理解社会主义核心价值观的内涵，深刻把握培育和践行社会主义核心价值观的现实意义和实践价值，努力使之融入每个中国人的精神和生产生活中，对于实现中华民族伟大复兴中国梦具有重要的理论意义和实践价值。

　　高校作为培养中国特色社会主义事业合格建设者和可靠接班人的重要基地，也是培育和践行社会主义核心价值观的精神高地，应该坚持育人为本、德育为先，围绕立德树人的根本任务，把社会主义核心价值观作为大学生思想政治教育和文化素质教育的核心内容,解决好大学生世界观、人生观、价值观这个"总开关"问题。习近平总书记强调指出:"青年的价值取向决定了未来整个社会的价值取向,而青年又处在价值观形成和确立的时期,抓好这一时期的价值观养成十分重要。这就像穿衣服扣扣子一样,如果第一粒扣子扣错了,剩余的扣子都会扣错。人生的扣子从一开始就要扣好。"在大学生中积极培育和践行社会主义核心价值观,是整合大学生价值共识的基本路径,是实现全面发展人才培养目标的首要问题,也是引导大学生自觉实现"中国梦"的动力之源。如何在大学生中积极培育和践行社会主义核心价值观,把社会主义核心价值观融入教育教学、融入社会实践、融入文化育人、融入制度建设、融入研究传播,使之成为大学生世界观的基础、人生奋斗的目标和行动选择的指南,是高校思想政治教育的新方向和新目标,也是广大教师特别是思想政治教育工作者必须面对的重要课题。

李东等同志的专著《在大学生中培育和践行社会主义核心价值观研究》,从马克思主义的基本立场、原理、观点出发,以马克思主义意识形态理论为原则,紧扣时代脉搏,立足大学生群体的特殊性,从历史考察与现状分析、理论思辨与体系建构、实践探索与整体推进等方面对在大学生中培育和践行社会主义核心价值观的理论和实践进行了有益探索。该书在以下几个方面具有自身的特色:一是从马克思主义基本理论、中华优秀传统文化、中国特色社会主义理论体系三个维度,对社会主义核心价值观的理论渊源进行了深度解析,进而概括提炼出了社会主义核心价值观四个理论价值与实践功能;二是通过实证研究,运用自然科学的方法分析大学生对社会主义核心价值观的认同状况,进而从量的角度把握大学生对社会主义核心价值观的认同程度、自觉践行程度及影响因素,提高了研究结论的有效性和可靠度;三是积极探索并初步建构在大学生中培育和践行社会主义核心价值观的方法论体系,从实施原则、创新模式、长效机制等方面,实现了在大学生中培育和践行社会主义核心价值观从理论到实践的迁移。特别是从哲学方法论、思想政治教育学方法论、系统方法论和心理学方法论四个角度,探求在大学生中培育和践行社会主义核心价值观方法创新的理论基础,并提出了"四个转变"的创新方法;四是结合大学生思想政治教育实践工作,把社会主义核心价值观融入教育教学与管理服务全过程,坚持联系大学生实际,区分层次和对象,从课堂教学、社会实践、大学文化、网络新媒体、中华优秀传统文化等五个维度,对在大学生中培育和践行社会主义核心价值观的实现路径进行了系统整合与梳理。

《在大学生中培育和践行社会主义核心价值观》一书借鉴了十八大以来有关

社会主义核心价值观研究的最新成果,融合了多年来大学生思想政治教育工作的理论与实践经验,尤其在继承性与时代性、理论性与应用性互相融会贯通方面做出了新的努力。希望本书的出版能对新时期在大学生中积极培育和践行社会主义核心价值观起到积极的促进作用,共同推动大学生思想政治教育工作不断创新发展。真诚希望李东及其研究团队能够在本书的基础上进一步深化研究,在大学生思想政治教育探索与实践的道路上不断进取,获得新的突破!

2015 年 2 月

目 录
CONTENTS

导　论

　　2013 年 8 月 19 日,习近平总书记在全国宣传思想工作会议上讲话指出:"经济建设是党的中心工作,意识形态工作是党的一项极端重要的工作。"进入 21 世纪后,随着经济全球化的不断深入和国际竞争日趋激烈,原有国与国之间意识形态的约束逐渐被打破,原有的思想观念、宗教信仰、文化传统、生活方式等诸多方面受到前所未有的冲击,人们的思想观念与文化追求呈现出多元化的特征。同时大学生的价值取向也面临着内容的多样化选择,大学生价值取向多样化的趋势越来越明显。在此背景下,确立什么样的主流价值观,就成为一个重要而且迫切的历史任务。苏联演变的教训告诉我们,在国内外敌对势力搞垮苏联的过程中,意识形态方面起了十分重要的作用,首先是意识形态演变,其次是政治体制演变,最后是经济基础演变。意识形态的演变是先导,党和政权的变质是关键,经济基础的变化是必然结果。因为在社会主义国家里,敌对势力只有夺取政权,才有可能实现制度演变;而在共产党执政的条件下,只有共产党自己思想混乱、组织涣散,敌对势力才能夺取政权。苏联的演变从反面证明了邓小平提出的"两手抓,两手都要硬"的正确性,只有坚持在集中力量把经济搞上去的同时,努力抓好意识形态领域的工作,旗帜鲜明地批判各种错误思潮和观点,把握正确的舆论导向,建设社会主义和谐社会,才能保证中国特色社会主义伟大事业世代相传。

　　党的十八大报告提出了"24 字"社会主义核心价值观,即"倡导富强、民主、文明、和谐,倡导自由、平等、公正、法治,倡导爱国、敬业、诚信、友善,积极培育和践行社会主义核心价值观。"社会主义核心价值观是对党的十六届六中全会提出的建设社会主义核心价值体系的丰富和发展,标志着中国特色社会主义核心价值体系建设取得了重大突破。"24 字"社会主义核心价值观体现了社会主义意识形态的本质,是抵制资本主义意识形态渗透的迫切需要,为新时期加强和改进大学生思想政治教育工作指明了方向。在大学生中积极培育和践行社会主义核心价值观,可以引导青年学生有效地进行价值取向整合,帮助青年学生树立正确的主流价值观。通过对大学生这一特殊群体的价值引导、整合和教育,还可以深层次地影响大学生的思想和行为。当他们以良好的精神面貌、正确的人生价值观和健康积极的心态走向社会之后,将对在全社会形成崇尚和自觉践行社会主义核心价值观的新风尚起到积极的引领和带动作用。本书也是贯彻落实中共中央办公厅印发的《关于培育和践行社会主义核心价值观的意见》的实践探索。大学生是全面建成小康社会、实现中华民族伟大复兴中国梦的后继力量和生力军,高校思想政治教育工作者要加强正面教育和人文关怀,为把当代大学生培养成中国特色社会主义事业的合格建设者和可靠接班人贡献智慧和力量。

一、在大学生中培育和践行社会主义核心价值观的时代背景

深入分析和准确把握在大学生中培育和践行社会主义核心价值观的时代背景,有助于深刻理解这一理论,并赋予这一理论鲜明的时代特征,进而有利于促进和推动这一理论在实践层面的展开。通过理论与实践的有效结合,促进大学生对社会主义核心价值观的高度认同、遵循内化直到自觉践行。

(一)经济全球化对大学生价值观的影响

第二次世界大战以后,尤其是冷战结束后,由于金融业跨国公司、通信技术和大众传媒等方面的发展导致了全球经济走向一体化的进程,经济全球化已成为当今世界各国都无法避免的发展趋势,通过经济要素的世界性流动和信息、知识、文化的跨国交流,世界各国纷纷卷入到全球经济一体化浪潮中来。不可否认,经济全球化推动了我国现代化的进程,提高了人们的物质生活水平,但西方意识形态借助于经济全球化的传播也给我国社会主义意识形态领域造成了威胁。经济全球化虽然最先开始于经济领域,但是随着其进程的进一步深化,东西方价值观在经济全球化的进程中也发生着激烈的碰撞和冲突,西方国家也借助于经济全球化对大学生灌输资本主义意识形态。有的大学生甚至认为时代变了,马列主义不再具有普遍的指导意义,对马列主义理论课教学不感兴趣,这使得马列主义在当代大学生中遇到挑战。

究其原因,首先是随着全球经济一体化的迅猛发展,西方国家在宣传企业、产品的同时,也将品牌意识、企业文化潜移默化地移植到青年大学生的头脑中,借助于全球经济一体化所带来的影响,向我国青年大学生传播其生活方式、伦理价值。

其次是圣诞节、感恩节等"洋节"逐渐兴起,并伴随着一定的商业炒作而走进千家万户,在一定程度上弱化了中华传统节日的影响力;再次,经济全球化促使大学生就业竞争越来越激烈,尤其近年来席卷全球的金融危机,使得就业环境愈加紧张,不少大学生盲目选择出国留学,希望通过"镀金"提高自身竞争力,这导致崇洋心态凸显,并给国内的高等教育事业带来了一定冲击。

(二)世界政治格局变化对大学生价值观的影响

冷战结束后,随着华约的解体,美国成为世界上最发达的国家,发达国家与发展中国家之间、大国之间、大国与小国之间由于地缘、历史、意识形态以及各种现实的原因,还存在一定范围的利益冲突,总体上看,"世界并不太平"是对当今世界格局的真实写照。以美国为首的西方资本主义国家出于控制世界和反对社会主义制度的战略需要,通过政治、经济、文化、外交等多种手段继续对我国实施"和平演变",西方国家借助于经济全球化步伐加快的机会,凭借自己的经济和科学技术的优势地位,发挥在世界上具有强大文化渗透力的优势,对大学生的价值观进行渗透和腐蚀,企图利用我国社会变革的敏感期,改变我国的主流意识形态和地位,进而影响我国政治体制改革的社会主义方向。

现阶段部分大学生对西方国家所宣传的思想观念不加辨别一概接受,进而对我国的社会主义意识形态产生不满,这正是西方资本主义国家的目的。在此背景下,在大学生中培育和践行社会主义核心价值观,对于坚持社会主义办学方向,加强和改进大学生思想政治工作,全面提高大学生的综合素质具有极其重要的理论价值和实践价值。培养中国特色社会主义事业合格建设者和可靠接班人,最根本的就是着力培养真心认同、自觉践行社会主义核心价值观的"四有"新人。① 社会主义核心价值观作为社会主义意识形态的本质体现,从国家伦理的高度明确了社会主义社会的核心价值观念,完善了马克思主义伦理理论,丰富和发展了中华传统伦理道德重构的理论体系,在大学生中积极培育和践行社会主义核心价值观,有助于拨开缠绕在大学生心中的团团迷雾,使他们更加坚定地走中国特色的社会主义发展道路。

(三)社会文化和思潮多样化对大学生价值观的影响

首先是社会文化方面。前面已经提到,随着经济全球化步伐的加快,全球化的进程也开始向文化领域扩张,我国的传统文化也被注入了新的元素,中西方文

① 朱善璐:《以社会主义核心价值观引领立德树人工作》,载《人民日报》,2014年6月17日。

化交融,文化的发展趋势朝着多样化方向发展,西方文化和东方文化、亚文化与反文化、现代文化和传统文化、非主流文化与主流文化、大众文化与精英文化等共存。在多样文化并存使当今社会充满勃勃生机的同时也存在一些矛盾和冲突,这给高校思想政治教育工作者带来很大的挑战。青年大学生现在能通过各种途径接触到许多西方的思想文化,这其中有很多东西迎合了当下年轻人追求时尚、寻求刺激的心理,使得他们更愿意花费时间去追求。相反,他们对于我国的传统文化,却不屑一顾,认为它们跟不上时代的步伐,属于被淘汰的一列。文化多样化对我国传统文化的冲击和对目前的和谐文化建设是一个不小的障碍。多样文化并存是社会主义核心价值观发展兴盛的基础,社会主义核心价值观必须在多样文化中处于核心与引领地位。社会主义核心价值观的地位得到巩固和强化了,各种文化才能沿着正确方向发展。

其次是社会思潮方面。在全球化深入发展和我国全面对外开放的情况下,各种思想文化的交融交锋更加频繁,各种社会思潮相互激荡,相互碰撞,相互竞争,这不可避免对人们的思想产生重大影响。尤其近几年我国在社会思潮方面采取了相对宽松的政策,多种社会思潮共存,学者对各种当代西方思潮的研究也呈现出繁荣的趋势,社会思潮的多种并存以及不同意识主体之间的客观差异使社会思潮处于差异甚至冲突的状态下,传统与现代、国内与国外、积极与消极、接收与排斥等形式的冲突成为其主要表现形式。这种状况也导致了多种社会思潮之间正确与谬误、文明与愚昧、进步与落后、真善美与假恶丑之间的对立,甚至会导致多种思想观念的激荡和斗争。在未来一段时间内,将会出现以马克思主义为主导、多种思潮竞相发展的新趋势,一元主导下的并存互动将成为多种思潮发展的主要趋势。实证研究表明,社会思潮影响青年大学生的情况呈现出一些新的特征:青年大学生并不是以理性的方式系统把握社会思潮,更多的是采取感性和日常生活体验的方式接触社会思潮;各种社会思潮并不以观点的正确性、理论的完整性来吸引大学生,而是以理论观点的新奇性来吸引大学生;各种社会思潮影响的相互渗透性加强,大学生接受各种社会思潮的可能性也在逐渐加大,虽然青年大学生对接受各种社会思潮的态度日渐趋于客观合理性,但理论基础的缺乏使他们对各种社会思潮的本质缺乏足够认识。当前社会思潮多样化的特点,对我国在意识形态领域的工作提出了更高的要求,越是社会思潮和价值观念趋向多样化的时候,越需要用全社会所普遍认同的思想理论和价值观念来统一思想认识,整合价值取向。由于社会主义核心价值观和其他社会思潮并存共生,彼此渗透,因而建立科学有效的引领机制就成为解决"怎样引领社会思潮"的首选之举。① 如何用社会主义核心价值观引领多样化的社会思潮,在尊重差异、包容多样的基础上,最大限度地达成共识,是当前我国意识形态领域所面临的一项非常紧迫的任务,这也是十八大报告提出"24字"社会主义核心价值观的根本目的所在。

(四)社会变革对大学生价值观的影响

目前,我国社会正处在全面和复杂的社会变革时期,不断带来利益关系的分化和重组,这对大学生的价值观、价值理念产生了不同程度的影响。对于部分大学生来说,甚至是强烈的冲击,以至于在他们中间出现了价值混乱、无所适从的状况,以前认为合理的东西现在似乎变得不合理了,过去的标准已经不能适应现代社会生活了,可供他们选择的东西越来越多,常常处于选择的两难困境中。现代科技革命的到来使科学技术逐渐上升为生产力要素的第一位,成为经济社会发展中占据第一位的根本价值。我国高度重视科教兴国战略的重要地位,积极借鉴和吸收西方发达国家的先进科学技术和经济管理经验,促使人们更加重视知识文化的重要性。近年来,高学历、高素质人才如雨后春笋般涌现出来,但是,这种对科学技术空前高涨的热情也导致人们过分重视个人能力和专业知识,而轻视对内在修养和良好心理素质的培养,中华优秀传统文化中一些关于道德品格的精华思想逐渐被现代科技革命的发展趋势所淹没。一些高校未对社会需求和就业市场进行深入调研就盲目开设很多所谓的"热门"专业,不断扩大招生规模,把科学知识的培养作为唯一的教育目标,忽略人文精神的教育和引导,这导致了人才的粗放型增长,无形之中提高了学生步入社会的门槛。

首先,社会经济结构的变革是大学生价值观念出现新特征的根本原因。市场经济追求利益最大化,尽管市场经济对我国经济社会的发展起到了很大的促进作用,但由此也引起了价值观念的多元化、多样性,导致了大学生群体个人主义和功利主义的泛滥。其次,外来文化进入我国带来的不同价值观念之间的碰撞和冲突是大学生价值观念出现新特征的重要原因。大学生群体的价值观还处于不成熟和不稳定的阶段,往往对外来文化和新生事物充满好奇,当各种价值观念交融糅合在一起的时候,必然会使大学生在进行价值判断、选择、评价的时候产生迷茫和混乱,价值观呈现出多样性、模糊性的特点。最后,社会局部问题突出化是大学生

---

① 程霞、马得林:《社会主义核心价值体系引领社会思潮机制研究述评》,载《毛泽东思想研究》,2014年第5期,第142~146页。

价值观念出现新特征的直接原因。我国社会总体是和谐的,但也存在不少影响社会和谐的矛盾和问题,比如:就业、社会保障、教育、医疗、住房等关系人民切身利益的问题。问题是局部的,但其消极影响往往是突出的、全局的。关乎青年大学生切身利益的主要是就业和社会保障问题。

(五)生态危机对大学生价值观的影响

改革开放以来,我国在经济社会发展方面取得了巨大成就,但发展模式仍然以传统的工业发展模式为主,占据 GDP 主导地位的是高能耗、高污染的资源消耗型产业。据统计,目前我国单位国内生产总值污染物排放均高出发达国家的数倍以上,其中二氧化碳和日均污水排放量分居世界第二位和第一位。2010 年我国废水排放总量 617.3 亿吨,比上年增加 4.7%,其中生活污水排放量 379.8 亿吨,比上年增加 7.0%;工业废水排放量 237.5 亿吨,比上年增加 1.3%,自 2001 年以来,废水排放总量呈持续上升趋势;全国废气中二氧化硫排放量 2185.1 万吨,工业固体废物产生量 24.1 亿吨,均大大超过环境容量。[①] 严峻的生态危机带来了诸多不稳定因素,近年来环境污染纠纷事件频发,随着人们对环境问题的广泛关注,人们逐渐对饮用水安全、大气污染和食品安全等问题越来越不满,有一部分人为了青山绿水,为了新鲜的空气,为了健康的食物,而竭尽全力移民海外,环境因素目前已经成为我国移民的主要原因之一。大学生虽然生活在相对单纯的学校环境中,但他们的思想活跃,善于利用各种新媒体广泛获取信息,他们往往对于社会热点问题有着比较独立的判断,生态环境问题引发的矛盾和冲突常常引起他们的关注。大学生对生态环境问题的看法相对较长远,他们深知生态环境对于社会和国家发展的意义和价值以及对于个人生存和发展的重要性,因此生态危机对大学生的价值观、价值判断同样产生着重要影响。由于大学生本身思想具有不成熟性,加之生态环境资源具有典型的公共性,一些大学生往往认为自己连最起码的生存权都没有保障,就会不断对政府产生不信任,久而久之,大学生会逐渐丧失对国家的信任感和归属感。

二、在大学生中培育和践行社会主义核心价值观的意义与价值

大学生的价值观念和理想信念直接关系到国家和民族的未来。社会主义核心价值观既是灵魂的教育,也是教育的灵魂。在大学生中积极培育和践行社会主

---

①　数据来自环保部 2010 年中国环境统计年报。

义核心价值观对在全社会深入推进社会主义核心价值体系建设、培养全面发展的合格建设人才、实现中华民族伟大复兴的中国梦具有重要的意义与价值。

（一）深入推进社会主义核心价值体系建设的现实需要

党的十六届六中全会通过的《中共中央关于构建社会主义和谐社会若干重大问题的决定》对社会主义核心价值体系的内容做了科学的阐述，即"马克思主义指导思想，中国特色社会主义共同理想，以爱国主义为核心的民族精神和以改革创新为核心的时代精神，社会主义荣辱观。"多年来，在中国共产党的领导下，社会主义核心价值体系建设工作取得了巨大成就。无论在引领社会思潮、凝聚社会共识方面，还是在把握和坚持社会主义意识形态的本质，以及巩固和规范社会公众的价值和道德规范等方面，社会主义核心价值体系都发挥了极大的作用。但在深入建设实践中，人们也感觉到社会主义核心价值体系存在纯理论化的表述不利于理解、文字表述较多不利于记忆等不足，不利于社会主义核心价值体系在全社会特别是在广大青年学生中普及和推广。社会主义核心价值观，"是党的十八大关于文化建设和社会主义核心价值体系建设的一个突出亮点和点睛之笔，为继续推进社会主义核心价值体系建设确立了精神内核。"①利用最朴实简单的词语，使用易于理解的表达方式科学阐述了社会主义核心价值体系的精髓。这样的表述方式可以与我国古代核心价值观表述方式相媲美，易于被普通大众特别是青年学生接受和熟记，这对帮助广大青年学生更好地理解和全面把握社会主义核心价值体系的内涵，自觉践行社会主义核心价值体系起到了积极的促进作用。

十八大提出的"三个倡导"的社会主义核心价值观，从价值的三个维度——价值目标、价值追求和道德准则进行了明确的阐释。"富强、民主、文明、和谐"表达了现阶段全社会的价值目标，是我们建设中国特色社会主义的基本目标；"自由、平等、公正、法治"表达了现阶段全社会的价值追求，是价值理念追求的最大公约数；"爱国、敬业、诚信、友善"表述了现阶段全社会的道德准则，是社会大众应达到的基本道德水准。社会主义核心价值观既体现了建设富强、民主、文明、和谐社会主义国家建设目标理想，又充分吸收人类一切文明成果，把自由、平等作为全社会的价值理念。与社会主义核心价值体系相比，社会主义核心价值观更能反映普通人民群众的道德理念和价值追求。通过在青年学生中培育和践行社会主义核心

---

① 戴木才：《积极培育和践行社会主义核心价值观》，载《思想教育研究》，2014 年第 2 期，第 15 页。

价值观,就可以把社会主义核心价值体系的内涵内化为青年大学生的自我价值追求和价值实践,从而不断推动社会主义核心价值体系建设工作向更高层次和更深领域发展。

(二)整合大学生价值共识的基本路径

在今天这样社会急剧变革的年代,在经济全球化、政治多极化、文化多元化、信息网络化的背景下,在社会主义市场经济条件下和多种利益和价值观并存的格局下,没有统一的社会价值共识,社会就会四分五裂、分崩离析。在这种情况下,在大学生中积极培育和践行社会主义核心价值观、整合价值共识成了当代高校德育工作之首要任务。

"价值观只有通过主导价值观凝聚社会成员的思想并使之渗透于社会的各个领域,才能发挥巨大而持久的主导和引领作用。"①研究表明,由于受到国内外形式多样的社会思潮的影响,青年大学生的主导价值观受到较大冲击。随着时代的发展变化,学生个性发展不断得到社会的认可和肯定,大学生价值观念的个性化取向日趋明显。在整个社会转型期和矛盾凸显期,各种社会现象在网络传播的作用下一夜之间被放大或扭曲,各类事件的"真相"明显违背或扭曲了人们的传统价值理念和价值认同。一边是"全社会扶不起一名摔倒的老人"的道德谴责,另一边却又是"老人自己摔倒却无端讹诈前来帮扶的中学生"的冷酷现实。复杂社会现象让青年学生感到迷茫,道德的滑坡和价值观的混乱让大学生无所适从。在这样纷繁复杂的社会环境中,青年大学生传统的价值参照系发生了巨大的变化。一些狭隘的、极端的甚至有悖于传统价值观的价值观念都成了青年大学生的价值取舍的参照。大学生是社会主导价值观培育的主要群体,青年时期又是形成正确价值观的关键时期。在这种多元价值差异共存的现状下,大学生主导价值观的形成就必须用社会主义核心价值观来规范和引领。

社会主义核心价值观一改过去单一体现个人对国家、对社会应承担的责任或应付出的义务,吸取和借鉴了人类文明的一切积极成果和人类价值共识的美好价值理念,充分体现了个体的个性发展和需要——自由、平等、公正、法治。社会主义核心价值观倡导的价值理念,站在了人类价值共识的制高点。按照先进性与广泛性相结合的原则,克服过去传统价值观教育中政治化色彩过浓的缺点,用更加

---

① 杨燕:《当代大学生价值观取向的问题分析及对策》,载《道德与文明》,2010 年第 3 期,第 84～89 页。

务实、人性的价值理念引导大学生端正价值理念,端正理想与现实完美结合的价值取向。在大学生中培育和践行社会主义核心价值观,有助于扭转当前大学生价值观念功利化、短期化、个性化等不良倾向,实现大学生多元价值取向整合和规范的目的。

(三)实现全面发展人才培养目标的首要问题

把当代大学生培养成思想纯洁、道德高尚、有知识、有能力的一代新人,既是高校在立德树人教育工作中的历史使命,同时也是历史发展对大学生的必然要求。当代大学生肩负着全面建成小康社会、实现中华民族伟大复兴的历史重任。要完成这样的历史重托,大学生不仅需要掌握扎实的科学知识、具备坚韧不拔的意志和顽强拼搏的奋斗精神,而且要在纷繁复杂的各种社会思潮中,坚定正确的政治方向和政治立场,善于运用马克思主义的立场、观点和方法去分析问题,这样才能始终保持清醒的政治头脑,保持正确的发展方向。随着社会结构、利益格局发生深刻变化,大学生的思想观念和价值取向就必须符合时代的发展变化,自觉把个人的价值追求融入实现远大理想的实践中,坚定正确的政治立场,这样才能成长为勇承重载、奋勇向前,不辜负党和人民重托的有责任、有作为的一代年轻人。

大学生正处于价值观的形成与发展的关键时期。面对纷繁复杂的社会思潮和价值取向,只有通过在青年学生中积极培育和践行社会主义核心价值观,才能引导青年学生准确运用科学的观点、立场和方法面对多样化价值思潮和价值取向,就不会被一些价值思潮所迷惑,个人的价值取向也就不会迷失。价值观的形成和确立,也并非是一成不变的,在各种复杂的社会环境和充满诱惑的社会生活中,青年时期确立的价值观很容易受到外界因素的影响和诱导,导致出现价值理念的偏颇,要使青年学生牢固树立正确的价值观,就需要把社会主义核心价值观内化于心,外化于行,这样才能帮助青年学生驱除杂念,坚定信仰,成长为中国特色社会主义事业的合格建设者和可靠接班人。

(四)主动应对西方资本主义价值输入和价值渗透的必然要求

当前,社会上有一些人极力吹捧西方资本主义推行的所谓"普世价值观",究其本质,其实就是"个人本位"和"个人主义",他们对个人权利极度推崇,吹捧所谓的个人自由化,在全世界强行推行他们所谓的"人权民主"和"个人至上的价值观"。这种西方资本主义奉行的"自由加民主"价值观具有表面光鲜无瑕、动机伪装巧妙等特点,对正处于青春年少、善于接受新事物、思想开放但明辨力不强的青年大学生来说,具有极大的诱惑力和欺骗性,这对他们正确价值观形成的负面影响不言而喻。特别是当前我们的一些传统价值观教育手段和方法还停留在填鸭式灌输教育的简单模式,这些标榜"人权民主至上"的西方资本主义价值观对青年学生的影响更是不可低估。在大学生中培育和践行社会主义核心价值观,可以帮助广大学生清楚认识西方资本主义奉行的"人权民主至上"价值观的本质,揭穿其"人权民主"的伪面具,提高大学生应对西方资本主义价值输入的自觉抵制能力。

西方资本主义在全世界推行西方价值的同时,也在利用各种机会对我国进行价值方面的"分化"和"侵蚀"。一方面,随着改革开放和经济全球化的不断深入,我国与世界各国的经济文化社会交流不断加深,在给我国经济社会发展带来难得机遇的同时,各种社会思潮、思想文化观念和价值观念也随之涌入我国,对人们生活方式、思想文化观念以及价值观念产生了很大影响。另一方面,西方发达资本主义国家拥有先进的技术优势,他们占据了青年学生获取信息的最大来源渠道——互联网的控制权限,对信息拥有绝对的屏蔽、筛选、窃听、监视等一切权限,他们通过选择一些"别有用心的信息",把他们的价值观不留痕迹地传输给青年大学生,实现悄无声息的渗透,价值领域的渗透斗争形势严峻。"价值观念多元多样多变,西方敌对势力乘机加紧对我国实施价值观渗透战略。"①面对以上西方价值观领域的渗透与反渗透局面,党的十八大提出的社会主义核心价值观涵盖国家、社会、个人三个层面,易于普通人理解,易于转化为行动。在大学生中积极培育和践行社会主义核心价值观,是自觉抵御西方社会思潮和价值观念的侵蚀,彻底挫败西方敌对势力对我国实施"西化""分化"图谋的有力武器。

(五)引导大学生自觉实现"中国梦"的动力之源

2012 年 11 月 29 日中共中央总书记习近平同志在参观"复兴之路"展览时,首次提出了实现中华民族伟大复兴的"中国梦"。到目前,中国梦已经涵盖了全社会的最大共识,涵盖了全国各族人民的共同愿景,涵盖了世界所有华人的共同心声。在大学生中培育和践行社会主义核心价值观,有助于把中国梦的伟大梦想与每一个青年大学生的梦想紧密结合起来,实现远大理想与现实实践的有机结合;有助于在纷繁复杂的国际国内环境中,使青年大学生始终保持清醒头脑,始终有坚定的信念和源源不断的动力,从而为实现中国梦提供坚强保证。

共同富裕,公平正义,民主法治,自由平等,诚信友善,文明和谐……这些内容

---

① 吴潜涛:《深刻理解社会主义核心价值观的内涵和意义》,载《人民日报》,2013 年 5 月 22 日。

既是人民群众的愿望理想，也是每个人中国梦的不同体现。而这些平实朴素的梦想与社会主义核心价值观是完全相融合的，社会主义核心价值观为中国梦的实现指明了方向。当代大学生是中国特色社会主义建设的中坚，关系到中国梦能否成功实现。在青年学生中积极培育和践行社会主义核心价值观，就可以有效地把青年学生个人的梦想与全社会的思想共识紧密联系起来，自觉把个人梦想融入伟大的中国梦之中，增强奋斗精神，自觉在全面建成小康社会的进程中书写青春华章，自觉把中国梦作为自己的愿望梦想和理想追求。

"核心价值观鲜明体现了一个社会主导性的价值准则，因而构成一个民族、国家发展进步须臾不可缺失的精神支柱。"①实现中华民族伟大复兴的中国梦，不是一朝一夕的事情，不是一蹴而就的事情。它注定是一个长期而艰难的过程，需要在中国共产党的领导下，动员激励全体中华儿女为实现中国梦而持续团结奋斗。这个长期的奋斗过程离不开坚实的精神支撑。通过在大学生中积极培育和践行社会主义核心价值观，能够教育引导广大青年学生胸怀共产主义远大理想，坚定中国特色社会主义信念，增强抵制各种腐朽思想侵蚀的能力，做到坚持理想信念不动摇，坚持奋斗精神不懈怠，自觉投身到中国特色社会主义伟大事业中，自觉把个人的前途命运与国家和民族的前途命运紧密联系起来，努力学习，掌握本领，艰苦奋斗，自觉磨炼自己，为实现中国梦而贡献青春，为实现中国梦提供坚实的能力保证。

三、本书的写作思路和逻辑结构

本书坚持辩证唯物主义和历史唯物主义，从马克思主义的基本立场、原理、观点出发，以马克思主义意识形态理论为原则，从解读在大学生中培育和践行社会主义核心价值观的时代背景及意义入手，分析了社会主义核心价值观的理论渊源与理论内涵，概括提炼了社会主义核心价值观的理论价值与实践功能，对我国大学生价值观教育的历史经验以及大学生社会主义核心价值观认同现状进行了实证研究，构建了在大学生中培育和践行社会主义核心价值观的方法论体系，从课堂教学、社会实践、大学文化、网络新媒体、中华优秀传统文化五个方面对在大学生中培育和践行社会主义核心价值观的路径进行了探索。本书主要分为四大部分：第一、二、三章为理论解析部分；第四、五章为实证研究部分；第六、七、八、九章

---

①　张朋智：《社会主义核心价值观与中国梦的内在联系》，载《光明日报》，2013 年 4 月 6 日。

为方法创新部分;第十、十一、十二、十三、十四章为实践探索部分。

第一部分,理论解析。回顾了社会主义核心价值观的理论发展,从马克思主义的价值观思想、中国特色社会主义理论体系、中华优秀传统文化三方面论述了社会主义核心价值观的理论渊源,梳理了有关概念,厘清了价值观与意识形态、理想信念之间的关系,对社会主义核心价值观的理论内涵进行了解读。从社会主义本质、社会主义意识形态、社会主义治国方略、提升文化软实力四个方面论述了社会主义核心价值观的理论价值,从认同、激励、凝聚、整合四个维度分析了社会主义核心价值观特有的实践功能。

第二部分,实证研究。回顾梳理了大学生价值观教育的历史进程,分析了大学生价值观教育发展的基本特点,概括总结了改革开放以来大学生价值观教育的经验与启示。进而,在广泛进行问卷调查和个别访谈的基础上,通过实证分析得到大学生社会主义核心价值观的认同现状,并对影响要素做了深度分析。本部分的研究结论为在大学生中培育和践行社会主义核心价值观的路径选择、方法创新以及长效机制的建立提供了基础依据,对后续的理论与实践研究提供了问题导向和针对性建议。

第三部分,方法创新。结合当代大学生这一群体的特点,承接对大学生社会主义核心价值观的认同现状调查及影响因素分析,提出了在大学生中培育和践行社会主义核心价值观需坚持的原则,在坚持马克思主义指导地位、立足中国特色社会主义实践、汲取中华传统文化精华、把握价值观的时代要求、坚持社会主义核心价值观主导引领多样化思潮的基础上,特别强调了以人为本在培育和践行社会主义核心价值观过程中的现实意义,重点阐述了落细、落小、落实的原则要求。论述了培育和践行核心价值观方法创新的哲学方法论、思想政治教育方法论、系统学方法论基础和心理学方法论基础,通过借鉴教育学、伦理学、人才学、心理学、社会学、系统科学、信息论、生态论等理论和方法,提出了从经验型向科学型、从灌输型向情感型、从线下模式向线上线下互动模式、从单一方法向多种方法融合运用转变等创新性方法体系。

第四部分,实践探索。植根社会主义核心价值观的理论分析,依托大学生价值观教育的实证研究,围绕培育和践行社会主义核心价值观的方法论基础,结合时代背景与要求,对在大学生群体中培育和践行社会主义核心价值观的路径进行了较为细致和全面的探索。既强调了课堂教学的主渠道作用,也突出了社会实践这一有效载体的地位和优势。同时,立足大学生实际和高校发展现实,紧扣信息时代的发展趋势与脉搏,从精神文化、制度文化、环境文化、行为文化等层面对如何运用大学文化这种重要力量,更好推进在大学生中培育和践行社会主义核心价值观的方法进行了系统分析,并进一步凸显出新形势下网络新媒体和中华优秀传统文化对大学生社会主义核心价值观形成与发展的重要意义。

第一章

社会主义核心价值观的理论渊源

党的十八大报告提出的"24 字"社会主义核心价值观是对社会主义核心价值体系基本理念的深刻阐述和高度概括,是我国社会主义核心价值体系建设的丰富和发展。改革开放以来,我们党不断深化对社会主义核心价值观的认识与探索,构建形成了关于社会主义核心价值观的理论体系。追溯社会主义核心价值观的理论渊源,主要有三方面的内容:马克思主义的价值观思想、中国特色社会主义理论体系、中华优秀传统文化,这三个方面既相互区别又有机联系,共同规定着社会主义核心价值观的性质和方向,为社会主义核心价值观奠定理论前提和内容基础。

一、社会主义核心价值观的理论发展

1949 年《中国人民政治协商会议共同纲领》提道:"为中国的独立、民主、和平、统一和富强而奋斗。"这显示了新中国成立初期全国人民总的价值追求。《中国人民政治协商会议共同纲领》具有国家宪法的特征,起到了临时宪法的作用。它是新中国成立初期团结全国人民共同前进的政治基础奋斗纲领,对于巩固人民政权、加强革命法制、维护人民民主权利、以及恢复和发展国民经济起到了重要作用。

1954 年宪法中提道:"中华人民共和国劳动者在年老、疾病或者丧失劳动能力的时候,有获得物质帮助的权利。国家举办社会保险、社会救济和群众卫生事业,并且逐步扩大这些设施,以保证劳动者享受这种权利。中华人民共和国妇女在政治的、经济的、文化的、社会的和家庭的生活各方面享有同男子平等的权利。中华人民共和国公民必须遵守宪法和法律,遵守劳动纪律,遵守公共秩序,尊重社会公德。"这些规定体现了宪法注重伦理、注重道德、注重平等的价值取向。1954 年宪法所确立的这些原则和传统,对以后的社会主义道德建设和法制建设具有指导性意义。

从十二大到十五大,我们党提出并实施了物质文明和精神文明一起抓的战略方针,十二大提出党在新的历史时期的总任务是"逐步实现工业、农业、国防和科学技术现代化,把我国建设成为高度文明、高度民主的社会主义国家"。十三大提出"为把我国建设成为富强、民主、文明的社会主义现代化强国而奋斗"的宏伟目标。十四大把发展社会主义市场经济、建设社会主义民主政治和精神文明三者并列,作为中国特色社会主义的三大目标,进一步深化了"富强、民主、文明的社会主义现代化强国"的基本价值内涵。

2001 年 9 月,中共中央下发《公民道德建设实施纲要》。此《纲要》的颁布,是对江泽民同志"以德治国"重要思想的具体落实,是代表先进文化前进方向的具体体现,有利于把依法治国与以德治国紧密结合起来,更好地发挥德治在提高公民道德素质、增强民族凝聚力、维护社会秩序、规范人的行为方面的积极作用,做到德法并举,标本兼治,促进国家的长治久安。1996 年 10 月,中共中央召开十四届六中全会,会议通过了《中共中央关于加强社会主义精神文明建设若干问题的决议》重要文件。这是继 1986 年中共十二届六中全会制定颁布第一个精神文明决议之后,中共中央颁布的第二个关于精神文明建设的文件。这个文件颁布之后不久,中共中央宣传部就按照党中央的指示,着手起草关于加强道德建设的文件,即《公民道德建设实施纲要》。举国上下对该《纲要》给予极高的评价。北京、上海等城市相继提出"以德治市"。山东省率先召开全省宣传部长理论研讨班,学习"以德治国"和该《纲要》的思想。教育部提出"以德治教"。全国人大常委会副委员长、民进中央主席许嘉璐接受中央电视台"新闻联播"采访,盛赞《纲要》。学界专家学者高度评价该《纲要》的重大价值,这是辛苦劳作的成果、集思广益的结晶、党内党外集体智慧的展示。这是"三个代表"重要思想的体现,是落实"以德治国"思想的重大举措,也是我党历史上,甚至是世界政党史上第一个正式的道德建设文件。

2006 年 3 月,在全国政协十届四次会议上,胡锦涛同志提出:全体人民特别是广大青少年要树立"八荣八耻"社会主义荣辱观。从总体上看,它以"弘扬爱国主义、集体主义、社会主义思想"为核心,以"倡导社会主义基本道德规范"为原则,以"扶正祛邪、扬善惩恶"为集中体现,以"促进良好社会风气的形成和发展"为基本目标。同时,这八对"荣耻"观既有整体上的相互贯通,又自成一体、各有侧重,即每一对"荣耻"观都有其相应的侧重点。胡锦涛同志关于荣辱观的八个方面,集中反映了中国传统荣辱观的基本特质,充分体现了新时期社会主义荣辱观的基本内涵,高度凝练了人类社会真善美的优秀文化成果,是社会主义思想道德建设的时代强音。这告诉我们,在我们的社会主义社会里,是非、善恶、美丑的界限绝对不能混淆,坚持什么、反对什么、倡导什么、抵制什么,都必须旗帜鲜明。从高校思想政治教育工作角度看,"八荣八耻"体现了党中央对大学生的一贯要求,对于进一步加强高校思想政治教育,培养社会主义事业合格建设者和可靠接班人,具有重要的现实意义和深远的历史影响。

2006年10月,党的十六届三中全会通过的《中共中央关于构建社会主义和谐社会若干重大问题的决定》,第一次明确提出了"建设社会主义核心价值体系"这个重大命题和战略任务。2007年6月,胡锦涛同志在"6·25"重要讲话中强调,要大力建设社会主义核心价值体系,巩固全党全国人民团结奋斗的共同思想基础。社会主义核心价值体系包括四个方面的基本内容,即马克思主义指导思想、中国特色社会主义共同理想、以爱国主义为核心的民族精神和以改革创新为核心的时代精神、社会主义荣辱观。社会主义核心价值体系是社会主义制度的内在精神和生命之魂,是社会主义制度在价值层面的本质规定,它揭示了社会主义国家经济、政治、文化、社会的发展动力,体现了富强、民主、文明、和谐的社会主义现代化国家的发展要求,反映了全国各族人民的核心利益和共同愿望。在当时经济体制深刻变革、社会结构深刻变动、利益格局深刻调整、思想观念深刻变化,思想大活跃、观念大碰撞、文化大交融的背景下,提出建设社会主义核心价值体系,具有重要的理论意义和极强的现实针对性。

经过十八大进一步概括提炼,形成了"三个倡导"社会主义核心价值观,即倡导富强、民主、文明、和谐,倡导自由、平等、公正、法治,倡导爱国、敬业、诚信、友善。"24字"社会主义核心价值观是新中国成立以来特别是改革开放以来全党全社会形成的历史共识。

二、社会主义核心价值观的理论渊源

(一)马克思主义的价值观思想

马克思主义是一个涵盖哲学、政治经济学、军事学、历史学、教育学、文化学和科学社会主义等内容的博大精深的理论体系,它们构成一个相互联系的有机整体。马克思主义诞生于19世纪40年代,是无产阶级思想的理论结晶,它继承了全人类的优秀文化成果,特别是继承、丰富和发展了德国古典哲学、英国古典政治经济学和法国空想社会主义的理论遗产,代表了广大人民群众的根本利益,实现了人类认识史的伟大变革,为无产阶级革命提供了科学世界观和方法论,为广大人民群众认识世界和改造世界提供了强大的思想武器。马克思主义以科学的实践为基础,体现了严格的科学性和彻底的革命性的高度统一,使哲学和政治经济学成为真正的科学,实现了社会主义从空想到科学的发展,对全世界无产阶级和劳动群众产生着不可遏止的吸引力。马克思主义的科学性、革命性和实践性的特点,决定了它与时俱进的理论品质,决定了它必然是无产阶级正确观察、分析和解决问题的科学世界观和方法论。马克思主义以其强大的生命力为世人所赞叹,马克思主义的生命力体现在群众实践的根本需求和理论上的发展中,这是因为马克思主义是时代精神的精华,具有实践性、开放性的特征和与时俱进的理论品质,作为马克思主义创始人的马克思也被公认为是人类的千年思想伟人。人们普遍认为,人类社会至今仍然生活在马克思所阐明的发展规律之中,要探索人类社会发展的前景,回答当今困惑人类的诸多难题,必须回到马克思主义。马克思主义是社会主义核心价值观的理论基础和指导思想,坚持马克思主义的指导地位,就抓住了社会主义核心价值观建设的灵魂。毛泽东、邓小平、江泽民和胡锦涛等几代领导人,以及党的十八大以习近平为总书记的党中央,都对马克思主义主流意识形态理论和实践进行了不懈的探索,都一再强调要建设社会主义核心价值体系,增强社会主义意识形态的吸引力和凝聚力,都进一步阐述了社会主义核心价值体系的科学内涵、方针原则和基本要求,都在推进马克思主义中国化历史进程中,对马克思主义主流意识形态理论和实践做出了重大贡献。

“人的全面发展”是马克思主义的一个核心思想,也是社会主义核心价值观的根本价值追求。马克思在创立科学社会主义的过程中,得出一个基本的结论:一切民族最后都要达到“在保证社会劳动生产力极高度发展的同时,又保证人类最全面的发展的这样一种经济形态”。① 马克思将社会主义、共产主义看作人类必将进入的一个更高级的文明阶段,而这个文明阶段的本质就是一个更高级的、以每个人的全面而自由的发展为基本原则的社会形式。“人的全面发展”是马克思主义理论的精髓,马克思所有关于人的思想都是围绕如何使人摆脱剥削、压迫和异化,实现人自身的解放和自由全面发展这一主题展开论述的。在马克思主义理

---

① 《马克思恩格斯选集(第3卷)》,人民出版社1995年版,第342页。

论中,人的自由全面发展处于核心地位,是马克思主义理论追求的根本价值目标,同时也是社会主义核心价值观追求的终极价值。我们反对把人作为发展手段的错误价值观念,积极倡导始终把人看作是发展目的。人的自由、权利、发展是社会主义大力提倡主流价值理念,积极提倡的人文情怀。我们强调"人的全面发展"的价值理念,就是要求人们更加充分认识到,在社会主义中国,保护人的生命,保障人的幸福,进而促进人的全面发展是党和国家最重要的任务。

我们党一直以来都把马克思主义作为指导思想。在新的历史条件下,在全社会培育和践行社会主义核心价值观,必须坚定不移地巩固马克思主义的指导地位,坚持不懈地用马克思主义中国化最新成果武装全党、教育人民,这是由当前中国社会价值观建设的具体现状以及马克思主义的内在品质所决定的。任何社会的核心价值观,都是统治阶级根本利益的反映且以统治阶级的思想为理论基础。正如马克思所说:"统治阶级的思想在每一时代都是占统治地位的思想。"[①]作为中国特色社会主义伟大事业的灵魂和精神旗帜,社会主义核心价值观必须以与时俱进的马克思主义为理论基础,以马克思主义中国化理论为思想指导,这是由马克思主义的内在品质所决定的。马克思、恩格斯虽未系统论述过"社会主义核心价值观",但马恩著作中有许多与社会主义核心价值观相关的论述,这些论述为不断丰富和发展的社会主义核心价值观奠定了坚实的理论基础。"三个倡导"的社会主义核心价值观从不同层面体现了马克思主义的基本原则,是对马克思主义价值和道德理论宝库的进一步丰富和发展,开拓了我们党对社会主义核心价值理论认识的新境界。

(二)中国特色社会主义理论体系

中国共产党第十七次全国代表大会提出了中国特色社会主义理论体系的科学命题,明确指出:"中国特色社会主义理论体系,就是包括邓小平理论、'三个代表'重要思想以及科学发展观等重大战略思想在内的科学理论体系。"中国共产党第十八次全国代表大会对这一命题做出新的表述:"中国特色社会主义理论体系,就是包括邓小平理论、'三个代表'重要思想,以及科学发展观在内的科学理论体系。"这一理论体系,凝结了几代中国共产党人带领人民不懈探索实践的智慧和心血。社会主义核心价值观是中国特色社会主义理论体系的价值体现,中国特色社会主义理论体系是社会主义核心价值观的理论核心。

---

① 《马克思恩格斯选集(第1卷)》,人民出版社1995年版,第98页。

1."共同富裕、民主法治、精神文明"彰显社会主义核心价值观的价值追求

改革开放以来,邓小平在对"什么是社会主义、怎样建设社会主义"这一问题进行理论思考和实践探索的过程中,始终以社会主义价值实现为重点,形成了马克思主义中国化的理论成果——邓小平理论。邓小平理论是中国共产党获得的与苏联模式不同的社会主义建设经验的理论总结。邓小平对社会主义价值的认识是在我国社会主义建设经验和改革开放实践基础上产生和形成的,体现在政治、经济、军事、文化建设等各个领域,其中,共同富裕、民主法治、精神文明体现了邓小平理论的价值。

首先,共同富裕。邓小平多次明确提出:"社会主义的本质,是解放生产力,发展生产力,消灭剥削,消除两极分化,最终达到共同富裕。""没有贫穷的社会主义,社会主义的特点不是穷,而是富。"①1992年南方谈话中,邓小平全面而深刻地提出"三个有利于"标准:"判断的标准,应该主要看是否有利于发展社会主义社会的生产力,是否有利于增强社会主义国家的综合国力,是否有利于提高人民的生活水平。"②邓小平的富强思想正确处理了富强、民主、文明之间的关系,突出了生产力的地位,为建设富强的社会主义国家开辟了新道路;其次,民主法治。社会主义民主必须制度化、法制化,这是邓小平政治价值观的显著特征。邓小平认为"没有民主就没有社会主义,就没有社会主义的现代化"。③ 邓小平把法制建设纳入中国社会主义事业现代化建设的全局来部署,使国家的政治生活、经济生活和社会生活的各个方面,使民主和专政的各个环节,都做到有法可依、有法必依、执法必严、违法必究;再次,精神文明。邓小平认为,高度的精神文明是社会主义的基本特征,是社会主义优越性的最大表现,社会主义不但要有高度的物质文明也要有高度的精神文明,"没有这种精神文明,没有共产主义思想,没有共产主义道德,怎么能建设社会主义?"④邓小平对改革开放以来精神文明建设的内涵、目标、地位等做了系统的阐述,将我们党关于文化建设的理论推进到了一个新的历史阶段。

2."'三讲''三个代表'"揭示社会主义核心价值观的价值取向

1995年11月8日,江泽民同志在北京视察工作时指出:"根据当前干部队伍的状况和存在的问题,在对干部进行教育当中,要强调讲学习,讲政治,讲正气。

① 《邓小平文选(第3卷)》,人民出版社1993年版,第265页。
② 《邓小平文选(第3卷)》,人民出版社1993年版,第372页。
③ 《邓小平文选(第3卷)》,人民出版社1994年版,第168页。
④ 《邓小平文选(第2卷)》,人民出版社1994年版,第367页。

全国都要这样做,北京市更要起带头作用。"江泽民同志 2000 年 2 月 25 日在广东省考察工作时,从全面总结党的历史经验和如何适应新形势新任务的要求出发,首次对"三个代表"重要思想进行了比较全面的阐述。从价值维度看,"三讲"教育的开展和"三个代表"重要思想的提出,是实现社会主义核心价值的创造活动,揭示了社会主义核心价值观的价值取向。"三讲"是改造主观世界的创造活动,讲学习,就是要学习马列主义基本理论,树立正确的世界观、人生观和价值观;讲政治,就是持正确的政治方向、政治立场、政治原则、政治纪律、政治观点,提高政治鉴别力,增强政治敏锐性;讲正气,就是要坚持真理,坚持正义,同一切歪风邪气和各种腐败现象做斗争,"三讲"的"讲"就是实践,就是改造主观世界的创造活动。"三个代表"则是改造客观世界的创造活动。"三个代表"关键是"代表"二字。"代表"就是实践,就是改造客观世界的创造活动,中国共产党是建设中国特色社会主义伟大事业的领导核心,只有真正做到"三个代表",才能永远立于不败之地,永远得到全国各族人民的衷心拥护。① 因而,"三个代表"给全党全国人民树立了一个让先进生产力处于至尊地位的崇高理念②,深化了对共产党执政规律、社会主义建设规律、人类社会发展规律的认识。

3. "和谐"价值目标确立,"科学发展"价值路径开创,"四位一体"价值观念建构

十六大以来,党中央从国际国内形势出发,在中国经济社会发展过程中不断进行理论创新,相继提出了科学发展观、构建社会主义和谐社会、加强党的执政能力建设和先进性建设、建设社会主义新农村、建设创新型国家、建立资源节约型和环境友好型社会、树立社会主义荣辱观、建设和谐世界等一系列重大战略思想。这些重大理论成果是指导新时期中国特色社会主义建设的发展理论,是解决各种矛盾、应对各种风险和挑战的思想方法,蕴含着极其丰富的社会主义核心价值理念,表明我们党在理论和实践上越来越深入地触及社会主义核心价值观的高度理论自觉。

2003 年 7 月党中央准确把握世界发展趋势,深入分析我国发展的阶段性特征,从新世纪新阶段党和国家事业发展的全局出发,提出以人为本、全面协调可持续发展的科学发展观。这一重大战略思想根据马克思主义的立场、观点和方法,

---

① 赵有田:《构建有中国特色社会主义价值观念体系》,载《长白学刊》,2001 年第 1 期,第 16 ~19 页。

② 王霁:《"给先进生产力以至尊地位"——学习"三个代表"系列谈话之五》,《中华读书报》,2002 年 1 月 16 日。

总结国内外发展的经验教训,创造性地回答了新世纪新阶段我国为什么发展、怎样发展的根本问题,是马克思主义基本原理与当今时代特征和中国具体实际相结合而形成的马克思主义中国化的最新理论成果。

党的十六届六中全会上通过的《中共中央关于建设和谐社会若干重大问题的决定》第一次明确提出"建设社会主义核心价值体系"这个重大命题和战略任务。这是我们党坚持科学发展观,进行理论创新的重大成果,是加强社会主义和谐文化、和谐社会建设的重大举措,对于我们深化对中国特色社会主义本质的认识、全面推进中国特色社会主义伟大事业具有重要而深远的意义。

党的十七大进一步彰显了我们党坚守和发展中国特色社会主义核心价值观的信念和决心。十七大报告对科学发展观的历史地位、形成背景、科学内涵、精神实质以及贯彻落实作了更深刻、更精辟、更全面、更完善的阐述。十七大报告指出:"中国特色社会主义道路,就是在中国共产党领导下,立足基本国情,以经济建设为中心,坚持四项基本原则,坚持改革开放,解放和发展社会生产力,巩固和完善社会主义制度,建设社会主义市场经济、社会主义民主政治、社会主义先进文化、社会主义和谐社会,建设富强民主文明和谐的社会主义现代化国家。"十七大报告同时还提出:"要建设社会主义核心价值体系,增强社会主义意识形态的吸引力和凝聚力。"这标志着我们党对中国特色社会主义理论的认识从制度层面上升到了价值层面,是具有重大意义的理论创新和实践创新。

4."24字"社会主义核心价值观的提出

党的十八大报告强调指出:"倡导富强、民主、文明、和谐,倡导自由、平等、公正、法治,倡导爱国、敬业、诚信、友善,积极培育和践行社会主义核心价值观。"这是我们党站在建设人民群众精神家园、建设社会主义文化强国、实现中华民族伟大复兴的战略高度,首次提出社会主义核心价值观的概念及具体内容。十八大报告"三个倡导"的社会主义核心价值观更凝练、更具体、更易让人理解和概括本质。这在价值观日益多元化、众口难调的今天,有利于进一步深入揭示社会主义核心价值体系的精神内核和价值理念,有利于推进社会主义核心价值体系的宣传教育和培育践行,有利于推动社会主义核心价值体系通俗化、社会化和大众化,进而更好地走进群众与引领群众。① 十八大以来党中央高度重视在全社会培育和践行

---

① 社会主义核心价值观学习读本编写组:托起《中国梦》社会主义核心价值观学习读本,新华出版社2013年版,第13页。

社会主义核心价值观,习近平总书记多次做出重要论述,提出明确要求,中央政治局围绕培育和弘扬社会主义核心价值观进行集体学习,中共中央办公厅下发《关于培育和践行社会主义核心价值观的意见》。党中央的高度重视和有力部署,为在全社会范围内积极培育和践行社会主义核心价值观提供了理论与实践指导。

纵观社会主义核心价值观凝练和提出的全过程,有两个关键词,一个是"社会主义","社会主义"是对价值观属性的界定;二是"核心",一个社会的价值观系统中的核心价值观是整个社会价值观的灵魂,处于统摄和支配地位,并引领社会中不同的价值观念、价值评价以及价值取向沿着同一个方向发展。

我们党不断加强社会主义意识形态领域的建设,抓住了意识形态建设的关键,提出构建社会主义和谐社会的战略任务,最大限度地在全社会形成思想共识。社会主义核心价值观是在继承以往一切人类文明的优秀成果基础之上,经过凝练和升华,创造性地进行发展而形成的理论体系。社会主义核心价值观是社会主义制度的内在精神和生命之魂,是我们党一贯倡导的思想道德和价值观念的集中体现,是中华优秀传统文化和主流价值观念在新的历史条件下的进一步传承和发展。社会主义核心价值观将我们党所倡导的理论与人民群众需求有机结合,确立为社会的主流价值,为坚定中国特色社会主义理想信念和维护社会和谐稳定提供了思想纽带和共同基础。

从价值目的角度看,民族复兴、国家富强的目的都是为了人民的福祉,为了实现人的全面发展,这就是中国特色社会主义理论体系根本的价值追求,也是和谐社会建设的最终价值目标。十八大报告总结和凝练了中国特色社会主义的内涵,建设中国特色社会主义的总依据、总布局、总任务,我们党对中国特色社会主义的认识达到新的历史高度。科学发展观的核心是以人为本,构建社会主义和谐社会也必须以人民群众的根本利益为出发点和落脚点,发展为了人民,发展依靠人民,发展成果由人民共享,促进人的全面发展。中国特色社会主义理论体系从价值目标层面把人民利益作为社会主义的价值理想和追求,体现了社会主义的本质特征,是社会主义核心价值观的永恒主题。

(三)中华优秀传统文化

中国的历史源远流长,创造出了灿烂绚丽的中华优秀传统文化。从本质上说,文化是人的生存方式,是人之为人的本质特征。我们日常所说的与政治、经济相并列的文化,并没有蕴含文化的全部内容,通常是指静态的文化表象。也就是说文化是一个完整的有机体,它包括外在的具体表现和内在的核心价值。在这个意义上,文化既是一个名词,也是一个动词。作为思想基础和内在动力的核心价值就是文化精神,即把各种复杂的文化现象编织在一起,形成鲜活的文化表象。可以说,人们的生活方式是文化精神的外化,这种文化精神是指导和推动民族文化不断前进的基本思想和基本观念。中华文化的基本精神本身是文化发展的产物,并且随着文化的发展演进而不断丰富思想内涵,每个时代都会为我们发展文化留下自己的精华,丰富我们的民族精神。中华文化博大精深,历经几千年的发展和丰富,因而,表现中华文化精神的载体也是多元的。尽管不同时期人们对中华文化基本精神,即民族精神的把握和理解会有差别,但是总有一些主要要素为各时期的人们共同认可。一般认为,"天人合一""以人为本""刚健有为""贵和尚中"是中华传统文化基本精神的主体内容,这几方面的内容比较完整地体现了中华民族的价值观、人生观,体现了中国人对自然、同胞和国家的爱,而这其中爱国主义是主线。概括古代中华文化中所包含的核心价值思想大体上可以用"仁义礼智信"这五个核心价值思想来说明其丰富内涵。"仁义礼智信"为儒家"五常",孔子提出"仁、义、礼",孟子延伸为"仁、义、礼、智",董仲舒扩充为"仁、义、礼、智、信",后称"五常"。这"五常"贯穿于中华伦理的发展过程之中,成为中华价值体系中的最核心要素。"仁义礼智信"始终是我国传统核心价值观和道德精神最基本、最重要的范畴,是个人思想道德修养中最主要的内容。可以说,对"仁义礼智信"作全面深刻的理解,是我们认识古代中华思想核心价值观的关键。

中华优秀传统文化能够把不同的文化价值整合为一个统一的有机体,并开拓创新,这就是中华优秀传统文化的整合创新功能。而中华文化的形成、发展和定型是一个长期的过程,特别是中华文化在早期形成过程中,诸多文化形式共存于中华民族悠久的历史长河中。中华优秀传统文化的相互吸收、凝聚、整合,构成了基本的民族精神,是民族文化基本精神的具体体现。进一步讲,我们的民族精神与民族文化的基本精神是一致的,理解了中华文化的基本精神,也就理解了我们的民族精神。社会主义核心价值观是在尊重差异、包容多样的原则下对古今中外优秀文化吸收借鉴的基础上形成的,中华优秀传统文化则是社会主义核心价值观的精神资源,对培育和践行社会主义核心价值观起着重要的促进作用,继承和发扬优秀传统文化对激发全民族文化创造的活力,提高国家的文化软实力,更好地把全国人民团结到中国特色社会主义现代化建设的道路上具有重要意义。

第二章

社会主义核心价值观的理论内涵

习近平总书记对"中国梦"的阐释让全国人民备受鼓舞和激励。"中国梦"凝聚着全体中华儿女的共同理想与追求,社会主义核心价值观是"中国梦"的价值内核,是实现"中国梦"的理论基石和思想保证。2013 年 12 月 23 日,中共中央办公厅印发的《关于培育和践行社会主义核心价值观的意见》指出:"培育和践行社会主义核心价值观,是推进中国特色社会主义伟大事业、实现中华民族伟大复兴中国梦的战略任务。"①在一定程度上,实现"中国梦"就是要在全国范围内广泛培育和践行社会主义核心价值观。社会主义核心价值观是社会主义核心价值体系最深层的精神内核,是现阶段全国各族人民价值观的最大公约数,具有强大的感召力、凝聚力和引导力。"三个倡导"相互贯通、相互联系,兼顾了国家、社会、个人三个层面的价值追求,反映了中国特色社会主义制度的本质,体现了中国特色社会主义道路的发展要求,既继承了中华优秀传统文化精华,也汲取了世界人民优秀文化成果;既坚持了马克思主义的共性,又涵盖了中国特色社会主义独特个性;既坚守了国家、社会的目标,又张扬了人的主体性。目前,在不断变化的世界历史背景下,随着改革开放和经济全球化的不断深入,价值的多元化趋势越来越明显。因此,对社会主义核心价值观的内涵进行分析是新时期加强我国社会主义核心价值体系建设的着力点,是推进中国特色社会主义事业伟大实践的核心性和时代性课题。

---

① 《关于培育和践行社会主义核心价值观的意见》,中共中央办公厅,2013 年 12 月 25 日。

一、价值与价值观

（一）价值

要深入了解和掌握社会主义核心价值观的本质,首先要把价值的概念范畴搞清楚。关于"价值"的概念,国内外学术界有不同的观点。苏联哲学家图加林诺夫认为,价值范畴的本质内容一般情况下是包含在我们的日常用语中,比如在"有用与无用""有益与无益""需要与不需要""好与坏""利与弊""爱与恨""美与丑"等概念之中,就包含着所谓"有价值"与"无价值"这样的判断。① 袁贵仁认为,价值是一种关系范畴。他认为,价值是一种社会关系而不是某种实体,价值是关系范畴,而不是实体范畴。对此,袁贵仁进一步阐述说:"一方面,价值离不开人和人的需要。一个没有人的世界也就是一个没有价值的世界";"另一方面,价值也离不开客体。客体及其自然界属性是价值的承担者,客体对主体的作用是价值关系的客观基础"。②

综合上面学者所述,我们对价值的含义做以下概括,价值来源于自然界,并伴随着社会的前进和人类的进化而不断发展,价值的终极根源是劳动的人类社会和运动的物质世界。价值作为人类本质的维护和发展,是人类一切实践的主要元素。价值的模式截然不同,在诸多范畴有其特定的状态,如自我价值、社会价值、司法价值、经济价值等。这些价值是人类发展的范畴与规律在不同领域的性质体现。

（二）价值观

在谈价值观的含义之前,应该先把价值观与意识形态、理想信念之间的关系问题,作一个简明的阐述。

首先,价值观与意识形态有着密切的联系。意识形态是与一定社会的经济、政治直接相联系的观念、观点、概念的总和。社会政治经济发展变化离不开人,因此从某种意义上讲,意识形态是人的意识发展到社会意识程度,而表现出来的主要意识形式,是人的意识发展到人类精神机制方面的最终成果。意识形态在价值的实现过程中具有重要的作用。价值观内化于意识形态之中,是意识形态的核心构成要素,在意识形态理论功能方面和现实功能的发挥过程中起着关键性作用。

---

① 图加林诺夫:《马克思主义中的价值论》,中国人民大学出版社1989年版,第7页。
② 袁贵仁:《价值观的理论与实践》,北京师范大学出版社2006年版,第5页。

价值观是意识形态最直接、最本质的体现。社会主义意识形态以无产阶级的价值观念为核心内容,建立在辩证唯物主义和历史唯物主义基础之上,根本区别于以往的剥削阶级的意识形态,是人类历史中最彻底、最革命、最科学的政治意识形态。在资本主义社会基本矛盾开始日益加深和趋于激化的过程中,无产阶级作为独立的政治力量登上历史舞台,并在与资产阶级的斗争中逐步地成长和成熟起来。最终,无产阶级战胜资产阶级,把工人运动和马克思主义结合起来,使社会主义制度得以建立,无产阶级的价值观念冲破资产阶级价值观念的束缚,形成科学社会主义的意识形态。

其次,理想信念是人类价值观的最高层次,具有自觉的观念化和理想思维的特点,是比较直接地构成一定目标明确、系统完整的社会思想形式,并用于指导实践。第一,理想信念是人类对社会、人生总体性观念和态度认识的最高价值层次目标。理想的确立在于对人类本身力量和社会生存方向的把握,理想是由人类全部的社会条件、知识结构、人生经历所决定的,是影响价值选择和价值取向的最终决定因素;信念的确立是人类在对一定的观念或现实抱有深刻信任的前提下所进行的价值判断和表现出的精神状态,信念往往是具体的,可以表现为一事一物持有的价值观念和价值态度,也可以表现为对人类、对社会、人生总体性观念和态度认识。第二,理想信念是人类追求的价值目标的最高层次,尽管理想信念受政治、经济、文化等社会条件制约,但它总体现一定历史条件下人类的最高向往和终极目标。理想信念是以个人和社会的未来概念为标志,是人类顽强努力和艰苦奋斗的目标。所以说,理想信念是人类心中最高处不灭的明灯,是百折不挠、勇往前行的动力。第三,理想信念使人类的精神活动形成了一个完整的导向,理想信念的确立和追求是人类精神生活的最高层次,是人类最高的自我价值,对崇高社会共同理想的追求以及为之献身,则是人生最高的社会价值。综上所述,理想信念的高级表现形式是信仰,信仰是对价值确定性的追求。也就是说对确定性的价值,例如,好恶态度、荣辱观念、是非标准、行为宗旨和指导思想等所采取的信任程度和行动观察。理想信念和价值观是有机联系在一起的,不可分割、不能分离。

最后,关于价值观的含义,一些著作中有不同的界说,不少著作界定价值观的含义时说到,价值观就是关于价值的基本观念,或者直接使用"价值观念"这种说法,即所谓价值观就是"价值观念"。① 还有的学者认为,价值观是一种社会意识,

---

① 袁贵仁:《价值观的理论与实践》,北京师范大学出版社 2006 年版,第 9 页。

即"价值观是人们对价值问题的根本看法,是人们在处理价值关系时所持的立场、观点和态度的总和"。① 概括地讲,人们在了解世界和改造世界的过程中缔造和实现着价值,这就必然会构成必然的价值意识。价值观便是一种价值意识,是对价值关系的客观反映,是指导人类思维活动的最基本价值意识。价值观作为一种意识,反映的目标不是一般客体,而是客体属性和主体之间的关系,即价值关系。因而可知,价值观对人的活动具备导向功能,是人社会生活和行为的指南针。一定社会的价值观是该社会意识形态的一个组成部分,并且体现出意识形态的本质特征。而世界观、人生观、意识形态等都是一定社会的文化表现形式。因此,价值观也是一种文化,人的价值观就是他文化素质的一种反映,而一定社会的价值观,则是该社会文化发展状况的一种表现形式。从价值观与世界观、人生观、文化、意识形态等的这种关系看,价值观是人对整个世界的意义和判断,因而,价值观实质上是人关于世界的意义的基本观点。

简而言之,我们对价值观的含义概括为,价值观是人们关于某种事物的意义、重要性的总体评价和基本看法,表现为人们对该类事物相对稳定的信念、信仰、理想,是人们对该类事物的价值取舍模式和指导主体行为的价值追求模式。

二、核心价值观

（一）核心价值观

核心价值观作为一种社会的意识形态,不同的人类社会,必然产生和存在着不同类型的核心价值观。比如:古代核心价值观、近代核心价值观、现代核心价值观,奴隶社会核心价值观、封建社会核心价值观、资本主义社会核心价值观、社会主义社会核心价值观。因此,核心价值观具有明显的阶级烙印,不同的社会制度会形成不同的价值观。中国古代封建社会的"礼、义、仁、智、信"就是一个成熟的农业封建国家所需要的核心价值观,它适应并维护了传统的封建制度。西方资本主义国家的核心价值观是近代以来资本主义经济社会发展过程中形成和发展起来的,适应资本主义经济政治制度的,以资产阶级意识形态为主导的价值观。就其内涵来说,资本主义核心价值观主要包括以下几个方面:一是个人主义,这是西方价值观的核心,体现了西方价值观的根本性质;二是自由主义,它是西方价值观的灵魂,贯穿于西方价值观体系的各个方面;三是功利主义,它体现了西方价值观

---

① 陈章龙、周莉:《价值观研究》,南京师范大学出版社 2004 年版,第 3 页。

的鲜明特征。当今世界最鲜明的两种核心价值观就是资本主义核心价值观与社会主义核心价值观。从人类经济社会发展的历史演进看,核心价值观是指由统治阶级倡导并保证其优势地位的价值观,它往往担负着指导和评价人们行为的作用,通过引导、影响、左右更多个体的价值取向和价值选择,来达到该群体中个体思想和观念的高度统一,使个体的活动从分散趋向集中,从而保证整个社会价值总目标顺利实现,更好地促进社会发展,保持社会稳定。

(二)核心价值观与一般价值观

价值观可分为一般价值观和核心价值观。核心价值观是指在一个社会的价值体系中最重要、最关键、最基础的,起决定和支配作用的价值观,代表着价值体系的根本属性和特性,显示着整个社会根本的价值方向,是一种社会制度广泛遵循的基本价值观念,是一种社会文化区别于另外一种社会文化的价值体现,其他处于从属地位的价值观则是一般价值观。核心价值观和一般价值观有时候是可以相互影响和相互转化的,因此仅重视核心是不够的,边缘也不能忽视,只有重视边缘,才能巩固核心。价值冲突实际上就是价值观"主流"与"非主流"的对立统一,核心价值观的形成既与社会的要求有关,也与个体的主观态度和接受程度有关,社会整体的价值观并不是绝对统一的,关键在于核心价值观与一般价值观的和谐共生、相辅相成。

三、社会主义核心价值体系

对于"价值体系",有的学者认为:"你的价值体系也就是你关于正确与错误、好与坏的信念系统。我们的价值体系就是我们要去追求的东西,如果我们不去追求这些东西,我们就会觉得人格不完整、生活不充实。如果我们觉得我们正在通过现时行为来实现我们的价值体系,我们就会感到由此而引起的协调性和人格的完整性与一致性。价值体系体现着生活方式和对生活的反应方式。"①从这个意义上,"价值体系"就是人的一种基本的价值观念系统和稳定的信念系统,价值观和价值体系是在内容上类似的两个范畴,何一个国家、民族、社会在长期共同的认识和实践活动中,必然要形成一定的价值体系,在这个体系中居核心地位、起主导和统领作用的就是核心价值体系。社会主义核心价值体系的形成是历史发展的必然,既有世界政治格局客观发展的需求,又有着中国国情实际发展的需要。

---

① 麦金生:《哈佛肯尼迪政治学院读本》,四川大学出版社 1998 年版,第 169 页。

第一，首次提出"建设社会主义核心价值体系"的命题。党的十六届六中全会第一次明确提出了"建设社会主义核心价值体系"的命题，明确了社会主义核心价值体系的内容，把社会主义核心价值体系的基本内容明确概括为四个方面，即马克思主义指导思想、中国特色社会主义共同理想、以爱国主义为核心的民族精神和以改革创新为核心的时代精神、社会主义荣辱观。

第二，阐述了社会主义核心价值体系的本质。十七大报告进一步指出："社会主义核心价值体系是社会主义意识形态的本质体现"，马克思主义指导思想、中国特色社会主义共同理想、以爱国主义为核心的民族精神和以改革创新为核心的时代精神、社会主义荣辱观这四个方面都是社会主义意识形态最重要的部分，是社会主义意识形态的本质体现。社会主义核心价值体系倡导一切有利于国家富强、社会和谐、人民幸福的思想和精神，一切有利于民族团结、祖国统一、人心凝聚的思想和精神，一切用诚实劳动创造美好生活的思想和精神，社会主义核心价值体系提供了经济社会全面发展的思想保证。

第三，进一步明确马克思主义指导思想的重要地位。2009 年 9 月党的十七届四中全会上，胡锦涛同志强调："坚持把马克思主义作为立党立国的根本指导思想，紧密结合我国国情和时代特征大力推进理论创新，在实践中检验真理、发展真理，用发展着的马克思主义指导新的实践，是建设马克思主义学习型政党的首要任务。"

第四，明确提出新时期时代精神的核心内容。党的十七大把中华民族精神阐释为：以爱国主义为核心，团结统一、爱好和平、勤劳勇敢、自强不息等作为具体体现的一种精神，对中华民族的民族精神作了高度概括。

第五，进一步强调理想信念的重要性。2008 年 6 月 30 日在抗震救灾先进基层党组织和优秀共产党员代表座谈会上，胡锦涛同志指出，必须坚持正确的理想信念，始终把教育全党坚定不移地为发展中国特色社会主义而奋斗作为党的建设的根本任务。这是我们党在经历了一场重大考验之后得出的一条宝贵经验和重要启示。

第六，明确提出了社会主义荣辱观的具体内容。2006 年 3 月 4 日，胡锦涛同志在参加全国政协十届四次会议民盟、民进委员联组讨论时提出，要引导广大干部群众特别是青少年树立"八荣八耻"的社会主义荣辱观。胡锦涛同志的重要论述概括精辟，内涵深邃，具有很强的民族性、时代性和实践性，体现了中华民族传统美德与时代精神的有机结合，体现了社会主义基本道德规范和社会风尚的本质要求,体现了社会主义价值观的鲜明导向,对推动形成良好社会风气、构建社会主义和谐社会具有重要意义。

综上所述,社会主义核心价值体系是基于社会主义政治、经济、文化、思想的价值认同系统,集中体现了中国特色社会主义社会的理想信念、价值尺度和道德规范,是中国特色社会主义制度的灵魂。建设社会主义核心价值体系,是新时期我们党在文化建设上的重大理论创新和重大战略任务,是一项基础工程、灵魂工程。建设社会主义核心价值体系,是我国社会主义意识形态建设的关键和根本。作为社会主义意识形态的本质体现,社会主义核心价值体系从国家伦理的高度,明确提出了社会主义核心价值观念,完善了马克思主义伦理理论,丰富和发展了我国伦理道德重构的理论体系。

四、社会主义核心价值观

(一)社会主义核心价值观的内涵解读

2014年五四青年节,习近平总书记在北京大学考察时发表了重要讲话,讲话思想深刻、内涵丰富、情真意切、语重心长,充分体现了党中央对青年大学生自觉践行社会主义核心价值观的殷切希望,对高校培养和服务青年大学生成长成才提出了新的要求,是新时期培育和践行社会主义核心价值观的思想纲领和行动指南,对于高校思想政治教育工作者具有重要的理论意义和实践意义。中共中央办公厅印发的《关于培育和践行社会主义核心价值观的意见》强调,"三个倡导"分别从国家、社会、公民个人三个层面高度概括社会主义核心价值观。"三个倡导"体现了三个有机结合:中华优秀传统文化与现代文化的有机结合,中华文化与世界优秀文明成果的有机结合,国家政治理想、社会价值取向与个人道德准则的有机结合。①

1. 国家层面

富强、民主、文明、和谐,是百年来中国社会发展的首要追求,也是中国特色社会主义的基本目标。这八个字指明了国家精神文明建设的发展方向,使得当今世界人民的价值追求与中国人民共同价值追求形成了最佳衔接,是我们党道路自信、理论自信和制度自信的最佳体现。倡导富强、民主、文明、和谐也有利于使青年大学生牢固树立政治理想,形成维系国家统一、民族团结、社会和谐的共同思想

---

① 《关于培育和践行社会主义核心价值观的意见》,中共中央办公厅,2013年12月25日。

基础,做中国特色社会主义伟大事业的合格建设者和可靠接班人,实现中华民族伟大复兴的"中国梦"。

2. 社会层面

新中国成立以来,自由、平等、公正、法治始终是我们党奉行的核心价值理念。这八个字保证了国家的富强、和谐,也保障了个人的敬业、诚信。马克思主义的目标是人的自由全面发展,我们党一直以来坚持科学发展、以人为本、执政为民和依法治国的理念,最终目标都是为人民服务。中国特色社会主义事业建设的巨大成就和改革开放的巨大成功,为发展人民的自由平等权利,实现社会的公正法治,创造了更加充分的经济、政治、社会和文化条件。

3. 个人层面

每一个人是践行社会主义核心价值观的基本主体。爱国、敬业、诚信、友善是在道德准则上对每个人的规定,是公民基本道德规范的要求。这八个字要求每一位公民热爱国家、热爱岗位、热爱家庭,只有这样在处理人际关系的过程中才能做到友善待人。这八个字分别是从爱党爱国、职业道德、家庭美德、个人品德方面对公民提出的要求,也是中华民族传统美德和社会主义新时期道德规范的完美结合。

党的十八大报告提出的"三个倡导"是改革开放以来我们党对社会主义本质认识的进一步深化,作为美好的价值目标、基本的价值尺度、明确的价值规范,将社会主义核心价值体系丰富的内涵高度地提炼、概括,符合中国国情,引导着社会整体的发展方向,确立了全体社会成员应当遵循的行为准则,形成全体人民共同的价值追求。作为社会主义意识形态的本质体现,社会主义核心价值观在唯物历史观的理论检验和实践历练中克服了以往意识形态的虚假性和遮蔽性,以富强、民主、文明、和谐的国家层面建设理念,自由、平等、公正、法治的社会层面发展理念,爱国、敬业、诚信、友善的个人层面修养理念为内涵的社会主义核心价值观,兼顾了国家、社会、个人三个层面的核心价值追求,是执政为民理念的进一步升华。"24字"社会主义核心价值观实现了马克思主义中国化最新理论成果与人类文明的统一。社会主义核心价值观源于中国特有的实践与国情,具有鲜明的中国色彩,既吸收了中华民族传统文化的"民本""和为贵""仁爱""善政"等思想;也汲取了世界人民优秀文化成果,如"民主、自由、平等"等非西方独有且为马克思主义政党一直追求的基本价值理念。由此,富有中国特色的社会主义核心价值观在人类文明的制高点上发出了价值观的应有强音,向世界展示了一个由先进核心价值观引领的社会主义国家的新形象。

(二)社会主义核心价值观与社会主义核心价值体系的关系

从社会主义核心价值体系和社会主义核心价值观的关系方面看,价值观一般可以认为是人关于价值问题的基本观念,有的学者把"价值观"与"价值体系"作为同样概念使用,这在某种程度上说明了这样的理论倾向。作为反映一定社会中占统治地位的意识形态,包括相应的政治、经济、法律、思想、道德、艺术、宗教、哲学和其他社会科学等领域内的社会意识形态,价值观主要是从其本质内容方面来说明价值观的本质的,而价值体系则是注重从理论构架这个角度来说明价值观的本质的。这便是两者之间不同的内涵。两者在理论内容和理论构架上虽反映了价值观本身的不同方面,但它们又是紧密联系的,我们不能离开理论内容谈理论构架,同样也不能离开理论构架来谈理论内容。因此,社会主义核心价值观与社会主义核心价值体系,是两个既有区别又有联系的概念,社会主义核心价值体系是社会主义核心价值观的框架和汇总,而社会主义核心价值观是社会主义核心价值体系的具体体现,是最原本、最中心、最具决定意义的价值观。①

只有将培育和践行社会主义核心价值观与构建社会主义核心价值体系有机统一起来,才能为中国特色社会主义的理论与实践提供合理性价值依据。

(1)从横向角度看,社会主义核心价值体系与社会主义核心价值观是一种包含与被包含的关系。社会主义价值体系是融汇理想与现实、核心价值与基本价值的有机整体。一方面,社会主义价值体系是一个包含丰富内容的多层次体系,既有其核心价值,又有其基本价值、具体价值。其中,核心价值以基本价值、具体价值为基础,是对基本价值和具体价值的高度概括和抽象,对基本价值、具体价值起着统领和支配作用,并蕴含在基本价值、具体价值之中,通过基本价值、具体价值表现出来;而基本价值、具体价值又体现着核心价值,以核心价值为指导和灵魂。另一方面,社会主义价值体系既包含着理想性的价值诉求,又体现着现实性的价值要求;既有感召人们不断递升的先进性价值理念,又有大多数人可以接受并实践的广泛性价值体现。在这个有机整体中,失去了现实性,价值观念系统便无法在现实中生存;失去了理想性,以日常生活遮蔽、取代甚至否定最高价值,人类将永远不能获得最终解放。

---

① 龚旭芳、吴亚林:《社会主义核心价值观——意识形态建设的着力点》,载《学校党建与思想教育》,2013 年第 11 期,第 11～12 页。

（2）从纵向角度看，社会主义核心价值体系与社会主义核心价值观存在承递关系。社会主义核心价值体系是社会主义核心价值观的基础和前提，是社会主义核心价值观形成和发展的必要条件。社会主义核心价值观是社会主义核心价值体系的内核和最高抽象，体现社会主义的价值本质，决定社会主义核心价值体系的基本特征和基本方向，引领社会主义核心价值体系的建构。社会主义核心价值观渗透于社会主义核心价值体系之中，通过社会主义核心价值体系表现出来。因此，国内许多专家学者纷纷主张在社会主义核心价值体系基础上提炼社会主义核心价值观，并针对此进行了深入研究，形成了丰硕的研究成果。有的学者认为："社会主义核心价值体系的功能主要在于确立社会主义核心价值观的灵魂、原则与依据，这些方面内容并不直接成为社会主义核心价值观的具体内涵，但为构建走向大众实践的社会主义核心价值观指明了方向。"有的学者主张："提炼社会主义核心价值观，应立足社会主义核心价值体系，坚持逻辑与历史、理论与现实相统一，借鉴外国价值观和我国传统文化的优秀成果，体现民族性和时代性基础上的大众化风格。"有的学者强调："在现时代，把马克思主义的理论追求、社会主义的理想境界、中华民族的民族精神和时代精神以及体现传统美德和时代要求的行为规范结合起来的核心价值观念，主要有：民主自由、公平正义；人道和谐；开放进取。"还有的学者认为："富强、民主、文明、和谐与人的自由全面发展，囊括了社会生活的基本领域，涵盖了经济、政治、文化、社会四大层面，既体现了共产主义的远大理想和最高价值，又反映了现阶段我国社会主义现代化建设的宏伟目标和总体布局，体现了党的最高纲领和最低纲领的统一，体现了社会主义物质文明、政治文明、精神文明、社会文明和生态文明的有机统一，理所当然是我们应当遵循和倡导的社会主义核心价值观。"所以，将社会主义核心价值体系与社会主义核心价值观加以区别，是这一问题近年来研究的深化，也是更好践行社会主义核心价值观的必然要求。

（3）从逻辑角度看，社会主义核心价值体系决定了社会主义核心价值观的意识形态性质；社会主义核心价值观则反映着社会主义核心价值体系的价值追求和价值取向。所以，中国人民选择马克思主义不是因为马克思主义这个名称，而是因为它有符合中国人民翻身得解放的价值追求和价值取向；中国人民走社会主义道路不是因为社会主义这个名称，而是因为社会主义有建立平等、自由、正义、人道、和谐之社会价值理想。我们的民族精神和时代精神，只有符合既植根于历史传统又体现时代要求的价值取向，才能成为中华民族伟大复兴的推动力量和凝聚力量。社会主义荣辱观正是因为契合社会主义条件下的道德诉求才会获得巨大的生命力和感召力。

综上所述,社会主义核心价值观是对社会主义核心价值体系内核的简洁概括,体现社会主义核心价值体系的根本性质和基本特征,反映社会主义核心价值体系的丰富内涵和实践要求,是社会主义核心价值体系的集中表达。

第三章

社会主义核心价值观的理论价值与实践功能

习近平总书记在中共中央政治局第十三次集体学习时指出,核心价值观是文化软实力的灵魂、文化软实力建设的重点,强调把培育和弘扬社会主义核心价值观作为凝魂聚气、强基固本的基础工程。这深刻揭示了社会主义核心价值观的理论价值与实践功能。社会主义核心价值观的理论价值体现在对社会主义社会本质认识的进一步深化、对社会主义意识形态凝聚的进一步升华、对社会主义治国方略的新建设和新发展以及提升文化软实力的核心要素和重要支撑等方面;社会主义核心价值观的实践功能是多方面的,主要表现为认同功能、激励功能、凝聚功能和整合功能,它贯穿于人们生活中所有活动的始终,渗透于社会生活中的各个领域,是人的自我意识的核心,构建起个人的精神家园,回答着人生的价值和意义,引导、制约、规范着人的实践活动和全部社会生活,直接而深刻地影响着社会的凝聚力和创造力。

一、社会主义核心价值观的理论价值

(一)对社会主义社会本质认识的进一步深化

当代中国治国就是在党的领导下建设中国特色社会主义的伟大实践。治国理念的创新,首先体现在对社会主义本质认识上的进一步深化。社会主义学说的思想和理论具有悠久的历史,社会主义作为一种社会制度,从诞生到现在也有了90多年的历史。虽然我国的社会主义建设已经搞了60多年,但对于什么是社会主义,如何建设社会主义这一根本性问题的认识还在不断深化之中,需要根据社会主义现代化建设所面临的新形势和新任务,不断进行新探索,不断做出新回答。我国社会主义实践在改革开放前的曲折说到底是没有完全搞清楚这个问题;改革开放刚开始的进程中遇到的一些犹豫和困惑,归根结底也在于对这个问题没有完全搞清楚。社会主义核心价值观是继邓小平理论、"三个代表"重要思想和科学发展观之后进一步对这一根本问题做出了新的回答,深化了我们党对什么是社会主义,怎样建设社会主义的认识。

在中国建设社会主义是一项前无古人的事业,需要在马克思主义基本原理的指导下,不断探索和创新。党的十一届三中全会以后,我们党冲破了极"左"思想和教条主义的束缚,开始重新思考和探索究竟什么是社会主义和怎样建设社会主义这一根本性问题,并在当时的实践基础上做出了科学回答。邓小平理论把什么是社会主义和怎样建设社会主义问题,作为建设中国特色社会主义首要的基本理论问题,提出在搞清什么叫社会主义这个问题时要解放思想,关键的问题是"要把什么叫社会主义搞清楚,把怎么样建设和发展社会主义搞清楚"。① 经过反复思考,在深刻总结社会主义运动正反两方面的经验教训基础上,邓小平立足于中国特色社会主义现代化建设的实践,对社会主义本质做出了科学概述:"社会主义的本质,是解放生产力,发展生产力,消灭剥削,消除两极分化,最终达到共同富裕。"邓小平把社会主义本质理解为一个包含根本任务、现实途径和根本目的的完整体系。其中,"解放生产力,发展生产力"是社会主义的根本任务。邓小平强调:"社会主义的任务很多,但根本一条就是发展社会主义的生产力,在发展生产力的基础上体现出优于资本主义,为实现共产主义创造物质基础。"这是社会主义制度优越性最基本的、最有说服力的标志。"消灭剥削,消除两极分化,最终达到共同富裕"②是社会主义的根本目的。邓小平一再强调,贫穷不是社会主义,实现共同富裕才是社会主义根本目的,共同富裕既是发展社会主义生产力的根本目的,也是社会主义的根本价值目标,是社会主义和资本主义的本质区别。改革开放是促进生产力发展和实现共同富裕的根本途径。因此,我们可以说实现共同富裕是体现社会主义本质的核心价值观。邓小平认为,改革是中国的第二次革命,是社会主义社会发展的动力,改革的目的是扫除生产力发展的障碍,建立起充满生机和活力的社会主义经济体制及其他体制,最大限度地解放和发展生产力。邓小平理论创造性地回答了什么是社会主义、怎样建设社会主义的问题,把对社会主义的认识提高到了新的科学水平。

党的十八大报告指出:"公平正义是中国特色社会主义的内在要求,是中国特

---

① 《邓小平文选(第3卷)》,人民出版社1993年版,第369页。

② 《邓小平文选(第3卷)》,人民出版社1993年版,第373页。

色社会主义的根本原则,是中国特色社会主义的本质属性。"十八届三中全会公报
又指出:"要紧紧围绕更好保障和改善民生、促进社会公平正义,深化社会体制改
革,改革收入分配制度,促进共同富裕,推进社会领域制度创新,推进基本公共服
务均等化,加快形成科学有效的社会治理体制,确保社会既充满活力又和谐有
序。"这就要求,在建设中国特色社会主义的过程中更加注重经济、政治、文化、社
会、生态的协调发展,更加注重社会公平正义,关注社会弱势群体,充分照顾各个
社会阶层的利益,让全体人民共享改革开放的成果,走共同富裕的道路。这些都
是我们党在治国理念上的重大创新,对社会主义社会本质认识的进一步深化,是
适应我国新阶段社会发展所提出的对策性指导方针。

(二)对社会主义意识形态凝聚的进一步升华

意识形态是与一定社会的经济、政治直接相联系的观念、观点、概念的总和,
价值观与意识形态有着密切的联系,任何社会意识形态领域建设都是以核心价值
观的建设为首要目标展开的。我们党在领导全国人民进行革命建设和改革的过
程中,始终坚持高举马克思主义的伟大旗帜,坚持把马克思主义理论同中国革命
和社会主义现代化建设的实践相结合,走出了一条马克思主义中国化的理论创新
之路。社会主义意识形态从不同的侧面反映着社会主义制度的本质要求,蕴含着
社会主义社会的理想、信念、价值观和行为准则的基本取向。

当前我国社会中存在着价值观的一元与多样的矛盾统一。一元就是指作为
主流意识的社会主义意识形态,即以马克思主义为指导;多样则是指转型期人们
思想意识和价值观念的纷繁复杂。一元是根本,多样是内容,多样只有在一元的
指导下才能有序发展。只有坚持马克思主义的指导地位,才能正确认识我国经济
社会发展的现状,才能在复杂的社会思想领域中分清主流与支流。马克思主义对
社会主义意识形态的指导作用最直接地体现在马克思主义在社会主义核心价值
观层面的核心地位,也就是马克思主义的基本原则和核心理念不单停留于理论层
面,而是深入到群众的精神层面,真正被广大人民群众认可,并成为他们日常生活
的准则。

十八大报告首次提出"三型政党",即"建设学习型、服务型、创新型的马克思
主义执政党",是对新形势下党建经验的总结,也是对提高党建科学化水平提出的
新要求。社会主义核心价值观吸收整合了古今中外社会文化发展的优秀成果,是
对社会主义意识形态凝聚的进一步升华,反映了社会主义意识形态的本质要求。
十八大报告提出的"24 字"社会主义核心价值观新颖而又与时俱进,国家、社会、

公民这三个层面,既相互区别,又各有侧重,可谓高度提炼概括,凝聚全党智慧,将为化解国内社会矛盾、维护社会和谐提供强大的思想支持,提高党在意识形态领域的领导能力和执政水平。

(三)对社会主义治国方略的新建设和新发展

在我国远古时期的法律萌芽成长阶段,在成文法颁布之前,从功能角度而言,"礼"和"刑"具有维护社会秩序的功能,统治者通过这两种制度手段达到社会有序这一功效。直到清末,法律与道德才真正从"礼"和"刑"的交错中分离出来,有了独立的"身份"成为现代意义的法律与道德。① 究竟是依靠法制还是人治来治理国家,是衡量国家政治文明程度的重要尺度。十八大报告提出:"要坚持依法治国和以德治国相结合,加强社会公德、职业道德、家庭美德、个人品德教育。""以德治国"这一全新概念的提出,既反映出人们对当下社会公德缺失的担忧,又彰显出社会对今后树立良好道德的企盼。而"社会公德、职业道德、家庭美德、个人品德"四个层次的排列,则为我们勾画出"四位一体,全面施教"的具体路径。十八届三中全会公报指出:"全面深化改革的总目标是完善和发展中国特色社会主义制度,推进国家治理体系和治理能力现代化。""国家治理体系和治理能力"是一个全新的提法,也是十八届三中全会的一个亮点;这也意味着十八届三中全会将"治理"确立为党全面深化改革的新的执政理念,党的执政理念将由单纯的政府自上而下的"管理",转变为政府自上而下与社会自下而上相结合的"治理",也就是坚持依法治国与以德治国相结合。这些对策性指导思想的确立进一步提出了依法治国和以德治国相结合的治国方略,丰富和发展了我们党的治国思想。可以说,坚持社会主义核心价值观的要求,就是要坚持依法治国和以德治国相结合的治国方略。

坚持以德治国,并不意味着不是依法治国,而是在坚持依法治国的基础上,为更好地实施依法治国而实施的另一个重要方略。从这一意义上说,以德治国是对依法治国方略的丰富和发展。法律和道德作为上层建筑的组成部分,都是维护社会秩序、规范人们思想行为的重要手段,它们相互联系,相互补充。法治以其权威性和强制手段规范社会成员的行为,德治以其说服力和疏导力提高社会成员的思想认识和品德觉悟。只有道德规范与法律规范相互结合,才能更好地发挥作用。仅靠其中一端,是难以真正治国安邦的。正如孟子所说:"徒善不足以为政,徒法

---

① 李玮:《中国古代社会的"礼"、"法"考证》,载《兰台世界》,2013 年第 30 期,第 82~83 页。

不足以自行。"①

（四）提升文化软实力的核心要素和重要支撑

社会主义核心价值观是和谐文化建设的基本点,也是提升国家文化软实力建设的核心要素和重要支撑,在国家文化软实力构建中处于主导地位。国家文化软实力彰显着社会主义核心价值观的文化力量。增强中国特色社会主义文化的竞争力、感召力、影响力和凝聚力关键是提升社会主义核心价值观在国家文化软实力建设中的效应。

当今世界,各国经济既相互依存又相互竞争,不同文化既相互借鉴又相互排斥。国家之间的竞争,既表现为经济、科技、军事等硬实力的竞争,又越来越反映在以文化、意识形态影响力、感召力和吸引力体现出来的"软实力"之间的较量。物质硬实力不行,这个国家可能一打就垮;而文化软实力不行,这个国家可能不打自垮。文化软实力搞得好可以使民族走向振兴,文化软实力搞不好可以使国家走向衰弱。② 在软实力构建和建设中,最关键的就是核心价值观,它直接反映着一个民族的凝聚力和国家的核心竞争力。文化软实力很大程度上表现为国民的理想信念、精神状态、意志品格和内在凝聚力,这一切主要来自人们对社会核心价值观的认同。

全球化的发展态势不可阻挡,全球化的发展除了反映在政治和经济领域外,也必然反映在文化领域。文化全球化使本国的传统文化不再仅仅局限于本民族和本国内部,而是以一种全新的全球化视角重新构建人类文化活动,增强了全球的一体化进程,但同时也冲击着人们的国家理念和民族认同感。不同国家的文化表现形式不同,文化全球化的多元维度决定了世界文化发展的多样性和复杂性、民族性和普世性、传统和现代、强势和弱势、积极和消极,各国文化在传播中具有明显的不均衡性。目前看,在文化全球化的进程中,仍然是以美国为首的西方国家为主导,这对处于弱势的发展中国家的文化产生了重大影响。文化全球化为我国传统文化繁荣和发展提供了历史机遇,但同时也带来了严峻挑战。

提升国家文化软实力,必须把社会主义核心价值观的丰富内容,准确有效地传递给外部世界,让更多的人认识、理解,达成共识,十八大报告的"三个倡导"就

---

① 孟子·离娄上。

② 张国祚:《中国梦与文化软实力》,载《中共四川省委省级机关党校学报》,2014 年第 1 期,第 5～10 页。

很容易让人们理解和接受。每一个民族和国家都有其独特的文化气质,都有其自己社会的核心价值观。因此,要以包容性来彰显社会主义核心价值观的全球性价值。社会主义核心价值观继承和弘扬了与现代文明相协调、与当代社会相适应的源远流长、博大精深的中华优秀传统文化,吸收和借鉴了世界先进文化成果,能够在思考和处理人与国家、人与社会、人与人之间关系等问题上的智慧为其他民族和国家所借鉴。因此,社会主义核心价值观不仅需要在中国特色社会主义的实践中得到认同,也要在世界范围内扩大社会主义核心价值观的话语权和影响力,向世界各国人民昭示社会主义核心价值观所蕴含的"和谐发展""社会准则"和"行为导向"的理念,充分展示中国人民同全球各国人民一道努力建设一个和平、繁荣的和谐世界的美好愿望。这既是提升国家文化软实力的需要,也说明社会主义核心价值观优于资本主义核心价值观,彰显社会主义制度在本质上优于资本主义制度。

二、社会主义核心价值观的实践功能

(一)社会主义核心价值观的认同功能

中国社会正从传统结构向现代结构转型,现代社会生活的开放性与多元文化促成人们价值观念和价值追求的多样性,传统文化、现代文化与后现代文化,主流文化与亚文化等的冲击和碰撞,使得人们很难确立一个普遍有效、统一的价值规范。但是多元价值本身为了有序生存,会要求确立一种共同的、为大多数成员所普遍接受并自觉遵守的主导的、核心的价值观,"以消除人们由于价值评价标准不一致所造成的共同体内部分歧和内耗,消除他们的内心焦虑与行为冲突,从而使整个社会共同体处于一种和谐的秩序中。"①这种形成共同价值观的过程就是"认同"。认同分为个人认同和社会认同,更进一步说是个人自觉与社会自觉。核心价值观的构建,需要内化和外化,外化是引领,内化是认同和自觉,要求人们的主体参与和真心体验,尤其是在价值冲突时,个人自觉和社会自觉就格外能发挥作用。

(二)社会主义核心价值观的激励功能

价值标准是人在价值意识、价值观念中树立的评价事物有无价值、价值大小

---

① 周中之、石书臣:《社会主义核心价值体系教育探索》,上海人民出版社 2007 年版,第 137 页。

的准则,因此,与需要相比,价值标准具有一定的稳定性和滞后性。因为"已经得到满足的第一个需要本身、满足需要的活动和已经获得的为满足需要而用的工具又引起新的需要"。而价值标准一旦确立,将深入到人们观念之中,形成一种评价习惯,且具有一定的保守性。假如一定时期人的需要保持不变,那么相应的价值标准也不会改变。但是,当人的需要发生变化之后,人的价值标准并不是随即改变的。由此,不难理解,彼此被视为正当的、合理的需要,此时可能就是不正当的、不合理的需要。当需要按照其本性发展的时候,并不一定得到顺利的满足,往往受到之前价值标准的制约。社会转型时期,人们往往比较关注价值观念的变革问题,正是由于价值标准与需要发展的不一致性,使得需要的发展受到制约,需要的满足受到抑制。因此,只有及时调整价值标准使其符合正当的、合理的需要,把需要的动力变成人们的价值观念所能接受的激励因素,价值观念才能成为推动人活动和行为的动力和源泉。

(三)社会主义核心价值观的凝聚功能

全球化进程对文化认同起到了巨大的冲击作用。一方面,全球化的推进使人们更深切地感受到了人类的差异性;另一方面,也使个体自身的差异性凸显。全球化使人们在更大的范围接触到了各种价值观念之间的冲突和融合,全球性的人类交往使人们产生了"时空压缩"感,这种感觉是一种空前的不确定性和不稳定感,也是一种难以把握、转瞬即逝的感觉,人们为此而感到极度焦虑。社会主义核心价值观科学总结中国特色社会主义理论与实践创新的成果,它的形成将更好地指导中国特色社会主义的发展方向,更好地在利益格局多元、思想多样的现实条件下起到引领社会思潮、凝聚社会共识、规范社会行为的作用。社会主义核心价值观可以凝聚人心,只有按社会主义核心价值观去做,才能实现社会主义的价值目标。

(四)社会主义核心价值观的整合功能

全球化时代,随着民族认同问题的凸显,共时性的多元文化并存与历时性的文化变革交织在一起,价值观念的整合呈现多维性,传统与现代的整合变得更加复杂化了。事实上,无论是过去还是现在,价值观念的整合都不可能以某一方面作为固定的基点。"中学为体,西学为用"和全盘西化都不可能成为真正整合好传统与现代的方法,根本原因在于这两种主张都试图以传统或西方文化为基点来实现两者之间的整合。因为,无论是传统与现代的碰撞,还是全球化过程,都表明文化是在相互交流中变化发展的。如果一定要确立一个基点,那么这个基点只能是多元文化之间的互动关系,价值观念只能在这种互动关系中实现整合。吉登斯所指出的有一定道理:"我们应该依据时空分延和地方性环境以及地方性活动漫长的变迁之间不断发展的关系,来把握现代性的全球性蔓延。"①对全球化背景下的价值观念整合也应在文化多元素的互动关系中予以把握,新的价值目标、价值标准、价值规范,都应该在这个互动的基础上进行确立。当然,吉登斯是作为西方强势文化的代言人这样讲的,我们必须在文化互动过程中把握我们自身的文化战略方向,社会主义核心价值观的提出,可以在多元文化的互动关系中实现价值观念的有效整合。

---

① 吉登斯:《现代性与自我认同》,三联书店 1998 年版,第 23 页。

第四章

我国大学生价值观教育的历史与经验

　　大学生价值观教育从一开始并没有作为单独的课程内容列入学校的教学内容之中,而是一直以来被涵盖在德育和思想政治教育之中。1976 年"文化大革命"结束,经过拨乱反正,到 1978 年召开了党的十一届三中全会,中国进入改革开放的新时期。改革开放 30 多年来,中国社会经历了重大而深刻的转型,社会、经济、文化等方方面面都发生了巨大变化,我国德育和思想政治教育领域也在不断发生着变化,大学生价值观教育也伴随着社会进步和时代要求,经历了恢复重建、实践探索、整合发展、深化提升四个历史阶段。总体来说,改革开放以来,我国大学生的价值观教育并没有被单独提出来,而是和整个青少年价值观教育贯穿在思想政治教育中一起实施的。而大学生价值观教育的具体实施和落实,主要是通过高校进行的,贯穿和融通在学校的思想政治教育之中。因此本章主要从思想政治教育发展的历史把握中,对改革开放以来我国大学生价值观教育的发展轨迹进行简要梳理。关于历史轨迹分期问题,本章是以思想政治教育发展为依托,以国家出台重要文件和政策为节点,划分出我国大学生价值观教育的四个发展阶段,每个阶段我国大学生价值观教育受到了社会经济发展、社会转型时期对大学生价值观提出的要求和大学生价值观自身变化发展的影响,这些因素共同作用形成了我国大学生价值观教育发展的基本特点。本章主要采用文献研究法,通过历史考察全面回顾了我国价值观教育分阶段发展特点,总结了改革开放以来我国价值观教育发展的经验与启示。

一、改革开放以来大学生价值观教育历史回顾

（一）恢复重建阶段（1978 ~ 1984）

从"文化大革命"结束到思想政治教育学科专业创建是大学生价值观教育的

恢复重建阶段。经历了"文化大革命"的曲折后,大学生思想政治教育在党的十一届三中全会精神的巨大鼓舞下,开始拨乱反正、恢复发展,并在新形势和新情况下,对大学生思想政治教育的理念、体制、目标、途径、内容、方法、环境等方面进行了一系列大胆创新,使大学生思想政治教育获得了新的发展,从而为新时期大学生价值观教育的顺利开展奠定了坚实基础。

首先,粉碎"四人帮",对大学生价值观教育进行拨乱反正。1976 年,党中央粉碎了"四人帮"反革命集团。在 1977 年 8 月召开的中国共产党第十一次全国代表大会上,正式宣布"文化大革命"结束。1977 年 8 月 4 日,邓小平主持召开全国科教座谈会,彻底推翻了"两个估计"。1978 年 4 月 22 日至 5 月 16 日,全国教育工作会议在北京召开。邓小平出席开幕式并作了重要讲话,阐明了德、智、体全面发展的教育方针,特别指出了德育与学习知识的关系,认为学校应该永远把坚定正确的政治方向放在第一位,但并不是说要把大量的课时用于思想政治教育。大学生价值观教育重新回到了正确轨道,开始以全新的姿态进一步发展。

其次,重新确立了大学生价值观教育的定位、目标和内容。1980 年 4 月,教育部、共青团中央联合发出《关于加强高等学校学生思想政治工作的意见》,指出:高等院校必须正确处理政治与业务、红与专的关系,把学生的思想政治工作放在重要地位。1981 年 6 月,中共十一届六中全会通过的《关于建国以来党的若干历史问题的决议》重申了党的思想政治工作是经济工作和其他一切工作生命线的论断,对思想政治教育工作的方针和内容做出了明确具体的表述。8 月 1 日至 11日,教育部在北京召开全国学校思想政治教育工作会议,会议强调,要以《关于建国以来党的若干历史问题的决议》为教材,加强学生的思想政治工作,要在全国范围内贯彻党的教育方针,积极引导学生德、智、体全面发展,走又红又专的道路。要对学生进行坚持四项基本原则、反对资产阶级自由化的教育,进行爱国主义、共产主义道德教育,进行遵纪守法教育,进行劳动教育。

第三,开展了大学生价值观教育的课程、专业和队伍建设。1979 年 7 月,教育部组织编写了《中国共产党历史教学大纲》《辩证唯物主义与历史唯物主义教学大纲》《政治经济学教学大纲》《国际共产主义运动史教学大纲》,印发全国各高等学校试用。11 月,教育部召开高等学校马列主义理论课教材讨论会,委托北京、上海、湖北等 7 个省、市教育部门编写高等学校公共政治理论课通用教材,供各校选用,并于 1980 年和 1981 年两次召开马列主义理论课教材讨论会,公布《改进和加强高等学校马列主义课的试行办法》,规定全国高等学校本科一律开设"中共党

史""政治经济学"和"哲学"课,文科专业加开"国际共产主义运动史"课,也可以
开设"科学社会主义"课。两年制专科开设 1~2 门政治理论课,三年制专科开设
2~3 门政治理论课,课程门类由各校根据专业性质自行规定。10 月,中共中央宣
传部发出通知,恢复对高等学校马列主义理论课的领导关系,并要求各地党委宣
传部切实领导好各地高等学校马列主义基础理论的教学工作。1981 年 1 月,中共
中央书记处在多次听取教育部对高等学校思想政治教育问题的汇报后,提出了中
央直接抓高等学校政治教材和教书育人的意见,强调高等学校的政治理论课必须
加强。1982 年 7 月至 8 月,教育部在大连、西安分别召开高等学校思想政治工作
座谈会,提出要逐步开设共产主义思想品德课。10 月,教育部发出《关于在高等
学校逐步开设共产主义思想品德课的通知》,并于 1984 年 9 月发出《关于高等学
校开设共产主义思想品德课的若干规定》,具体规定了这门课的任务、内容、教学
原则、机构设置等。① 1983 年,教育部为了落实上述精神,召开了政工专业论证
会。会议确定学科名称为"思想政治教育学",学科建设和人才培养所依托的专业
名称为"思想政治教育专业",初步议定专业的课程设置,委托复旦大学、武汉大学
编写部分主干课教材,并决定 1984 年开始招生。

随着高校思想政治理论课的设立,在高校教育体系中的思想政治理论课,逐
步成为全国大学生的必修课。根据不同时期的时代要求,结合当时的社会人物,
特别重视大学生人生观和价值观的导向问题。当时的大学生价值观教育,主要表
现为:教育内容上用政治和道德教育代替价值观教育;重视运用灌输式教育方式
多于引导启发;更加侧重于教育者如何教,往往容易忽略了学生的感受。

(二)实践探索阶段(1984~2004)

从思想政治教育学科专业设立到中央 16 号文件发布,是大学生价值观教育
的实践探索阶段。随着社会主义市场经济步伐的进一步加快,我党建设中国特色
社会主义的理论成果,对大学生的价值观教育提供了重要指导,这对于 20 世纪 80
年代以来流行在大学生中的"西方思潮"有消解作用。这一阶段的大学生价值观
教育,主要依据邓小平提出的教育"三个面向"和"学校应该永远把坚定正确的政
治方向放在第一位"以及"要教育全国人民做到有理想、有道德、有文化、有纪律"
等一系列指示,根据社会变化和大学生思想特点,加强了大学生价值观的指引。
20 世纪 90 年代,是我国社会主义市场经济体制建立时期。这一时期,伴随着社会

---

① 骆郁廷:《当代大学生思想政治教育》,中国人民大学出版社 2010 年版,第 10~11 页。

主义市场经济体制的逐步建立,高校思想政治教育面临着新的时代性要求,大学生社会主义核心价值观培育在探索实践中不断前进。从新世纪开始,我国进入了全面建设小康社会、加快推进改革开放和社会主义现代化建设的新的发展阶段。这一阶段也是我国大学生价值观教育理念、内容、途径和方法不断实践发展的新时期。

教育部门、高等学校的党组织和广大思想政治教育工作者,遵循中央领导的一系列重要指示,积极推进思想政治教育的建设和发展,坚守岗位,历尽艰辛,奋力工作,开拓思想政治教育的领域和渠道。教育部提出了一系列重要措施加强和改进高等学校马列主义课的试行办法,大学生马克思主义理论教育得到加强。1984 年 4 月,教育部发出《关于在十二所院校设置思想政治教育专业的意见》后,6 月又发出《关于在六所高等院校开办思想政治教育专业第二学士学位的意见》。文件规定,思想政治教育专业首先为高校培养辅导员,要求从理工医农各专业一年级学生干部中择优选拔、推荐入学、定向培养,学满三年、修满学分,授予法学学士学位,回原选送学校安排工作;第二学士学位生则从理工医农各专业的辅导员中择优选拔推荐入学,定向培养,修满两年规定的课程和学分后,除原有的学士学位外,再授予一个法学学士学位,回原校工作。从此,我国有了思想政治教育专业,通过系统的专业建设,既能够培养专门人才,推进大学生辅导员的专业化、职业化,又能够出理论成果,推动学科建设发展。1984 年 9 月 4 日,中央宣传部、教育部印发《关于加强和改进高等院校马列主义理论教育的若干规定》的通知;1984 年 9 月 12 日,教育部印发《关于高等学校开设共产主义思想品德课的若干规定》的通知。自 1984 年以来,思想政治教育学逐步形成层次完善的学科专业体系,学科专业点从本科点、硕士点到博士点的发展。1986 年在《中共中央关于社会主义精神文明建设指导方针的决议》中提出"形成有利于社会主义现代化建设和全面改革的舆论力量、价值观念、文化条件和社会环境,有力地抵制资本主义和封建主义的腐朽思想",这也是在国家重要文件中首次提到了价值观念,第一次明确提出青年价值观教育问题。1986 年,中国人民大学成立马克思主义理论教育研究所,主要从事马克思主义理论教育、思想政治教育的研究。1990 年,为适应学科发展的需要,国务院学位委员会决定把马克思主义理论教育与思想政治教育合并,形成"马克思主义理论与思想政治教育"专业二级学科,开始招收培养思想政治教育硕士研究生和博士研究生。

在此阶段发生了 1986 年年底的"学潮"和 1989 年春夏之交的政治风波。"八九风波"的根本原因是资产阶级自由化思潮抓住了青年人崇拜西方生活的心理,利用我国社会中存在的一些问题,以改革的名义攻击党的领导,攻击社会主义制度,在一个时期也蒙蔽了许多充满爱国热情的年轻人。邓小平在风波平息后深刻分析了它的根源和性质。他说:"这场风波迟早要来。这是国际的大气候和中国自己的小气候所决定了的,是一定要来的,是不以人们的意志为转移的,只不过是迟早的问题,大小的问题。""事情一爆发出来,就很明确。他们的根本口号主要是两个,一是要打倒共产党,一是要推翻社会主义制度。他们的目的是要建立一个完全西方附庸化的资产阶级共和国","这次事件的性质就是资产阶级自由化和四个坚持的对立。"①这对新时期如何加强大学生价值观教育提出了新课题。

1992 年 10 月在党的十四大报告中,进一步明确了要"树立正确的理想、信念和价值观"。1995 年,国家教委发布了《中国普通高等学校德育大纲(试行)》,规范了高校思想政治教育工作体制,使大学生社会主义核心价值观培育走上了"依纲管理、依纲育人、依纲考评"的科学化、规范化道路。1994 年 9 月,中央颁发《爱国主义教育实施纲要》,提出了爱国主义教育的原则、内容、对象和措施。1995 年江泽民同志在北京视察时发表"讲学习、讲政治、讲正气"的讲话,之后全党开展了系统的"三讲"教育活动。1995 年,国务院学位委员会办公室在布置增列博士、硕士学位授权点工作时,考虑到学科整合发展的决策已定,要求在本次申请中马克思主义理论教育和思想政治教育必须联合申请。

从 20 世纪 90 年代中期到 2004 年是我国全面建设社会主义市场经济时期。新的发展浪潮如国际化、网络化、信息化使我们的思想政治教育、德育以及价值观教育处在一个完全开放化、透明化的环境。在这种条件下,我们大学生的价值观发生了重大变化,大学生价值观教育的形势更加复杂,难度加大,任务更加艰巨。中共中央、国务院和国家教育主管部门下发了多个关于加强大学生思想政治教育、改善学校德育工作的意见,并正式提出了建设社会主义核心价值体系的任务。1996 年,国务院学位委员会正式批准建立首批"马克思主义理论与思想政治教育"专业的博士点,"马克思主义理论与思想政治教育"学科由此完成了从本科到硕士再到博士的发展历程,学科建设突飞猛进,为大学生价值观培育队伍建设奠定了学科基础。1996 年,十四届六中全会通过《关于加强社会主义精神文明建设若干重要问题的决议》,强调爱国主义教育要贯穿社会主义现代化建设的全过程。

---

① 《邓小平文选(第 3 卷)》,人民出版社 1993 年版,第 302 页、305 页。

1997 年党的十五大提出"用邓小平理论指导我们的整个事业和各项工作",全国掀起学习邓小平理论高潮。1998 年 4 月,中央批准高校马克思主义理论课和思想品德课程设置新方案,对"两课"课程设置进行了调整。6 月,中宣部和教育部发布《关于普通高等学校"两课"课程设置的规定及其实施工作意见》,邓小平理论教育在高校全面启动。1999 年 6 月,中共中央、国务院发布《关于深化教育改革全面推进素质教育的决定》,明确了素质教育的方针、宗旨、重点与目标。2000 年 2 月江泽民同志在关于教育问题的谈话中讲道:"尤其是要加强青少年学生进行爱国主义、集体主义、社会主义的思想教育,帮助他们树立正确的世界观、人生观、价值观。"这是国家领导人在重要谈话中首次提出价值观及其教育问题,并把价值观放在世界观、人生观之后,将三观并列起来。这可以被看作是我国价值观教育确立的标志。① 2001 年 9 月,中央颁发《公民道德建设纲要》,为高校道德教育指明了方向。2003 年党的十六届三中全会提出"坚持以人为本,树立全面、协调,可持续的发展观",开展了科学发展观的学习活动。在这些方针指导下,各学校进一步加强和改进了德育工作,转变理念,更新教育内容,改进教育方式,进一步增强了大学生的价值观教育。可以说,在这一阶段里大学生价值观教育是伴随着大学生德育和思想政治教育工作的开展也在不断的探索中发展,取得了实效,同时也存在着许多矛盾和问题,需要我们注意和思考。这一阶段的研究文章中,从关于价值观教育内容的讨论可以看出,研究者们对于价值观教育的认识正逐渐走向清晰和具体。

(三)整合发展阶段(2004~2012)

2004 年 8 月,中共中央、国务院发布了《关于进一步加强和改进大学生思想政治教育的意见》(16 号文件),这是我国大学生价值观教育发展历程的重要里程碑,标志着我国大学生价值观教育的理念、内容、途径和方法的逐步形成,大学生价值观教育进入整合发展阶段。

首先,中央采取了一系列重大措施加强和改进大学生思想政治教育工作,开创了大学生价值观教育的新局面。世纪之交,为适应新形势、新情况,突破高校思想政治教育的薄弱环节,中央采取了一系列重大措施。一是中共中央、国务院及有关部门相继出台多个重要文件,大学生价值观教育获得了政策上的强力支持。

---

① 蓝维、夏飞:《价值观教育的确立与发展——价值观教育 30 年的历史回顾》,载《中国德育》,2008 年第 12 期,第 18 页。

2004 年 8 月,中共中央、国务院发出了《关于进一步加强和改进大学生思想政治教育的意见》。2005 年 1 月,中央专门召开了大学生思想政治教育工作会议,胡锦涛同志发表重要讲话。在此前后,教育部、卫生部、共青团中央、中央宣传部等相关部门相继下发了多个配套文件,大学生价值观教育获得了政策上的强力支持。二是马克思主义理论研究和建设工程启动,大学生价值观教育获得新的动力。2004 年 1 月,中央发出了《关于进一步繁荣发展哲学社会科学的意见》,并随后召开了实施马克思主义理论研究和建设工程工作会议,大力推进马克思主义理论研究和建设工程。三是高校思想政治理论课新方案出台,课程设置更为合理。2005 年,中宣部、教育部发出《关于进一步加强和改进高等学校思想政治理论课的意见》,明确了高校思想政治教育理论课程改革新方案,形成了结构合理、功能互补的思想政治理论课课程体系。

其次,党的理论创新取得重大成果,丰富了社会主义核心价值体系的内涵,完善了大学生价值观教育的内容。十六大以来,我们党不断推进理论创新,形成了一系列富有创造性的理论成果。这些理论创新成果,是对马克思主义的重大理论贡献,丰富了大学生价值观教育的内涵。一是提出了以人为本的科学发展观,奠定了社会主义核心价值体系的基石。十七大报告系统论述了科学发展观的基本内涵,其以人为本的指向深刻反映了中国特色社会主义的终极价值目标,因而在意识形态上成为社会主义核心价值体系的重要内容,构成了社会主义核心价值体系的基石。二是提出了构建社会主义和谐社会的重大任务,"和谐"成为社会主义核心价值体系的核心理念。十六届六中全会对构建社会主义和谐社会做出了总体部署。和谐社会理论汇总的"和谐"精神深刻体现了中国特色社会主义的核心价值,成为社会主义核心价值体系的基本理念。三是提出了以"八荣八耻"为主要内容的社会主义荣辱观,丰富了社会主义核心价值体系的基本内容。2006 年 3 月,胡锦涛同志在参加全国政协十届四次会议时明确提出了以"八荣八耻"为主要内容的社会主义荣辱观。社会主义荣辱观丰富了社会主义核心价值体系的基本内容,充实了大学生价值观教育的道德基础。四是提出了建设社会主义核心价值体系的战略任务,大学生价值观教育成为时代的重大课题。2006 年 10 月,十六届六中全会提出了社会主义核心价值体系的基本论述。2007 年年底,十七大将"建设社会主义核心价值体系"纳入报告中。① 由此可见,"建设社会主义核心价值体系"已成为构建社会主义和谐社会、推进中国特色社会主义建设的战略任务,大学生价值观教育已经成为高校思想政治教育工作的重要内容。

(四)深化提升阶段(2012~至今)

2012年11月8日党的十八大报告明确提出,"倡导富强、民主、文明、和谐,倡导自由、平等、公正、法治,倡导爱国、敬业、诚信、友善,积极培育和践行社会主义核心价值观"。在大学生中培育和践行社会主义核心价值观已经成为新时代赋予我们的崇高使命,也使我国大学生价值观教育步入深化提升阶段。社会主义核心价值观具有的先进性,使其具有支配和主导地位,可以协调并引导其他价值观,整合资源,使人们不断获得前进的精神动力,朝着共同的目标迈进。社会主义核心价值观还具有普遍认同性和建设性,是我们国家的、社会的、民众的价值标准,涵盖了政治、经济、文化、道德的所有层面,具有统一思想、引领思潮、坚定信念、凝聚人心、预测趋势的作用。社会主义核心价值观的提出,进一步丰富完善了大学生价值观教育的内容。其意义在于,能够帮助大学生深刻领会社会主义核心价值体系的科学内涵,自觉践行社会主义核心价值体系,形成崇高的理想信念,弘扬民族精神和时代精神,确立正确的人生观、价值观,全面提高思想政治素质和道德品质,成为中国特色社会主义事业未来的建设者和接班人。习近平总书记在2014年5月4日《青年要自觉践行社会主义核心价值观——在北京大学师生座谈会上的讲话》中特别提道:"价值观是人类在认识、改造自然和社会的过程中产生与发挥作用的。不同民族、不同国家由于其自然条件和发展历程不同,产生和形成的核心价值观也各有特点。一个民族、一个国家的核心价值观必须同这个民族、这个国家的历史文化相契合,同这个民族、这个国家的人民正在进行的奋斗相结合,同这个民族、这个国家需要解决的时代问题相适应。……为什么要对青年讲讲社会主义核心价值观这个问题?是因为青年的价值取向决定了未来整个社会的价值取向,而青年又处在价值观形成和确立的时期,抓好这一时期的价值观养成十分重要。"

大学生价值观教育是一个系统工程,党的十六届六中全会正式提出了建设社会主义核心价值体系。党中央提出的社会主义核心价值体系主要从四个方面对

---

① 李纪岩:《当代大学生社会主义核心价值观培育研究》,山东人民出版社2013年版,第55~60页。

当前形势下我国社会主义社会的主导价值观进行阐发:以马克思主义作为社会价值观的指导思想、用中国特色社会主义形成全体社会成员的共同理想、以弘扬爱国主义为核心内容的民族精神和以改革创新为核心的时代精神、以"八荣八耻"为主要内容的社会主义荣辱观。党的十七大全面阐述了科学发展观理论,指出要促进人的全面发展。在社会主义市场经济条件下,社会对大学生的要求是全面的,我们要在社会主义核心价值观为主导的前提下,重视大学生的全面发展。党的十八大报告提出的"24字"社会主义核心价值观更是为我国大学生价值观教育提出了新要求。总之,这一时期是我国大学生价值观教育理念、内容、途径和方法逐渐完善的时期,开创了我国大学生社会主义核心价值观培育和践行的全新局面。

二、改革开放以来大学生价值观教育的经验与启示

（一）始终坚持大学生价值观教育的政治方向

自改革开放以来,大学生价值观教育始终是围绕我国社会当时的政治需要来进行的。1978年底,我们党召开了十一届三中全会,使高校的思想政治工作逐步恢复到正常轨道。进入20世纪80年代以来,改革开放引发了全社会的体制转换和利益调整,我们党对大学生的思想政治教育工作积极引导,也经历了几次大的调整。当时,西方大量著作被介绍到中国来,西方的文化学术在大学生中形成了一种思潮。西方一些错误的价值观,在一定程度上被大学生接受。在大学生中出现了崇拜西方、否定社会主义制度的资产阶级价值观以及资产阶级自由化的思潮。马克思主义的指导地位受到了挑战。在这种情况下,党提出了反对资产阶级自由化、坚持四项基本原则的指导思想,以此来教育和引导广大大学生正确地建构价值观。20世纪90年代,随着社会主义市场经济体制的逐步建立,社会文化呈现出多元复杂的景象。受此影响,大学生们的思想也发生着转变,从价值观看,开始反思个性解放、自由民主等西方意识,逐步冷落了西方哲学思潮的诱惑,以传统文化、民主意识、平民思想审时度势,注重从集体、社会角度反思个人需要、个人发展。大学生核心价值观开始呈现出在"集体和社会利益为主兼顾个人利益"取向主导下的多种取向并存发展的趋势。但在一部分大学生中,也出现了"价值虚无、无所适从"的状况,在一些人身上则表现为缺乏理想、信仰丧失的情况。

面对这种情况,党始终关注大学生思想的发展,重视大学生思想政治教育和价值观教育。在2004年8月,中共中央发布了《中共中央、国务院关于进一步加强和改进大学生思想政治教育的意见》,在这个《意见》中,党中央对新形势下大学

生思想政治教育工作进行了新的理论思考和实践探索。要求各级教育主管部门和高等院校在开展大学生思想政治教育中,要以理想信念教育为核心,以爱国主义为重点,以基本道德规范为基础,以大学生全面发展为目标,积极引导大学生树立马克思主义的世界观、人生观和价值观,培育其民族精神,建立起符合社会主义的公民道德,实现全面发展的素质,从而不断地追求更高目标,树立起共产主义的远大理想,坚定马克思主义信念。这次会议的召开为新时期高等学校对当代大学生进行思想政治教育工作,尤其是大学生价值观教育指明了正确方向。2012 年11 月 8 日中共十八大报告明确提出"三个倡导",即"倡导富强、民主、文明、和谐,倡导自由、平等、公正、法治,倡导爱国、敬业、诚信、友善,积极培育社会主义核心价值观"。这个概括,实际上回答了我们要建设什么样的国家、建设什么样的社会、培育什么样的公民的重大问题。①

　　教育本质上是一种文化传递和价值导向的工作,以促进个体和社会共同发展。以美国为首的西方资本主义国家虽然倡导所谓"人权高于主权"论,并不是真正放弃其自身的国家利益,而是为了削弱第三世界国家的主权,保障他们自己获取更多的民族利益。2006 年诺贝尔经济学奖获得者埃德蒙·费尔普斯一针见血地指出:"事实上,没有国家,资本主义甚至会虚脱。"美国的国家利益从来都高于政客们嘴上喊的那些漂亮的道德原则。实际上,资本主义不可能放弃国家主权,而是利用国家主权为资本攫取利益;不是趋向全球一体的"公共善",而是利用"公共善"来保障其民族国家的战略利益。我国的研究者们必须认清这一点,始终把握准方向。应该认识到即便在美国,资产阶级政党也是牢牢控制着意识形态的领导权,并且运用多种调控手段掌握着教育的内容和导向。美国政府对外所宣传、标榜和所作所为一直以来是双重标准。在全球范围,美国精英阶层越来越倾向于联合西方盟友,将"西方世界"作为一个整体,通过包括价值观念在内的一系列"西方规则"对中国进行规范化。在他们看来,如果让中国成为西方世界秩序的一部分,令其观念与西方主流价值观取得一致,那么美国就仍可以有效维持其全球主导地位。为了实现这一目标,美国已经并且正在竭力引导、施压,令中国融入以西方主流价值观为中心的秩序体系,企图提高该体系在中国崛起和美国相对实力下降后仍可继续生存和壮大的可能性。美国行为告诫我们,在他们眼中没有朋友,

---

① 习近平:《青年要自觉践行社会主义核心价值观——在北京大学师生座谈会上的讲话》,2014 年 5 月 4 日。

只有利益。这是资本主义国家赤裸裸的本质属性,我们应该提高警惕,并更加坚定高校作为培育和践行社会主义核心价值观的阵地不能丢失,应该努力营造合力,尽量通过全社会来实施。

总之,我国高校的社会主义核心价值观教育所传递的文化必然是反映社会主义的文化,所导向的价值观必然是社会核心价值观所倡导的。在大学生价值观教育中,必须坚持坚定正确的政治方向,强调大学生价值观教育中政治价值观教育的重要地位。这种重要性在社会重大变革和转型时期更为突显。政治价值观在一个人的价值观系统中起统帅和保证作用。

(二)始终坚持大学生价值观教育系统化

大学生核心价值观教育是一项系统工程,在实践和操作层面上都需要进一步完善和改进。我国以往的大学生价值观教育,涵盖在德育和思想政治教育中,因此在今后的研究活动中,还需要对教育内容、教育目标,实施的途径、方法进行改进和建设,使之更加完善和具有实效性。当代大学生价值观教育是一个现实意义极强的教育活动实践领域,与其他方面的教育一样,它广泛存在于家庭、学校和社会之中。它需要综合协调各个方面的力量来促使大学生的价值观朝教育者所期望的方向发展。可以说,大学生价值观教育是一项系统工程,但现实中这种系统性表现的并不明显,综合力量的作用也没有得到很好发挥。同时,大学生价值观教育还需要科学的评价体系,这样可以起到激励、导向和调控作用。评价作为一种反馈——矫正系统,用于在教学过程中的每一步上判断该过程是否有效;如果无效,必须及时采取什么变革,以确保过程的有效性。目前,可以通过科研成果来评价一所高校的学术水平;通过升学率来评价一所中学的教学质量;通过考试来评价一个学生的智育和体育。但对大学生的思想道德水平、价值观发展程度,还没有形成一整套科学的评价体系。由于价值观教育本身具有的政治性、综合性、复杂性等特点,使得教育评价在评价标准、评价类型、评价方法以及评价的实施过程上都存在许多争论,一时难有确定的模板。价值观教育效果如何,往往也只是通过一些相关课程的考试计分以及有限的相关调研活动来反馈。没有将实践环节纳入到测评中来,即使有这方面的考虑,仍然存在操作上的一些难度。这样简单封闭的评价方式往往在客观上导致大学生重理论轻实践,造成知行不统一,很难给大学生施以一个有效的反作用力,以促使其自觉调整价值观念来趋近于教育所倡导的价值观。

　　(三)始终坚持以人为本的教育理念

　　大学生价值观教育须遵循大学生身心发展的规律,因此在实践和操作层面上要坚持与时俱进,不能走形式主义。一是坚持研究大学生价值观教育的内在规律,从实践层面上更有效地把教育内容、形式、目标结合起来;二是时刻保持警醒防止个别利益团体为达到个人或团体的目的,把价值观教育沦为实现其目的的手段。大学生价值观教育不应该成为形式化、非科学化、非系统化、非制度化、运动式等活动。大学生价值观教育还需尊重大学生个体发展的差异性,他们在价值观的形成中,对主导价值观认同的同时也会形成个体性的价值观。在这一方面,传统价值观教育做得不够不充分。从 1978 年开始推进改革开放以来,特别是 1992年提出建设社会主义市场经济体制的伟大进程中,由于多种经济成分并存而引发了社会思想领域出现了多种价值观并存的局面,虽然我们的主导价值观是社会主义价值观,但从传统的价值观教育过程看,对当代大学生价值观教育的引领过程中,我们不能单纯按照过去的只用主导价值观来教导大学生,现代大学生不再处于封闭的社会状态中。新形势下,社会越来越开放,对大学生进行思想政治教育和价值观教育,就必须关注其他多种价值观对大学生的冲击和影响。我们在大学生中培育和践行社会主义核心价值观,是为了引导他们怎么去看待多种非马克思主义的价值观。因此,我们的教育理念应该从过去的老师讲授为主转化为师生之间对话交流的方式。

　　如果缺乏师生对话的价值观教育或者是一味使用灌输式的教育,就激发不起大学生们的学习兴趣。乏味的教育方法和单一的途径,忽视了大学生的个体性、自主性、独立性,与他们的实际生活脱节,更无助于他们的价值观培育,这就必然引起大学生的反感,以至于去怀疑和抵触那些真正有意义的教育内容和形式,甚至对整个教育活动产生怀疑和远离。18 岁至 22 岁的青年,正是价值观形成的关键时期,也正是社会对其进行价值观教育的最佳时期。根据大学生价值观形成的规律,知与行是一对主要矛盾,大学生的价值认识、价值观念以及价值行为,也表现为知、情、意、行相关联的过程。学校通过价值观的知识和理论教育,主要能够实现学生对价值观知识、道理的认知,而真正要形成稳固的价值观念及正确的价值实践,还要经过一般意义上的价值情感的升华、价值意志的坚定,而后才是自觉的正确的价值行为。从对价值知识、理论的认知,到大学生自觉践行正确的价值行为,中间"情感"和"意志"阶段的过渡及实现,主要依凭实践过程。反复的价值实践和确认,才能形成稳定的价值观念,才会把正确的价值行为变为自觉。依据马克思主义的认识论和实践论,人们对客观世界的认识,无不来源于人们改造客观世界的实践过程,实践是认识的根本来源也是检验认识正确与否的唯一标准。因此,实践活动是大学生建立社会主义核心价值观的基本途径之一。在实践中,大学生们受教育、长见识、增才干,改造客观世界的同时,也改造了主观世界。大学生是接受价值观教育的主体,也是社会实践活动的主体。他们具有自主性、能动性、创造性。在社会实践过程中,学生能够体会到自我价值实现的成就感,从而进一步加强对社会主义核心价值观的认同和心理认知。因此,在大学生价值观教育过程中,要把发挥大学生主体性同加强对实践活动的指导有机结合起来。大学生价值观教育要遵循教育规律,发挥大学生的主体性,就是要把他们放到实践主体的位置,尊重他们的主体意识,发挥他们的能动性。同时发挥大学生主体作用,并不是撇开教育主体的指导,不能出现教育者缺位。离开教育者引导和评价的实践活动,大学生价值观实践教育的效果就会减弱,甚至还会出现相反效果。

当代大学生价值取向的主流是积极的、健康的。但是,面对社会转型的困惑和由此而造成的浮躁心态,是当代大学生价值取向的主要问题。大学生的这种困惑,不仅有对正面宣传教育同消极社会现实反差的不理解,也有对个人本位与社会本位关系尺度把握上的不明晰;既有深层次的价值判断标准一元化还是多元化的困惑,也有浅层次的个人期望值过高与自身能力不足之间的痛苦。这些问题外在表现为一种浮躁心态,表现在政治上是信念不够坚定、理想主义的缺丧和游移;表现在个人价值的实现上是急功近利,期望即时的回报;表现在学习上是不愿意下苦功夫打好基本功。从具体个体来看,多数大学生尚未形成完整的、稳定的人生价值观念,在一些问题上常常表现出矛盾或多变状态。就发展趋势而言,由于利益主体的多元化,人们观念的多元化,人们对利益追求的强化,社会对个人正当利益的肯定,大学生价值取向中消极因素呈增长趋势,如不加强教育引导,势必走偏方向,酿成严重后果。大学生正处于这一年龄阶段,此时进行社会主义核心价值观的培育对其一生成长至关重要,对于我国社会进步和发展也具有深远意义。在当今社会各种思潮涌动、价值冲突剧烈的情形下,大学生价值观教育的一个重要任务是培养他们对各种思潮和价值观的分析和辨别能力以及从中择善而从的能力。因而在实践和操作层面上需要与时俱进,需要坚持创新。关于价值观教育的方法和途径,我国学者刘济良(2007)在谈到国内价值观教育经验时,将国内使用的主要价值观教育方法概括为:说服教育法、榜样示范法、实际锻炼法、陶冶教育法、自我修养法、两难故事法、角色扮演法、价值澄清法和社会行动法。石海兵

(2006)还加入了网络教育法。我国学者薛海鸣(2013)曾将新时期大学生核心价值观培育的基本途径归纳为:高校思想政治教育理论课、高校校园文化建设、大学生的心理素质、大学生的党团活动、大学生的社会实践、大学生的网络思想政治教育。

（四）始终坚持立足于中华优秀传统文化

在当今的社会环境中,全球化和信息技术的发展似乎压缩了整个世界。尤其是一些西方资本主义国家不满足于构建自己国家的价值观,企图扩大自己价值观的国际影响,让更多其他国家或地区的人通过互联网等各种渠道获得本国之外的经济、政治、文化、学术和社会生活等方面的信息。当前,人们处于不同的制度、文化、思想和信仰的环境影响之下,全球化和多元环境共同作用于人们的价值观等意识形态领域,也为各个国家的意识形态教育或价值观教育造成了复杂多变的局面。价值观对于人们的影响越来越重要,注重社会核心价值观教育已经成为一种世界潮流。价值观教育在各国的兴起与各国经历的现代社会转型所引发的信仰、价值、道德等多方面的混乱和危机有关,与国家间相互竞争带来的巨大挑战和困难有关。全球化对我国提出了新挑战,各种思潮涌入。我们既要进行社会主义现代化的伟大事业,又要注重保持我们的民族特色。改革开放以来,随着市场经济的发展,经济成分、就业方式、分配方式、思想观念等日趋多元化。出现了贪污腐败、官僚主义、拜金主义、权钱交易等现象,严重污染了社会环境,对大学生的价值观也造成了很大的负面影响。腐败现象若遏制不住,将会造成社会大范围精神支柱丧失、心理失落、道德失范、社会失序,会使人民群众对党失去信心,会对党的执政地位造成威胁。

大学是各种思想文化汇集的前沿阵地,大学生是未来国家建设的中坚力量,高校对大学生进行价值观教育需要立足于中华优秀传统文化,为祖国培养现代化的合格人才。只有这样,才能确保我们中华民族的特色,确保中国特色社会主义共同理想成为大学生的价值追求,确保以爱国主义为核心的民族精神成为大学生的精神保障,我们中华民族才能在国际竞争中立于不败之地。

社会主义核心价值观具有包容性,涵盖丰富且根基深厚,中华文明绵延数千年,有其独特的价值体系。中华优秀传统文化已经成为中华民族的基因,植根在中国人内心,潜移默化影响着中国人的思想方式和行为方式。今天,我们提倡和弘扬社会主义核心价值观,必须从中汲取丰富营养,否则就会丧失生命力和影响力。比如,中华文化强调"民惟邦本""天人合一""和而不同",强调"天行健,君子以自强不息""大道之行也,天下为公";强调"天下兴亡,匹夫有责",主张以德治国、以文化人;强调"君子喻于义""君子坦荡荡""君子义以为质";强调"言必信,行必果""人而无信,不知其可也";强调"德不孤,必有邻""仁者爱人""与人为善""己所不欲,勿施于人""出入相友,守望相助""老吾老以及人之老,幼吾幼以及人之幼""扶贫济困""不患寡而患不均"等。像这样的思想和理念,不论过去还是现在,都有其鲜明的民族特色,都有其永不褪色的时代价值。这些思想和理念,既随着时间推移和时代变迁不断与时俱进,又有其自身的连续性和稳定性。我们生为中国人,最根本的是我们有中国人的独特精神世界,有百姓日用而不觉的价值观。我们提倡的社会主义核心价值观,就充分体现了对中华优秀传统文化的传承和升华。

社会主义核心价值观教育任重道远,不是靠高校的力量一朝一夕就能完成的,应深入挖掘历史文化资源,根据我国近当代历史依托红色文化推进社会主义核心价值观教育。国外的经验可以给我们以启发,但在改进我国核心价值观教育时,必须结合我国的实际。这就需要社会免费开放各类有关民族精神和价值教育的纪念馆、博物馆、展览馆、文史陈列馆和有代表性的建筑物。只有这样,才能重树民族精神,才能使社会主义核心价值观深入人心,落实于行动。高校与家庭、社会联手开展社会主义核心价值观教育,形成校内外合力来营造氛围,潜移默化地对学生产生影响,旨在把学生培养成为既能坚守中华民族优良传统美德,又具备高度责任心,爱家、爱国、爱社会主义的公民。

（五）坚持加强新时期网络阵地建设

加强网络阵地建设,努力提升我国网络舆论引导能力。目前,发达资本主义国家以推行实名制作为加强互联网管理的重要手段,如:德国、澳大利亚、墨西哥等国实行了手机上网实名制,韩国、泰国、新加坡等国实行了计算机上网实名制。这些国家通过对互联网的实名监管,有效地规范和改善了网络秩序。此外,美国政府通过以"软性"为主的多元化控制来提升网络舆论引导能力。自1999年3月我国被获准成为国际互联网成员后,越来越多的大学进入互联网,上网已成为当代大学生必须面对的学习方式、生活方式和一种校园时尚。大学已成为我国信息化程度最高、发展最快的地方。据山东省高工委2003年的调查数据显示,6.6%的大学生每周上网时间在20小时以上,42.8%的学生每周上网不足3小时。上网从网上收集材料的占42.9%,通过网络渠道促进专业学习的占32.4%,学习有关网络知识的占36.9%。这说明,网络已经成为大学生生活中一个很重要的组成部分。网络为大学生提供了一个强大的获取知识信息平台,也客观上给大学生提供了一些实施违法违纪行为的机会。我国互联网发展速度和规模突飞猛进,在监管安全技术条件、手段和措施滞后的情况下,推行实名制加以管理,不失为一条有效途径。营造一种健康向上、良好合法的网络环境对大学生法纪观的培养至关重要。任何一个健康有序的环境都离不开法律规范,在网络世界也是一样,无论是打击计算机犯罪或是公民的网上自律,都离不开广泛地强化法律意识。同时,努力提升我国网络舆论引导能力,利用网络,将是今后研究者的一个重要课题。网络条件下要求我们对大学生价值观教育功能进行调整。我们需要通过建设、管理和运用网络这样一种特殊的信息载体,采取多种形式,推动我国大学生社会主义核心价值观教育的成功,进一步发掘网络时代价值观教育的沟通互动、覆盖渗透、预测预防、咨询选择功能。

(六)始终重视社会实践的教育途径

重视社会实践是我国大学生价值观教育的一条重要经验。注重引导学生通过参加社会实践活动来提高他们对社会的认识,加强他们对价值观理论的把握,进而促进他们正确价值观的形成与发展是我国大学生价值观教育的优良传统和有效做法。任何一种价值观的真正认同,都要经过反复、长期的实践才能最终确立,不可能通过上几次课就树立起来。大学生正处于青春期,情绪波动较大,容易受到外界环境的影响,因此在培育过程中就要关注学生的心理。通过组织大学生参加社会实践,可以帮助学生来了解社会、接触社会、适应社会。这对培养全面发展具有实践能力的人才具有重大意义,对我国高等教育人才培养方式改进也有重大推动。从 20 世纪 90 年代以来,我们国家教育部、团中央积极号召和组织大、中学生参加社会实践活动,并号召社会提供便利条件,对大学生正确世界观、人生观、价值观的形成,发挥了重大作用。此外,自 1994 年 12 月 5 日中国青年志愿者协会成立以来,各地高校青年志愿者活动发展迅速,青年志愿者队伍日益壮大,各种青年志愿者活动蓬勃开展。这其中青年大学生担当了主力军的角色取得了较好的教育效果和良好的社会反响。但是当前高校青年志愿者活动也存在一些问题:如对高校青年志愿者活动精神内涵把握不足,缺乏认同感和持久性,活动功利性目的较强,重形式而轻实质。导致这些问题的原因很多,但主要的还是要归因于现在高校青年志愿者活动精神内涵的缺失,忽视了青年志愿者活动的根本实质是为了提升人的精神境界倡导与践行社会核心价值观。因此高校青年志愿者活动必须与践行社会主义核心价值观紧密结合才能实现持续健康发展,才能帮助大学生在践行社会主义核心价值观活动中,既弘扬风尚、服务社会又锻炼自己。

(七)始终坚持形成社会、家庭、学校合力化

多年来我们重视大学生价值观教育过程中学校教育、家庭教育和社会教育的结合,取得了成绩,积累了经验,对大学生正确价值观的形成发挥了重要作用。1978 年邓小平在全国教育工作会议上指出:"我们希望从事教育工作的同志,各个有关部门的同志,整个社会的家家户户都来关心青少年思想政治的进步。"1987 年中共中央《关于改进和加强高等学校思想政治工作的决定》中提出:"全党全社会都应当关心青年学生的健康成长",1993 年党中央国务院颁布《中国教育改革和发展纲要》,其中要求"全社会都要关心和保护青少年的健康成长,形成社会教育、家庭教育同学校教育密切结合的局面"。1994 年中共中央在《关于进一步加强改进学校德育工作的若干意见》中明确强调:"学校教育、家庭教育、社会教育紧密结合。学校要主动同家长及社会各方面密切的合作,使三方教育互为补充,形成合力。"2004 年《中共中央国务院关于进一步加强大学生思想政治教育的意见》(16 号文件)更进一步提出:"全社会都要关心大学生的健康成长,支持大学生思想政治教育工作。""党政机关、社会团体、企事业单位以及街道、社区、村镇等要主动配合做好大学生思想政治教育工作。学校要探索建立与大学生家庭联系沟通的机制,相互配合对学生进行思想政治教育。"

此外,我国大学生价值观教育要坚持形成社会教育、家庭教育同学校教育合力另一个重要原因就是,改革开放以来我国大学生价值观经过一系列变化,这些变化包括:青年学生开始追求进取务实、协调并重的价值选择,表现出明显的兼容性;青年学生群体价值取向的多样性,青年学生对成才设计是多视角多方位的,以学业深造、从事社会活动和出国、经商、赚钱为目标,对人生未来的发展没有正确目标;青年学生的人生价值选择和判断极易受外界环境的影响,处于不稳定状态;矛盾性,由于市场经济条件下社会群体利益分配的差别和价值观念的多元化,大学生在价值观念上的困惑和矛盾明显增多。尤其是校园内外的反差,即实际存在道德双轨现象。学校在提倡高水准的道德规范,而社会上某些人低水准的道德行为和道德意识也在蔓延,长年累月的教育,常常被某些错误舆论导向和社会上流传的一些丑闻抵消。理想教育与社会现实存在反差。目前,相当一部分学生的价值取向向个人倾斜,向急功近利倾斜,为了眼前利益,不惜牺牲未来,这对未来人才的全面素质培养是一个很大的矛盾。

当然,社会、家庭同学校这三方面在形成合力方面,也存在着一些缺陷与不

足,特别是改革开放建立社会主义市场经济以来,关于价值观方面,三方的影响经常会出现脱节甚至是抵触现象。在一定程度影响了大学生价值观教育,这其中最主要的问题是由于社会转型期形成的价值冲突,反映在各个方面,改变了一元价值独统而出现了价值多元存在的局面,这是当代大学生价值观教育面对的艰难课题之一,需要我们努力地研究解决。

第五章

大学生对社会主义核心价值观的认同现状调查分析

　　党的十八大报告提出了"24字"的社会主义核心价值理念,"倡导富强、民主、文明、和谐,倡导自由、平等、公正、法治,倡导爱国、敬业、诚信、友善",是从国家目标层面、社会制度层面、个人行为层面对社会主义核心价值体系基本内容的简洁凝练,概括了社会主义核心价值观的价值目标、价值取向和价值准则,指出了社会主义核心价值体系建设的现实着力点,也是向全党和全国人民积极培育和践行社会主义核心价值观明确提出的新标准、新要求。通常来说,认同包含两个层面:一是个体层面,即个人对自我的社会角色或身份的理性确认,通过回答"我是谁""我的归宿在哪里",显现出自身的特殊性、差异性和同一性,它是个人社会行为的持久动力。二是社会层面,即社会共同体成员对一定信仰和情感的共有和分享,它是维系社会共同体的内在凝聚力。① 对社会主义核心价值观的认同便是社会成员对我们国家社会价值规范的自觉遵守和遵循。作为中国特色社会主义事业接班人的青年大学生群体,是国家和社会未来发展的重要战略资源,是实现"中国梦"的生力军。在高校中积极教育和引导他们认同并践行社会主义核心价值观,将在社会上形成良好的示范和辐射效应,关系到党和国家事业的兴旺发达,是高校思想政治工作的历史使命和内在要求。由此,我们要掌握大学生群体在现阶段对社会主义核心价值观的认同状况,尤其要考虑大学生群体的特点和社会主义核心价值观"三个层面"的内涵。

---

　　① 周中之、石书臣:《社会主义核心价值体系教育探索》,上海人民出版社2007年版,第134页。

一、调查问卷的编制与实测

（一）调查问卷编制

我国学者在近几年关于大学生对社会主义核心价值体系的认同现状调查上有较多的文献资料,除调查问卷外,也有深度访谈、集中座谈等形式,研究的地域不同,选取的样本大小不同,量表的具体维度、内容也有不同的研讨和设计,如梁英(2008)的《青年大学生对社会主义核心价值体系的认同状况》、马丽娟(2009)的《大学生社会主义核心价值体系认同现状调查及思考》、李玲(2010)的《大学生社会主义核心价值体系认同现状与对策》等多是按照社会主义核心价值体系的具体内容(对马克思主义指导思想的认同、对中国特色社会主义共同理想的认同、对以爱国主义为核心的民族精神和以改革创新为核心的时代精神的认同、对社会主义荣辱观的认同四个方面)进行价值观维度设计;田海舰(2010)的《河北省大学生社会主义核心价值体系认同调查及对策研究》则从对"社会主义核心价值体系整体的认同"和对"其他四个方面的认同"两个角度进行考察;贾楠(2010)的《青少年社会主义核心价值观测评体系研究——内容测评体系和指标测评体系》是把社会主义价值观测评内容划分为政治价值观、社会价值观、发展价值观、国家价值观、荣辱观五个分问卷进行测量,每个分问卷下设不同的维度和指标;刘铮(2012)的《大学生认同与践行社会主义核心价值观研究》将社会主义核心价值观界定为思想政治品质和道德文化品质两个维度。其中思想政治品质维度分为思想政治认知、思想政治情感、思想政治态度、思想政治行为等内容;道德文化素质维度包含道德文化认知、道德文化评价、道德文化行为等内容。诸多学者的研究对我们也有所启发,调查问卷的数据处理多是利用SPSS软件或者EXCELL等方法,为了数据分析的全面和准确,也有多种工具的组合。

总体来看,国内相关研究的大部分问卷以描述性题目为主,量表较少,有些是直接采用国外价值观研究中常用的维度划分,但信效度一般,无法正确反映当前国内现状,结合本书的研究目的,特别是在党的十八大报告明确社会主义核心价值观内容的情况下,借鉴相关量表,有针对性地把社会主义核心价值观的三个层面(12个关键词)作为维度设计的认同因子,真实且客观地考察当代大学生对社会主义核心价值观的认知、认同及践行的水平和状况很有必要。

通过组织本校思想政治教育专业、心理学专业研究生及其他各学院在校大学生代表集体座谈,结合他们各自生活经验及对社会主义核心价值观相关词条的理解自编题项,回收学生们自编开放式问卷题目并结合国内外相关研究的条目论述筛选后作为大学生社会主义核心价值观的初始量表。大学生社会主义核心价值观的认同现状初始量表共分三个维度,90 道题目,采用 5 点计分,从"完全同意"到"完全不同意"记为 1 分到 5 分,量表题项为随机排列模式。通过咨询高校思政教授学者、心理学教师意见,删除部分表述过于抽象的题目,对某些题目的文字表述进行修改,将不适合做 5 分计分的题目更改为描述性选择题,形成新的正式初测问卷。本问卷由三部分构成:基本信息、描述性选择题、5 分量表题,其中基本信息包括被测学生的性别、专业、年级、政治面貌、家乡;描述性选择题 25 道,主要是结合大学生实际情况探讨与社会主义核心价值观相关的现实生活问题、宣传学习方式、了解认同程度、影响培育和践行核心价值观的因素及确立的有效方法等;5 分量表题共计 63 道,主要是结合核心价值观 24 字关键词做相关设计,题目彼此之间无直接关联性。

本次调查随机选取青岛的四所高校的大学生作为初测被试,四所高校是中国石油大学(华东)、山东科技大学、青岛理工大学、滨海学院,专业分布为理科、工科、文科等,研究者亲自进行集体施测,答题时间无限制,发放问卷 950 份,回收后剔除不作答、部分作答和规律作答的问卷,有效问卷共 906 份,有效回收率为 95.37%。

利用所得数据,使用统计软件 SPSS17.0 和 Lisrel8.7 对正式初测问卷中的 5 分量表部分进行项目分析和探索性因素分析。其中项目分析包括 T 检验、题总相关分析、信度相关分析,分别删除独立样本 T 检验中高分和低分组差异不显著的题目($P > 0.05$),题目与总分相关分析系数小于 0.3 的题目,单一题目增减后信度无变化或有增加的此类题目。对随后剩余的 5 分量表题目进行探索性因素分析,主要采用主成分分析法和正交旋转因素分析法,筛选、共析出社会主义核心价值观认同的六个因子,确定正式题目,形成正式量表和调查问卷(见附录)。

至此,自编大学生社会主义核心价值观认同调查问卷正式成型,该问卷由三部分构成:(1)人口学变量调查表。用于统计被试个人信息的变量,包括性别、专业、年级、政治面貌和家乡五个方面;(2)大学生社会主义核心价值观描述性选择问卷,共 25 题(19 道单选题,6 道多选题);(3)自编大学生社会主义核心价值观认同量表,共 31 题,包括以下六个因子:个人道德修养观、社会和谐意识观、爱国情感观、国家意识观、个人文明公德观、社会民主平等观。

(二)研究样本

本次调查问卷的实测目的在于掌握当代大学生对社会主义核心价值观的了解、认知和践行现状,调研时间比较充分,预设了解多地域、多方面、多层次的大学生价值观信息,为保证调研数据的精度和全面性,寻找各地大学生的普遍价值观认同规律,特决定选取我国东部(5 所)、中部(4 所)、西部(4 所)共计 13 所大学随机发放问卷。就单个大学的初始样本容量来说,期望的误差界限 e 为 3%,置信度区间为 95%,对应的标准正态分布的分位点值 z 为 1.96,总体真值未知,设 P 为 0.5,根据统计学随机抽样的初始样本容量公式计算可知,单个大学的样本容量在 1000 左右。因此,自编调查问卷实测在东、中、西多所高校共随机发放问卷 13000 份,收回有效问卷 12005 份,回收率为 92.35%,13 所高校采用目的抽样法,涵盖文科院校、理工科院校和综合类院校。被试构成见表 5 - 1:

表 5 - 1   实测样本分布统计表

变量	类别	人数(人)	百分比(%)
性别	男生	6630	55.2
	女生	5375	44.8
专业	理科	2765	23.0
	工科	5030	41.9
	文科	4010	33.4
	其他	200	1.7
年级	大一	4630	38.6
	大二	3295	27.4
	大三	2200	18.3
	大四	1880	15.7
政治面貌	团员	10780	89.8
	党员	860	7.2
	群众	365	3.0
家乡	城镇	5475	45.6
	农村	6530	54.4

二、大学生社会主义核心价值观认同现状的实测分析

(一)因子信度、效度及分析

1. 因子分析

依据项目分析结果,剩余题目进入探索性因素分析。因素分析采用主成分分析法提取公因子,用最大方差法进行正交旋转。本量表 KMO 值为 0.937,Bartlett's 的球形度检验值为 13071.541(df = 990),显著性水平为 0.000,说明各变量之间存在内在关系,各变量各自独立的假设不成立,适宜进行因素分析。

题目剔除标准如下:(1)因素的特征值小于 1;(2)因素负荷小于 0.4;(3)题目的平均共同性(Communality)小于 0.4;(4)在某个因素上只有 1 题或 2 题①。结果见表 5 - 2:

表 5 - 2 因素负荷矩阵

	成分					
	1	2	3	4	5	6
C52	.704					
C60	.690					
C53	.659					
C58	.638					
C57	.621					
C50	.517					
C54		.651				
C61		.609				
C63		.546				
C51		.516				
C39		.506				
C28		.492				
C40			.646			

① 吴明隆:《SPSS 统计应用实务:问卷分析与应用统计》,科学出版社 2003 年版,第 76 页。

续表

	成分					
	1	2	3	4	5	6
C21			.622			
C44			.609			
C12			.581			
C41			.505			
C37			.420			
C27			.411			
C19				.769		
C15				.748		
C2				.687		
C32				.648		
C13					.592	
C11					.576	
C3					.548	
C30					.474	
C14					.472	
C16						.785
C9						.612
C26						.472
特征根	6.25	2.68	1.99	1.53	1.15	1.03
变异率	20.88%	7.93%	6.41%	4.95%	3.7%	3.34%

　　表5-2显示,因素分析共提取6个特征值大于1的因素,累计方差贡献率为47.206%。根据各因子包含题目的含义,分别将其命名为:个人道德修养观、社会和谐意识观、爱国情感观、国家意识观、个人文明公德观、社会民主平等观。其中"个人道德修养观认同"包含6道题目,反映大学生群体对诚信、友善等个人品质的认知;"社会和谐意识观认同"包含6道题目,指大学生群体对和谐社会中法治、国家统一、环境保护等的态度;"爱国情感观认同"包含7道题目,主要用来反映大学生的爱国主义情感和特定场合的爱国表现;"国家意识观认同"包含4道题目,主要体现个人和国家的互动关系;"个人文明公德观认同"包含5道题目,通过日

常某些事情的做法体现大学生的文明素养观念;"社会民主平等观认同"包含3道题目,反映大学生对社会民主平等的认识和想法。

2. 信度检验

信度即测量的可靠性,是指测量结果的一致性或稳定性,用信度系数表示。信度检验的方法有很多种,在此选用内部一致性信度进行检验。内部一致性信度用来检验测验题目内部之间的一致性或同质性,通常采用 Cronbach's α 系数来计算。结果见表 5 - 3。

表 5 - 3　总量表及各因子内部一致性系数

	总量表	因子一	因子二	因子三	因子四	因子五	因子六
α 系数	0.904	0.821	0.728	0.738	0.689	0.752	0.593

由表 5 - 3 可知,大学生社会主义核心价值观认同总量表的 α 系数为 0.904,各因子的 α 系数在 0.593 ~ 0.821,信度较好。

3. 效度检验

(1)内容效度

内容效度是指测验内容的代表性或取样的适切性。在编制量表的前期工作中,我们详细分析了社会主义核心价值观认同的理论及其维度划分,明确了社会主义核心价值观三个层面的内涵,借鉴了相关量表的维度划分。同时,发放开放式问卷,以期获得当前大学生对社会主义核心价值观认同感的具体信息。编制题目时整理了开放式问卷的结果,并参考其他相关量表。在征询了高校思政教师和心理学研究生的意见之后,初始量表最终得以形成。这在一定程度上保证了量表能够反映大学生对社会主义核心价值观认同的现状,内容效度良好。

(2)构想效度

构想效度是指测验或量表能测量到理论上的构想或特质的程度。

①验证性因素分析

采用 Lisrel8.7 进行验证性因素分析,得到量表拟合度指数,结果见表 5 - 4。

表 5 - 4　验证性因素分析拟合度指数

χ^2	χ^2 / df	RMSEA	GFI	NNFI	CFI	IFI
1246.87	2.97	0.044	0.92	0.97	0.97	0.97

对结构模型进行验证分析时,常采用如下参考标准:绝对拟合指数 χ^2 / df 和 $RMSEA$;相对拟合指数 $NNFI$、CFI 和 IFI;拟合优度指数 GFI。其中 $\chi^2 / df < 2$ 时表明模型拟合度很好,$2 < \chi^2 / df < 5$ 时表明模型拟合度较好,$\chi^2 / df < 5$ 是可接受的卡方值;近似误差指数 $RMSEA$ 的值越小越好,低于 0.1 表示较好的拟合,低于 0.05 表示非常好的拟合,低于 0.01 表示非常出色的拟合;相对拟合指数 $NNFI$、CFI 和 IFI 及拟合优度指数 GFI 取值都在 0~1,越接近于 1 表示拟合越好,一般 0.9 以上表示拟合较好[1]。

由表 5-4 知,χ^2 / df 是 2.97,$RMSEA$ 是 0.044,$NNFI$、CFI、IFI 和 GFI 取值在 0.9 以上。这些结果表明,该模型结构效度较为理想,是可以接受的大学生社会主义核心价值观认同结构模型。

②总量表与各因子、各因子之间的相关分析

根据心理测量学理论,各因子与总量表间的相关系数高于各因子间的相关系数,表明量表的结构效度良好。另外,总量表和各因子间应具有较高程度的相关,各因子间应具有中等程度的相关,这样才可以表明各因子共同测量了具有更高概括性的潜在变量。结果见表 5-5。

表 5-5 总量表和各因子、各因子之间的相关分析

	1	2	3	4	5	6
1	1					
2	0.697**	1				
3	0.569**	0.569**	1			
4	0.443**	0.407**	0.262**	1		
5	0.612**	0.599**	0.524**	0.467**	1	
6	0.373**	0.387**	0.431**	0.209**	0.371**	1
总量表	0.855**	0.845**	0.768**	0.642**	0.786**	0.570**

注:$^*P<0.05$,$^{**}P<0.01$,$^{***}P<0.001$,下同。

表 5-5 显示,大学生社会主义核心价值观认同的各因子间的相关在 0.209~

---

[1] 侯杰泰、温忠麟、陈子娟:《结构方程模型及其应用》,教育科学出版社 2004 年版,第 20~24 页。

0.697,总量表与各因子间的相关在 0.570～0.855。各相关系数均达到显著水平,绝大多数各因子间的相关系数低于与总量表相关系数,说明因子具有良好的区分度和鉴别力。综上所述,从总量表与因子、因子之间的相关这点来看,大学生社会主义核心价值观认同量表的构想效度是可以接受的。

另外,考察了各因子与所属维度项目的相关,结果见表 5－6。

表 5－6　各因子与所属维度项目之间的相关分析

因子	相关系数范围
1. 个人道德修养观认同	0.690～0.774
2. 社会和谐意识观认同	0.560～0.681
3. 爱国情感观认同	0.602～0.642
4. 国家意识观认同	0.721～0.810
5. 个人文明公德观认同	0.602～0.696
6. 社会民主平等观认同	0.643～0.760

表 5－6 显示,量表的各因子与其所包含的维度项目的相关性均达到显著水平($P < 0.01$),并且相关系数均在 0.560 以上。这说明各因子与所属项目的一致性较高。

可见,经过严格的编制程序,大学生社会主义核心价值观认同量表及问卷具有良好的信、效度,可以作为研究大学生社会主义核心价值观认同现状的有效工具。

(二)大学生社会主义核心价值观认同的总体状况

为调查大学生社会主义核心价值观认同的总体状况,利用 SPSS17.0 得到总量表和各因子的平均分(总分/项目数)及标准差,并对总均分和理论中值进行单一样本 T 检验。因为量表为 5 点计分,所以取理论中值 3 为检验标准。结果见表5－7。

表 5－7　总量表及各因子均值和 T 检验

	M	SD	T
总量表	1.6293	.46016	－326.366***
因子一	1.4147	.52086	－333.482***

续表

	M	*SD*	*T*
因子二	1.4484	.51876	−327.720 ***
因子三	1.7467	.60318	−227.668 ***
因子四	2.0381	1.04642	−100.716 ***
因子五	1.5020	.54626	−300.456 ***
因子六	1.8138	.76279	−170.383 ***

　　表5－7表明,大学生社会主义核心价值观认同量表总均分及各因子显著低于理论中值3,凸显青年学生群体对社会主义核心价值观的"三个倡导"较高程度的认同,尤其是因子一、因子二和因子五三个方面,说明大学生群体对个人道德修养观、社会和谐意识观、个人文明公德观在情感认同度上相对更高,了解更加透彻。这三个因子关注公民的诚信、友善、文明修养及公益特质,出现上述结果主要是因为当代青年学生绝大多数都是"90后",作为一个代表性的整体,在价值判断、生活方式、思维选择及语言表达等方面颇具个性化特点,在社会活动中表现出更多的"个人自觉",这种"个人自觉是一种个体性功能,它的自我领悟和自我觉醒完全是出于个人意图和目的,是一种个人内心的心理体验和自我觉悟"。同时,"个人自觉在核心价值观的形成中具有导向性、自愿性、主体性、自我超越性"①。所以,当代大学生对个人行为及社会公共道德方面有较高的价值诉求。

　　从社会主义核心价值观的三个层面来看,认同程度排名从高到低依次是个人层面价值观认同(因子一和因子五)、社会层面价值观认同(因子二和因子六)、国家层面价值观认同(因子三和因子四),这也是价值观选择上"个人自觉"的一种验证。当然,核心价值观内容作为认知、认同和践行的客体,三个层面分别涵盖了国家价值目标、社会价值取向、公民价值准则,每一项又包含了四个关键词,不同层面内容及同一层面的不同观念对当代青年大学生而言,有不同的意义和吸引力。价值观本身包含理想信念层面和现实利益层面,现实层面的内容和公民价值准则更容易吸引大学生们的认同和践行,所以表现为部分内容的认同和某种程度的认同,这种认同的不均衡是由于社会主义核心价值观的内容存在的层次性导致

---

① 郑承军:《理想信念的引领与建构——当代大学生的社会主义核心价值观研究》,清华大学出版社2013年版,第140~141页。

的。当然,这种认知也是一个动态、发展、变化的过程,需要逐渐地从部分认同到整体认同,然后从理论到实践,将社会主义核心价值观作为行动指南。

另外,根据调查显示,96.5%的大学生是了解"社会主义核心价值观"的概念和说法的,只是了解渠道不同,其中有34.7%的学生是通过思想政治理论课,选择其他纸质媒体和新媒体的基本相当,介于11.5%～19.3%之间。这充分反映了社会主义核心价值观宣传教育方式的多样性。不可否认,高校的思想政治理论课在大学生核心价值观的宣传教育中发挥着重要作用,是培育大学生成长成才、实现立德树人的有效载体。

在大学生看来,引导并践行社会主义核心价值观需要依靠力量的排名依次是自己(55.3%)、社会(51.9%)、思政课老师(49%)、辅导员或班主任(38.9%)、父母(35.4%)、专业课老师(29.6%)。这说明引导大学生树立社会主义核心价值观需要社会、学校、家庭及学生个人的合力:社会要坚持弘扬主旋律,营造良好氛围;学校要全面推进核心价值观教育,拓展校园文化建设,培养合格建设人才;家长要掌握对孩子的科学教育方法,努力做到言传身教;学生个人要积极发挥主观能动性,真正做到全面学习、关心时政、了解社会、认真践行。另外,大学生群体学习和活动的大部分时间是在校园度过,因此,在学校内部要统筹课堂教学、校园文化活动、社会实践,实现多角度、多途径、多方式的引导和培育,侧重价值取向教育(68.5%)、诚信意识教育(62.2%)、理想信念教育(58.6%)和社会责任教育(57.4%)。

(三)大学生社会主义核心价值观认同的主体差异性比较

大学生群体作为价值观认同的主体,因为所在年级、所学专业、家庭背景、政治面貌、性别等不尽相同,导致在社会主义核心价值观的认同程度上表现出一定的差异性。因此,在培育过程中,要有针对性、特殊性,同时要发挥多种力量的合力。

1. 不同性别、成长环境变量上的差异比较

采用独立样本 T 检验对不同性别和不同成长环境的大学生社会主义核心价值观认同进行差异比较。结果见表5-8。

表 5 - 8　大学生社会主义核心价值观在不同性别、成长环境变量上的差异检验

项目		总量表	因子一	因子二	因子三	因子四	因子五	因子六
性别	男	51.41 ± 15.01	8.72 ± 3.35	8.89 ± 3.28	12.20 ± 4.32	8.50 ± 4.39	7.62 ± 2.81	5.49 ± 2.33
	女	49.40 ± 13.20	8.20 ± 2.80	8.44 ± 2.87	12.26 ± 4.09	7.73 ± 3.87	7.38 ± 2.63	5.38 ± 2.24
	T	7.70***	9.25***	7.80***	-0.81	9.89***	4.82***	2.47*
家乡	城镇	50.65 ± 14.31	8.48 ± 3.09	8.66 ± 3.05	12.25 ± 4.31	8.32 ± 4.33	7.55 ± 2.74	5.39 ± 2.29
	农村	50.40 ± 14.24	8.50 ± 3.16	8.71 ± 3.16	12.20 ± 4.14	8.01 ± 4.06	7.48 ± 2.72	5.49 ± 2.28
	T	0.96	-0.43	-0.88*	0.53***.	4.08***	1.46	-2.42

　　表 5 - 8 显示,社会主义核心价值观认同总量表在大学生的成长环境变量上无显著差异,不管是来自城镇还是农村的大学生在核心价值观的认知、认同上无明显区别,仅在国家层面的维度上(因子三和因子四),来自农村的大学生要比城镇大学生认同程度高一些。从性别因素来看,男生在总量表及个人道德修养观、社会和谐意识观、国家意识观三个因子上的 T 检验得分显著高于女生。在爱国情感因子上显著低于女生,也就是说女生在社会主义核心价值观的认同总表及三个因子上的认同度高于男生,男生则在爱国情感维度上的认同度高于女生。通常来讲,性别本身有其所赋予的价值观,大学生男女的个性特征有显著差异,在价值动机和追求上也是不同的,同时还受到社会上各种性别价值评价的影响。根据Broverman 的研究结果来看,“男性的肯定特质是:攻击性与独立性强;情绪稳定而不外露;不易受外界影响;临危不惧;具有积极性与竞争性;直率;知识广博;情感不易受伤害;果断;从不哭闹;自信;有领导欲望;大度;抱负宏大;理智;自立等。女性的肯定特质为做事得体;温柔;对别人的感情十分敏感;爱打扮;爱整洁;文静;强烈的安全需要;喜爱艺术与文学;善于表达温情等。① 所以,大学生男女在性格、心理、学习学业成绩、人际关系等方面的各种差异性导致了他们在核心价值

---

　　① Rosenkrantz P S, Vogel S R, Broverman I K, Broverman D M. Sex role stereotypes and slef concepts in college students. Journal of consulting and clinical psychology, 1968.

观主体认知、践行上的不同。而显然的是,大学女生更倾向于了解和践行核心价值观的内容,特别是在公民层面和社会层面;大学男生则更热衷于熟悉政治事件和问题,国家层面的价值观认同更胜一筹。对此,高校系统在社会主义核心价值观的培育过程中要更富有针对性,在男女大学生的管理模式、活动设计及文化宣传角度上有侧重、有不同、有特色,让二者都能有效地了解核心价值观,认同并积极外化践行。

2. 不同专业上的差异分析

采用单因素方差分析对不同专业大学生进行差异比较,结果如表 5 – 10。

表 5 – 9　不同专业大学生在社会主义核心价值观认同总量表及各因子方差分析

	理科	工科	文科	其他	F
总量表	53.58 ± 15.97	50.11 ± 12.41	49.15 ± 14.94	45.31 ± 12.13	49.88***
因子一	9.12 ± 3.77	8.40 ± 2.69	8.21 ± 3.11	7.46 ± 2.44	43.37***
因子二	9.34 ± 3.66	8.62 ± 2.71	8.38 ± 3.12	7.74 ± 2.71	47.18***
因子三	12.67 ± 4.23	12.27 ± 3.97	11.94 ± 4.47	10.69 ± 4.27	19.91***
因子四	8.92 ± 4.36	7.80 ± 3.84	8.09 ± 4.38	7.72 ± 4.94	34.18***
因子五	7.84 ± 2.93	7.63 ± 2.72	7.17 ± 2.57	6.74 ± 2.25	33.19***
因子六	5.69 ± 2.28	5.39 ± 2.31	5.36 ± 2.24	4.95 ± 2.56	14.08***

据表 5 –9 可知,不同专业的大学生在社会主义核心价值观总量表及各因子之间均有显著差异。采用 LSD 进行事后比较,具体见表 5 – 10。

表 5 – 10　不同专业大学生总量表及各因子事后多重比较

	理—工	理—文	理—其他	工—文	工—其他	文—其他
总量表	0.71***	4.44***	8.28***	0.96**	4.80***	3.84***
因子一	0.71***	0.90***	1.66***	0.19**	0.94***	0.75**
因子二	0.72***	0.96***	1.60***	0.24***	0.88***	0.63**
因子三	0.39***	0.73***	1.97***	0.34***	1.58***	1.24***
因子四	1.13***	0.84***	1.21***	-0.29***	0.08	0.37
因子五	0.20**	0.67***	1.09***	0.46***	0.89***	0.43*
因子六	0.31***	0.33***	0.74***	0.02	0.44**	0.42*

表5-10显示：在社会主义核心价值观总量表的认同上，排序依次是文科学生、工科学生、理科学生及其他专业学生，出现这种结果与他们的专业特点有极大关系。曾有人这样区分这几类专业：文科的目的在于描述世界，不关心世界为什么会是这样子，比较适合感情细腻、观察敏锐的人学习；理科的目的在于理解世界，探究世界为什么呈现这样一种状态，比较适合喜欢寻根究底、有较强好奇心的人学习；工科的目的在于改造世界，适合动手能力强、有创造欲望的人学习。由此可窥见一二。文科学生通常比较活泼好动、涉猎的文史书籍较多，包括社会主义核心价值观相关的资料、书籍、杂志远多于理工科的学生，兴趣点也相对分散；而理工科学生思维方式相对固定，学习和接触的内容相对单一，有时候对时政内容"不感冒""不热衷""无兴致"，不愿意了解政治，更不用说看相关书籍报纸了。因此，大部分文科学生比理工科学生对核心价值观方面的认知更深刻、更全面是可以预见的。对于此类现象，在加强高校思想政治教育理论课的基础之上，还应拓宽其他专业课程及思政隐性课程在核心价值观教育上的渠道，特别是理工类院校的校园文化建设、校园活动打造、校园管理模式设计等，要涵盖各类专业的学生，不能留下核心价值观教育的宣传死角和实际践行的薄弱环节。

3. 不同年级上的差异比较

采用单因素方差分析对不同年级大学生的社会主义核心价值观进行差异比较，具体见表5-11。

表5-11 不同年级大学生总量表及各因子方差分析

	大一	大二	大三	大四	F
总量表	50.14±12.67	50.56±14.29	49.40±14.78	51.05±15.32	66.40***
因子一	8.47±2.94	8.38±3.08	8.31±3.10	8.53±3.21	81.21***
因子二	8.57±2.73	8.68±3.11	8.45±3.25	8.98±3.43	58.53***
因子三	12.13±3.98	12.50±4.38	11.99±4.37	12.06±4.15	15.83***
因子四	7.96±4.01	8.09±4.31	8.06±4.13	8.46±4.16	48.66***
因子五	7.56±2.62	7.36±2.68	7.30±2.69	7.68±2.89	41.42***
因子六	5.44±2.35	5.55±2.30	5.28±2.19	5.33±2.17	11.84***

据表5-11可知，不同年级的大学生在社会主义核心价值观总量表及各维度上均有显著差异。采用LSD进行事后比较，具体见表5-12。

表5-12　不同年级大学生总量表及各因子事后多重比较

	一—二	一—三	一—四	二—三	二—四	三—四
总量表	-0.42	0.73*	-0.91*	1.16**	-0.49	-1.65***
因子1	0.08	0.16*	-0.06	0.07	-0.15	-0.22*
因子2	-0.11	0.12	-0.42***	0.23**	-0.31**	-0.53***
因子3	-0.36***	0.14	0.07	0.36***	0.44**	-0.07
因子4	-0.13	-0.10	-0.49***	0.02	-0.37**	-0.39**
因子5	0.20**	0.25***	-0.13	0.05	-0.33***	-0.38***
因子6	-0.11*	0.16*	0.11	0.27***	0.22**	-0.05

　　由表5-12可知，在社会主义核心价值观总量表的认同度上，排序依次是三年级、一年级、二年级、四年级。具体来说，四年级是大学生活的最后一年，是进入社会的临界期，学生们会把更多时间和精力放在考研升学、就业选择上，他们都是学校的"老人儿"，"三点一线"的生活在惯性中逐渐丧失热情，校园环境的熟悉度非常高，兴趣点比较分散，集体意识减弱，习惯单独行动。此外，就业需求让学生更加现实，比较注重实际，容易出现多种价值观选择取向，对社会的认识容易流于片面，看问题不够客观，同时也减少或放松了对社会热点、时事政治的学习及关注，所以在核心价值观的认同上相对较差；三年级学生生活学习趋于稳定，人生观、世界观、价值观基本定型。经过大学前两年的基础学习、专业学习及思想政治教育，对国家政策、社会发展等有更多了解，自我意识增强，开始注重自身发展，在学校及学院、社团及班级的各种学生活动中担当主要组织者，同时，有多数同学经历过社会实践锻炼，为步入社会做准备，个人思维模式及价值观选择趋于成熟，不同于初出茅庐的一年级新生，也不同于忙于毕业找工作的四年级学生，能较高程度接受并认可核心价值观的观点；一、二年级学生刚刚步入大学，比较新鲜，价值观领域比较活跃，处于转变和适应时期，通常会遵守纪律及模范学习，本阶段开设的思想政治理论课程比较多，随着视野的打开，有相当部分的同学在政治意识上进入发展期，但心理尚未成熟，知识储备不足，对时事的探讨尚显肤浅，不过他们的社会责任感、社会公德心、集体意识很强，所以对社会主义核心价值观的认同度也比较高，仅次于三年级学生。对此，高校还应加强大学生核心价值观的全年级、全过程教育，贯穿大学生校园生活的各个方面、各个时期，不能因学生毕业或者刚入学等特殊情况降低要求，相反要紧紧抓住这些特殊时期开展系列核心价值观教

育活动,必将起到事半功倍的效果。

4. 不同政治面貌上的差异比较

采用单因素方差分析对不同政治面貌的大学生的社会主义核心价值观进行差异比较,具体见表5-13。

表5-13　不同政治面貌大学生总量表及各因子方差分析

	团员	党员	群众	F
总量表	50.29 ± 14.03	50.55 ± 14.74	57.11 ± 17.98	27.20***
因子一	8.45 ± 3.07	8.43 ± 3.34	9.82 ± 3.86	22.63***
因子二	8.64 ± 3.08	8.62 ± 3.12	10.10 ± 3.82	25.49***
因子三	12.27 ± 4.22	11.55 ± 3.88	12.51 ± 4.76	9.99***
因子四	7.97 ± 4.02	9.44 ± 5.20	10.53 ± 5.06	73.98***
因子五	7.48 ± 2.71	7.33 ± 2.39	8.58 ± 3.74	20.65***
因子六	5.46 ± 2.31	5.17 ± 1.97	5.57 ± 2.29	6.06***

据表5-13可知,不同政治面貌的大学生在社会主义核心价值观总量表及各维度上均有显著差异。采用 LSD 进行事后比较,具体见表5-14。

表5-14　不同政治面貌大学生总量表及各因子事后多重比较

	党—团	团—群	党—群
总量表	-0.26	-6.82***	-6.56***
因子一	0.01	-1.37***	-1.39***
因子二	0.03	-1.45***	-1.48***
因子三	0.72***	-0.24	-0.96**
因子四	-1.47***	-2.55***	-1.08***
因子五	0.16	-1.09***	-1.26***
因子六	0.27**	-0.11	-0.38**

据表5-14可知,在社会主义核心价值观认同总量表上的排序依次是学生党员、学生团员、学生群众,学生党员和学生团员在认同度上无显著差异。交叉比较来看,学生党员在国家意识观方面显著高于学生团员;学生团员优于学生群众,着重体现在国家意识观和社会和谐意识观上;学生党员比学生群众的认同度更高,

特别是在社会和谐意识观、个人道德修养观和个人文明公德观的认同上。这一结果同预期相符，之前学者的研究也证实了这一点。学生党团员是学生群体中的佼佼者，绝大多数学生党员无论在思想觉悟上，还是在学习上、生活中都能够以身作则，为同学们树立榜样，这是一种荣誉，也是一种责任。在学习和生活中都能起到很好的带头示范作用，关心集体，服务大局，密切联系老师和班级其他学生，保持先进性，对社会主义核心价值观的认同和践行度较高。在现阶段，要努力发挥学生党员的先锋模范作用，积极传、帮、带学生团员和学生群众，加强社会主义核心价值观的理论学习、宣传、实践工作。

（四）大学生社会主义核心价值观认同的问题解读

1 社会主义核心价值观认同主体的问题解读

总体来看，大学生对社会主义核心价值观的认同度较高，但在当前复杂的国内外环境中、多元文化的冲击下，"90 后"大学生所拥有的独特个性使得"一些大学生不同程度地存在政治信仰迷茫、理想信念模糊、价值取向扭曲、诚信意识淡薄、社会责任感缺乏、艰苦奋斗精神淡化、团结协作观念较差、心理素质欠佳"[1]等问题，这些问题直接影响大学生对社会主义核心价值观的认知、认同和践行。

（1）对社会主义核心价值观的了解认知有欠缺

认知是指人们获得知识或应用知识和信息的过程，这是人的最基本的心理过程。它包括感觉、知觉、记忆、想象、思维和语言等[2]。就社会主义核心价值观培育而言，需要建立在对其内容的感性认知基础上，经过多次反复了解和质疑，逐渐熟知，才会认可及赞同。但就调查数据分析来看，仍有少部分青年学生不了解社会主义核心价值观的提法，甚至不了解"中国梦"是什么。35.3% 的大学生认为没有必要或者不清楚是否有必要对大学生进行社会主义核心价值观宣传教育，对政治不敏感同时也不感兴趣。出现这种情况与部分大学生的逆反心理及"去政治化"现象有关，因为大学生群体从小就接受爱国主义教育，到了中学进行集体主义教育和社会公德教育，随着年龄增长和经历增多，到大学后从内心抵触与之相关的宣传报道，人为地割裂同社会化的联系，出现"反向认知、认同"。当然，还存在部分高校或者媒介宣传不到位的现象。

① 《中共中央国务院关于进一步加强和改进大学生思想政治教育的意见》，2004 年 10 月 15日。

② 彭聃龄：《普通心理学》，北京师范大学出版社 2004 年版，第 2 页。

B5 您认为当代大学生的整体状态如何

		频率	百分比	有效百分比	累积百分比
有效	积极向上	4470	37.2	37.2	37.2
	萎靡不振	2040	17.0	17.0	54.2
	好坏各半	5175	43.1	43.1	97.3
	不了解情况	320	2.7	2.7	100.0
	合计	12005	100.0	100.0	

B10 您如何看待大学生中的"韩流""日流"等现象

		频率	百分比	有效百分比	累积百分比
有效	正常选择	2935	24.4	24.4	24.4
	文化的入侵	4955	41.3	41.3	65.7
	包容的心理	3365	28.0	28.0	93.8
	无所谓	750	6.2	6.2	99.8
	合计	12005	100.0	100.0	

以上两项统计主要是大学生对自身群体所处的状态和存在问题的看法。65.7%的学生选择包容心理并正常看待韩日文化的入侵,自我状态评价中好坏各半的占43.1%,萎靡不振及不了解情况的占19.7%,表明大学生在实际生活中理性认知不足,部分大学生社会公德心及个人道德修养较差,人生缺乏合适定位和目标选择,需要改变并提高社会责任意识。

(2)对社会主义核心价值观的情感认同不足

"内心认同才能自觉践行,春风化雨才能润物无声",情感认同是建立在了解和认知的基础之上,渗透于价值认同的整个过程。在教育认同活动过程中,情感无处不在,它以一种弥散的方式对是否认同及认同的广度和深度产生影响,对认同活动起到调控作用。一般而言,认同主体对于能够引起其产生肯定性情绪反映的信息比较容易认同,也就容易取得良好的效果,而对于引起其产生否定性情绪反映的信息则往往难以认同,所以价值认同的效果很难得到保证。① 从调查数据

---

① 朱珠:《大学生社会主义核心价值体系认同研究》,长春理工大学硕士论文,2009 年,第6页。

来看,仅有36.8%的学生对思想政治理论课感兴趣,好多同学对此类课程抱无所谓的态度,不能及时关注国家及社会热点问题,同时也不在意大学生中的道德滑坡现象,甚至有11.9%的青年学生认为大学生的道德滑坡会愈演愈烈,对自身群体的评价略显消极。当然,对于认同的界定不尽相同,同时会存在"虚假认同"和"反向认同"的可能性。譬如说,部分大学生仅仅记忆社会主义核心价值观的内容,属于被动接受,作为考试用的教条化理论,不同现实的学习生活相联系,核心价值观就不具备任何指导意义,这样的认同就是毫无实际价值的"虚假认同";还有部分同学认同利己主义、拜金主义等观点,否认社会主义核心价值观,即是"反向认同"。这两种情况都是极不可取的。

B8 对"中国特色社会主义事业能使我们的社会变得自由、平等、公正、法治"的看法

		频率	百分比	有效百分比	累积百分比
有效	十分同意	4575	38.1	38.1	38.1
	基本同意	5850	48.7	48.7	86.8
	不同意	1055	8.8	8.8	95.6
	不关心	525	4.4	4.4	100.0
	合计	12005	100.0	100.0	

B9 您认为"富强、民主、文明、和谐"的中国能早日实现吗

		频率	百分比	有效百分比	累积百分比
有效	能	8765	73.0	73.0	73.0
	不能	2240	18.7	18.7	91.7
	不关心	1000	9.3	9.3	100.0
	合计	12005	100.0	100.0	

上述两表主要测度大学生对社会主义核心价值观中社会层面的"自由、平等、公正、法治"及国家层面的"富强、民主、文明、和谐"的看法,均有部分学生不关心社会主义核心价值观的内容及发展,情感缺位表现明显,亟须规范引导。只有找准思想情感的交集,以身边事感染身边人,深入浅出、情理交融,核心价值观才能成为青年学子情感和心灵的寄托。

(3)社会主义核心价值观的知行脱节严重

知行合一是明朝思想家王阳明的观点。所谓知行合一,通俗地理解就是学以致用,这不仅是中国传统文化的精髓,也是中国共产党自成立以来的真实写照。社会主义核心价值观在大学生群体中要做到内化于心、外化于行,坚持联系实际,找准与同学们思想的共鸣点,贴近学生、接地气,将社会主义核心价值观转化为日常生活中的社会公德、职业道德、个人品德和学习准则等。

具体来看,现阶段在青年学生中还存在较明显的知行脱节现象。比如,40.6%的同学信仰社会主义和共产主义思想,向党组织靠拢,追求进步。同时有86.9%的学生认为社会主义核心价值观与平常的生活、学习有联系,认同它所具备的指导实践的意义。但在考察大学生的就业选择和入党动机时,较高比例的学生还是愿意选择到国企、外企工作或者考录公务员,极少数愿意到私企工作,比较注重和推崇个人价值。另外,46.9%的同学选择将"找一份好工作"作为他们的入党动机,动机不够纯正,将加入党组织作为个人发展的跳板,缺乏坚定信仰,实用主义和功利性明显,需要积极引导,寻找合适有效的方法引导和培育青年学生们的社会主义核心价值观。

B20 您认为引导大学生确立社会主义核心价值观的有效方法有

		频率	百分比	有效百分比
有效方法	组织专家学者讲座	5490	45.7	45.7
	开展理论学习	7155	59.6	59.6
	通过比赛活动加以促进	6055	50.4	50.4
	组织社会实践工作	7080	59.0	59.0
	定期交流心得	4720	39.3	39.3

B20 表明,在大学生看来,组织社会实践与开展理论学习相结合是最好的引导他们确立社会主义核心价值观的方法,另外,还可以组织比赛活动、听讲座、交流心得体会。江泽民同志就曾指出:"青年学生要健康成长,不仅要学习书本知识,而且要向社会实践学习。"①将理论与实践紧密统一,逐步引导青年大学生实

---

① 江泽民:《在庆祝北京大学建校 100 周年大会上的讲话》,载《人民日报》,1998 年 5 月 5 日。

现社会主义核心价值观知、情、行的统一,内化于心、外化于行。

2. 大学生社会主义核心价值观培育载体的问题解读

当代大学生社会主义核心价值观的认同培育是一个系统工程,需要统筹社会教育、家庭教育、学校教育和学生自我教育,各种教育模式的特点和功能不尽相同,互为影响和制约。作为大学生成长成才的重要场所,学校阶段所接受的教育起着不可替代的作用,高校教育可以说是大学生社会主义核心价值观培育的主阵地和前哨站。在高校进行社会主义核心价值观的普及教育、宣传践行也要统筹课堂教学、社会实践、校园文化活动、网络新媒体等多种教育载体,就现阶段来看,这些载体还需进一步打磨才能更好助力大学生社会主义核心价值观认同的培育和践行工作。

(1)思政课堂吸引力不足

据调查问卷数据,大学生群体首先了解"社会主义核心价值观"说法的最主要途径就是思想政治理论课(34.7%),远超其他纸质媒体及网络电视媒体,充分说明思想政治理论课在高校价值观宣传和培育中的重要地位,需要极大发挥课堂教学的作用,让大学生们"入口、入脑、入心"。相应的,思政课堂教学还存在一些亟须改进的问题:从教学客体来看,当代大学生对思想政治理论课不感兴趣,态度不端。大约有63.2%的学生认为思想政治理论课无所谓、没啥意思,应付了事,甚至有部分学生对思想政治课持反感心理。课堂上要么睡觉、上网、听音乐,要么学其他专业课或者英语考证补习等。针对"专业课老师是否有必要在教学过程中穿插思想政治教育内容"的调查中,高达84.7%的同学认为没必要或者可有可无。从教学主体来看,部分思政课老师缺乏足够政治素养,"自己讲什么不信什么",敷衍了事,只是一味单向灌输,教学能力和方法欠佳。此外,好多高校会思想政治理论课安排上百人的大课堂,课堂氛围和效果确实不好,学校重视程度不够。

(2)社会实践缺乏实效性

社会实践活动是大学生深入一线了解国情民生、增长才干、提升素质的重要方式,是培养社会责任感、树立艰苦奋斗精神的好机会,是培育和践行社会主义核心价值观的重要手段。虽然我国各高校均广泛开展了大学生社会实践活动,取得较大成效,但仍有部分问题存在。其一,参与人数少。调查数据反映,有48.5%的同学没参加过暑期、寒假或者其他时间段的社会实践活动,很多高校只会选拔部分优秀同学参加,当然,还有部分同学感觉参加社会实践活动"没有意义",耽误自己学习,持不认可态度。其二,效果难以达到预期。有39.7%的同学感觉"效果一般或者效果不好",原因也是多方面的,或者缺乏对实践项目的规划,或者缺少实践活动的专业知识支撑,或者缺乏相关社会实践经验,或者缺少学校或者老师的专业指导等不一而足。其三,实践活动保障机制不足。有约65.4%的社会实践活动团队没有或者仅有很少资金支持,降低了大家参加社会实践的积极性,影响了实践活动的效果。另外,好多实践活动接收单位不够重视,应付对待,感觉给自己单位增加了负担,沟通协调不畅。

(3)校园文化活动有待创新

校园文化活动的举办可以丰富大学生的精神生活,陶冶情操,提升他们的人格魅力,传播先进文化,是社会主义核心价值观培育的重要课堂。当前阶段,尚有值得改进的地方:首先,与社会主义核心价值观相关的校园文化活动少。调查问卷结果显示,学生所在学校开展过关于社会主义核心价值观方面的专题教育活动的只有51.6%,比例不高,参与人数难以保障,甚至有27.6%的学生不清楚是否有相关活动,作为思想政治教育桥头堡的高校还应紧扣时代主题,积极营造氛围,逐步加强相关活动的举办。其次,活动形式相对传统,内涵不足。无论是学校社团、学院、班级还是宿舍举办的相关活动形式单调且陈旧,多数以娱乐为主,演讲、征文、歌唱、体育竞赛等创新少,格调不高,不能有效地渗透和宣传社会主义核心价值观的内容。32.8%的同学认为本校举办的校园文化活动相对贫乏,效果一般,需要改进。因此有必要结合社会主义核心价值观开展贴近大学生生活、有品位、有特色的创新性文体活动,激发学生们的创造性和参与的积极性。再次,相关文化活动的教育效果难以评估。部分活动开展的场所及参与人员等均具有较大不确定性,尤其是一些针对性不足、随意性强的活动,控制难度大,大学生们的自由组织和操作难以保证教育目标的达成。

(4)网络新媒体利用不够

互联网及手机媒体的兴起,逐步改变了人们接受外界舆论和信息的方式,深刻影响着当代大学生的政治态度及价值取向。中央16号文件指出:"要建设好融思想性、知识性、趣味性、服务性于一体的主题教育网站或网页,积极开展生动活泼的网络思想政治教育活动,形成网上网下思想政治教育的合力。"发挥网络阵地在社会主义核心价值观的宣传、培育中的特殊优势值得期许。就现实情况而言,还有很多不足。第一,网络思想政治教育的氛围不够。从数据看,有58.7%的同学认为网络思想政治理论课并不优于课堂效果,另有13.3%的学生持不确定态度。关于本校"红色网站"的调研中,40.3%的学生认为"内容枯燥乏味,没有吸引力",30.1%的同学认为"互动性太差",这些数据说明部分高校的思想政治教育网站建设还需加强,师资队伍、内容建设、服务意识等均需提高。第二,网络监管亟须加强。网络具有虚拟和开放的特点,网络世界各种观点和信息充斥、传播,BBS、微信、QQ等各种时讯工具的发言交流不受限制且在匿名状态下进行,因此,要督促青年学生在利用网络进行学习、娱乐时遵守网络道德,营造以社会主义核心价值观为主导的网上精神家园。

第六章

培育和践行的原则

党的十八大报告强调:倡导富强、民主、文明、和谐,倡导自由、平等、公正、法治,倡导爱国、敬业、诚信、友善。这为积极培育和践行社会主义核心价值观提供了理论范畴,也精确概括、凝练了社会主义核心价值观的基本原则。2013 年 12 月,中共中央办公厅印发了《关于培育和践行社会主义核心价值观的意见》,进一步明确了培育和践行社会主义核心价值观的重要意义和指导思想,特别强调了社会主义核心价值观的培育和践行,并提出了坚持以人为本、坚持以理想信念为核心、坚持联系实际、坚持改进创新的原则。

社会主义核心价值观结合了几千年来中华民族文明积淀的优秀价值准则,是我们国家和民族价值体系中起决定作用的最本质部分。社会主义核心价值观不但要深入人心,更要付诸于行。大学生是中国特色社会主义事业的建设者和接班人。在大学生中培育和践行社会主义核心价值观应以内化于大学生心灵、外化为大学生行为的方向发展为目标,在培育中践行,在践行中培育,相辅相成。为了更好地促进大学生培育和践行社会主义核心价值观,必须从认识、方法、实践上遵循以下几方面原则。

一、坚持马克思主义指导

"马克思的历史唯物主义是科学思想中的最大成果。过去在历史观和政治观方面占据支配地位的那种混乱和随意性,被一种极其完整严密的科学理论所代替。"①坚持马克思主义指导思想是我党经过长期历史比较和深刻国际观察得出的关系党和国家前途命运的历史结论。在社会主义核心价值观的主要内容中,就

---

① 《列宁选集(第 2 卷)》,人民出版社 1995 年版,第 311 页。

有坚持马克思主义指导思想的要求。从一方面来说,社会主义国家和中国共产党的性质决定了马克思主义是我国社会主义的立党立国之本,马克思主义指导思想作为基础思想在我国发展建设的道路上起到了指向标的作用。而一个国家、一个社会所需要的核心价值观则应当与这个国家、民族的基本情况所符合,只有这样才能够发挥出正能量式的作用。从另一方面来说,马克思主义指导思想是社会主义先进文化的旗帜和灵魂,决定着文化的性质和方向。在我国社会主义核心价值体系建设中,马克思主义为我们提供了正确的世界观和方法论,提供了正确认识世界和改造世界的有利思想武器。只有用马克思主义的立场、观点、方法来正确认识经济社会发展趋势,正确认识社会思想意识中的主要矛盾和次要矛盾,才能在错综复杂的社会现象中拨开云雾,看见真理,保持清醒的意识和方向。中国改革开放以来30多年的伟大成就证明,马克思主义具有强大生命力,马克思主义不仅能够救中国,而且能够发展中国。当代国际共产主义运动遭受挫折的教训,特别是苏东剧变的教训告诉我们,如果动摇了马克思主义的精神支柱,就会导致思想混乱、社会动乱,甚至会造成党、国家和民族的灾难。社会主核心价值观是在马克思主义科学世界观指导下,经过不断总结、凝练,得到的全国各族人民价值判断的基本准则。马克思主义以其强大的科学性、革命性和实践性和它与时俱进的理论品质,决定了它必然是新的历史条件下正确观察、分析和解决问题的科学世界观和方法论,是在全社会培育和践行社会主义核心价值观的指导思想。所以,如今在大学生中培育和践行社会主义核心价值观,我们必须把握坚持马克思主义的基本原则,发挥马克思主义的强大生命力和指导力,坚定不移地巩固马克思主义的指导地位。

马克思主义是科学,它强调辩证统一,始终严格地以客观事实为根据,并随着时代、实践和科学的发展而不断发展。因此,我们坚持马克思主义指导社会主义核心价值观的培育和践行,是坚持发展着的马克思主义,坚持马克思主义中国化的理论成果、毛泽东思想和中国特色社会主义理论体系。只有坚持用发展着的马克思主义,与时俱进的指导思想武装、教育人民,才能真正发挥马克思主义认识世界和改造世界的强大思想武器作用,马克思主义才能真正成为我们的行动指南。也只有这样来认识和把握,才能不断地推动社会主义核心价值观的形成和完善。

当代大学生肩负着建设富强民主文明和谐的社会主义现代化国家、实现中华民族伟大复兴的历史重任。要想完成这样的历史重托,需要他们有理想、有道德、有文化、有纪律,需要他们积极践行社会主义核心价值观。但通过对大学生社会主核心价值观的认同调查可以看出,部分大学生对马克思主义理论知识的把握尚有欠缺。这就要求我们把坚持和发展马克思主义统一到社会主义核心价值观的培育和实践中,坚持马克思主义的基本原理,坚持发展着的马克思列宁主义、毛泽东思想、中国特色社会主义理论体系,促进大学生从内心深处认同社会主义核心价值观,把马克思主义的立场、观点、方法,融入塑造大学生灵魂、培育大学生道德的育人教育过程中。引导他们在纷繁复杂的社会思潮环境下,运用马克思主义的立场、观点和方法去分析问题,坚定正确的政治方向和政治立场,保持清醒的政治头脑,保持正确的发展方向。

二、立足中国特色社会主义实践

实践决定意识,意识来源于实践。马克思曾说:"全部社会生活在本质上是实践的。凡是把理论引向神秘主义的神秘东西,都能在人的实践中以及对这个实践的理解中得到合理的解决。"①实践是价值活动以及价值关系产生的最根本基础。实践决定着价值观的生成、发展与实现,决定着价值观的基本指向。特定的价值观是特定社会性质和社会关系的反映,核心价值观则是社会中占主导地位的价值观,具有特色鲜明的意识形态导向性。

回眸历史,在中华民族伟大复兴进程中坚持中国共产党的领导,最根本的就是坚持党指引的前进方向,坚持中国特色社会主义道路。展望未来,中国特色社会主义道路和实践必将是中华民族伟大复兴的必由之路。社会主义核心价值观是中国共产党领导全国人民在建设中国特色社会主义实践中做出的符合社会发展规律和时代进步要求的正确选择,是引导全国人民团结互助构建社会主义和谐社会的思想基础,更是增强中华民族认同感、团结全国各族人民为实现中华民族伟大复兴的中国梦而为之奋斗的精神支柱。社会主义核心价值观是在中国特色社会主义实践中形成和发展起来的核心价值目标和价值理念,它与当代中国的社会主义基本制度和根本性质紧密联系在一起,集中体现了中国特色社会主义政治、经济、文化和社会发展的内在规定、要求以及目标取向。中国特色社会主义实践告诉我们,社会主义核心价值观是动员中国人民走中国特色社会主义道路、建设中国特色社会主义的力量源泉。随着中国特色社会主义实践的不断深化,社会主义核心价值观必将焕发出强大的生命力、创造力和感召力。

---

① 《马克思恩格斯选集(第1卷)》,人民出版社1995年版,第56页。

社会主义核心价值观是实践经验的总结,并以指导实践为根本目的。无论价值观是否具有指导意义,离开了实践、离开了生活也只是纸上谈兵。离开建设中国特色社会主义的实践,社会主义核心价值观的践行就会迷失方向,精神文明建设也会成为无源之水、无本之木,从而失去生机和活力。之所以倡导社会主义核心价值观,就是要使社会主义核心价值观成为整个社会的共同价值追求,成为人民群众在生活中的行为指导,成为汇聚社会正能量、引导和推动社会发展的精神动力。社会主义核心价值观既是中国的,更是社会主义的,彰显核心地位,引领时代前进方向。胡锦涛同志在纪念建党 90 周年的七一讲话中指出,中国共产党领导全国人民经过 90 年的奋斗,取得的最重要的成果是中国特色社会主义道路、理论和制度。社会主义核心价值观在引领社会思想潮流、凝聚社会共同认知、推进社会发展建设中的作用是不可或缺的,彰显社会主义核心价值观所散发出的精神力量和真理光芒。因此,在大学生中培育和践行社会主义核心价值观,必须立足中国特色社会主义实践。

理论源于实践又高于实践;实践永无止境,创新永无止境。每一个社会都要有精神支柱,每一个国家总要有发展方向。社会主义核心价值观是中国特色社会主义的价值目标,为当代中国发展进步指引方向。在经济全球化进程加快、科学技术日新月异、综合国力竞争日趋激烈、各种思想文化相互激荡的新形势下,立足于中国特色社会主义实践,对在大学生中培育和践行社会主义核心价值观就显得愈发重要。在中国特色社会主义实践中倡导社会主义核心价值观,能够更深层次地影响大学生的思想认识与行为方式,更加有效地整合大学生价值取向与价值思潮,使他们排除干扰、驱除杂念,坚定马克思主义指导地位,巩固中国特色社会主义道路,形成中华民族凝聚力,实现中华民族伟大复兴。

三、汲取中华传统文化精华

人类文明进步的历史充分表明,没有先进文化的积极引领,没有人民精神世界的极大丰富,没有全民族创造精神的充分发挥,一个国家、一个民族不可能屹立于世界先进民族之林。"凝神聚气、强基固本"是习近平同志对社会主义核心价值观之地位作用所做的高度概括,强基固本,就是要强中华民族绵延不断的文化之基。中华民族五千多年文明发展历程中,形成了源远流长、博大精神的中华传统文化,儒家五常"仁义礼智信",贯穿于中华伦理的发展中,成为中华价值观中的最核心因素。"天行健,君子以自强不息。地势坤,君子以厚德载物。""唯天下至诚,为能尽其性。""先天下之忧而忧,后天下之乐而乐。"中华传统节日蕴含了团圆、忠孝、和谐、仁爱、诚信、爱国等精神内涵和民族情感。中华优秀传统文化深深地影响着历代华夏儿女,承载着中华民族的文化血脉和思想精华。习近平总书记指出,"培育和弘扬社会主义核心价值观必须立足中华优秀传统文化。牢固的核心价值观,都有其固有的根本。抛弃传统、丢掉根本,就等于割断了自己的精神命脉。博大精深的中华优秀传统文化是我们在世界文化激荡中站稳脚跟的根基"。①

中华传统文化是中华民族五千年文化在历史发展中的代代积淀,为社会主义核心价值观建设提供了文化基础和思想传统,是文化的"活灵魂"。中华传统文化与社会主义核心价值观是内在统一的。中华传统文化中,既有对理想社会和文化的追求,又有经世致用、积极有为的现实精神,在漫长的历史演进中形成了"大同"理想和"小康"社会的价值目标以及爱国主义、诚实守信、和谐友善的价值导向和道德准则。

在当今时代,传统文化的复归是中华文明自身发展的内在要求,是实现中华民族伟大复兴的客观需要,更是中国在世界树立大国姿态、实施软实力战略的迫切要求。② 传统中华文化与当代中国精神内核是一脉相承的。中华文明之刚柔相济、自强不息的意志品质,和谐与中道的核心价值,持续不断的生成、创新与转化精神,在中国现当代史上的五四精神、井冈山精神、长征精神、延安精神、抗战精神等革命精神,铁人精神、雷锋精神、焦裕禄精神、两弹一星精神、九八抗洪精神、载人航天精神、抗震救灾精神、北京奥运精神、民族复兴的圆梦精神等建设精神上皆得到了诠释和升华。中国奋发有为、积极向上的国家及国民精神状态,以及充分发挥团结协作、集中力量办大事的整合与凝聚精神,对于提升综合国力及文化软实力,发挥了至关重要的作用,留下了宝贵的国家精神建设经验。"只有我们努力传播中国的核心价值观,着眼于社会主义核心价值观的本土特质,才会提高国家文化软实力。"③社会主义核心价值观以中华优秀传统文化为根基,中华优秀传统文化是中国特色社会主义核心价值观建构的思想源泉。社会主义核心价值观

---

① 习近平:《青年要自觉践行社会主义核心价值观——在北京大学师生座谈会上的讲话》。
② 郑承军:《理想信念的引领与构建:当代大学生的社会主义核心价值观研究》,清华大学出版社 2010 年版,第 290 ~ 297 页。
③ 冯刚:《提高国家文化软实力要努力传播社会主义核心价值观》,载《光明日报》,2014 年 7 月 23 日。

植根于中华优秀传统文化的沃土中,吸收了其精髓,对中华优秀传统文化进行了升华和创新。

文化承接着过去又昭示着未来,既是民族的又是时代的。在大学生中培育社会主义核心价值观,要扎根于中华优秀传统文化,坚持继承和发扬中华民族的优秀传统文化,吸取中华文化的博大精深和传统价值观的历史积淀作为大学生价值观教育的思想资源,与实践相结合加以利用,推陈出新,使其焕发出新的活力和时代生机,成为新时代鼓舞大学生前进的精神力量。

四、把握价值观的时代要求

社会主义核心价值观随着时代的发展进步,其内涵也不断得到丰富和发展。因此,我们在大学生中培育和践行社会主义核心价值观,必须着眼于当今时代的发展变化,把握价值观的时代要求,体现时代潮流和特色。价值观是在特定时代条件下的社会实践中自发形成的。诚然,价值观是人们的主观价值取向,但价值观却不是人们主观意志的产物,而是客观社会实践需要使然。任何价值观的生成,都有其特定的社会场域。物质决定意识,意识反作用于物质是唯物主义的一般规律。如果倡导的价值观不是客观社会的要求,超越或落后于客观社会的要求,这种价值观就很空洞,难以长存,更没有什么核心价值观可言。脱离特定社会场域人为地臆造价值观是不可能被人们所接受的。同时,任何价值观的形成,都是时代精神的反映,只有具有时代性的价值观才能够回答时代提出的重大理论和现实问题,才具有合理的现实基础,才具有被人们所普遍接受的必然性。如果对不利于社会进步的价值观进行科学概括和积极倡导,就不会形成占主导地位的核心价值观。社会主义核心价值观作为中国特色社会主义意识形态的本质体现,是经过思想认知、实践检验、丰富升华形成的行为准则。任何意识形态要想保持旺盛的生命力,就必须与时代发展的进程相一致,必须具有鲜明的时代性。

首先,必须坚持意识形态的主导性。社会主义意识形态不是一种抽象的思想体系,它总要借助于一定的载体或平台,通过融入大众的心理结构和日常生活而形成真正意义上的主导地位。当前,世界多极化和经济全球化的发展,互联网发展带来的信息及时性和多渠道性,导致我国意识形态领域在总体上呈现出多样性,并引发了多样性意识形态之间的诸多矛盾,对社会主义意识形态的主导性形成了巨大冲击和挑战。在大学生中培育社会主义核心价值观,必须坚持意识形态的主导性和方向性,掌握主流文化在大学生培养过程中的主导作用,推进社会主义核心价值观的建设。

其次,必须反映社会主义本质的要求。社会主义制度建立以来,走过一些弯路,也经历过一些挫折,其中最重要的教训就在于没有能够从理论与实践的结合上搞清楚什么是社会主义本质的问题。今天,我们在大学生中培育社会主义核心价值观,必须通过精深的理论概括和实践总结,将社会主义本质的内核充分揭示出来,引导大学生将社会主义核心价值观作为行为理论指导和价值准则。

再次,必须适应时代发展要求。当前,我国正处于全面建设小康社会的关键战略机遇期,也是不断提升文化"软实力"的关键期,当代中国人民正在以马克思主义的最新理论成果为指导,积极培育和践行社会主义核心价值观。我们也应当培养大学生用发展的眼光看问题,教导他们把社会主义核心价值观的践行与中国特色社会主义建设事业结合起来,在中华民族伟大复兴的事业征程中,用社会主义核心价值观引导并塑造中国特色社会主义建设的伟大社会实践。

五、坚持以大学生为本

任何社会意识的作用力取决于其掌握群众的数量和影响其思想的程度。在大学生中培育和践行社会主义核心价值观是建设中国特色社会主义当代大学生、培养中国特色社会主义事业合格建设者和可靠接班人的要求、标杆和准绳,体现的是当代中国大学生核心价值观的应然状态。大学生价值观教育是高等学校思想政治教育的重要内容,是提高大学生思想道德素质与修养的主渠道。在大学生中培育和践行社会主义核心价值观,出发点和落脚点都是当代大学生,主体也是大学生,这既是对培育对象的尊重,也是发挥大学生主观能动性的前提和基础。同时,要保证社会主义核心价值观培育的实效性,必须确保大学生作为培育的核心组成部分,将科学教育理念的树立作为第一要务。在新的历史条件下,在大学生中培育和践行社会主义核心价值观,要不断开创大学生价值观教育的新局面,真正做到与时俱进,就应当始终尊重大学生的主体地位,必须坚持"以大学生为本"。

首先,社会主义核心价值观的培育过程是大学生认同接受价值观的活动。其中,大学生的态度和选择显得非常重要。我们在大学生中培育和践行社会主义核心价值观,要把大学生看作具有独立个性的主体,重视引导他们的内在教育需求。坚持以大学生为本的原则,就要在培育中注重大学生的主体需要,充分调动接受主体的主动性,处理好"以理服人与以情感人的关系",处理好"言传与身教的关系",处理好"社会价值与个人价值的关系"。① 只有这样,社会主义核心价值观对于大学生来说才不是高不可攀的理论,而是贴近现实生活,具有吸引力和亲和力的价值观。

孔子说:"知之者不如好之者,好之者不如乐之者。"爱因斯坦说:"兴趣是最好的老师。"教育心理学也证明,兴趣是产生学习动机的重要因素之一,它能使学生对学习内容产生持续的注意,并且激活学生思维的潜能,使学生学习达到事半功倍的效果。因此,在大学生中培育和践行社会主义核心价值观,要把社会主义核心价值观教育作为大学生思想政治教育工作的一个关键环节,创新大学生核心价值观教育的工作思路,采取丰富多样、生动活泼、灵活有趣的形式,以学生感兴趣的、符合学生成长规律的思想内容为主题开展教育。

其次,必须符合大学生共同价值的要求。教育的本质目的就是培养和发展人。要达此目的,就要在培育和践行过程中确立以大学生为本的教育思想,尊重大学生的个性特点,遵循大学生的身心发展规律。继续坚持高举中国特色社会主义伟大旗帜,以中国特色社会主义理论体系为指导,全面落实党的教育方针,以理想信念为核心,以思想道德建设为基础,以大学生全面发展为目标,贴近实际、贴近生活、贴近学生,努力提高教育的针对性、实效性,不断增强教育的吸引力和感染力。2004 年,中共中央、国务院发出《关于进一步加强和改进大学生思想政治教育的意见》,经过多年的实践与探索,我国高校已基本形成了以大学生思想政治教育为核心,全员参与、全方位实施、全过程育人的以大学生为本的德育工作运行机制,这对在大学生中培育和践行社会主义核心价值观打下了比较坚实的基础。

作为核心价值观,社会主义核心价值观如果不能给大学生共同价值观注入新的内容,它的发展前途就是黯淡的,就是没有生命力的。② 因此,在培养社会主义核心价值观的过程中,只有充分体现大学生共同价值观的内容,将大学生所在环境下的制度考虑在内,与制度改革创新结合起来,改革那些与社会主义核心价值观要求不相符合的体制机制,才会使社会主义核心价值观更加贴合大学生,易于接受。

再次,引导学生做有德之人。孔子说"德之不修,学之不讲"。为学要以人为

---

① 陈芝海:《大学生社会主义核心价值观教育研究》,光明日报出版社 2013 年 4 月版,第 111 ~ 121 页。

② 虞崇胜:《社会主义核心价值观生成的一般规律、基本原则和基本要素》,载《东南学术》,2013 年第 1 期,第 13 ~ 21 页。

本,做人要以德为本。司马光说:"自古以来,国之乱臣,家之败子,才有余而德不足。"①要实现社会主义核心价值观的培育目标,一方面要切实关心大学生知识水平和学业技能的提高,另一方面更要重视大学生品德修养和身心健康的发展,社会主义核心价值观能够教会学生明辨是非,培养学生良好情操,把学生塑造成为一个思想上进、品德高尚、心理健康,具有正确世界观、人生观、价值观的健全的人。

最后,教育的以人为本,主要体现为尊重、培养、发展学生的主体性。人的主体性只有被唤醒、被培植起来,才能发挥其能动性、主动性、创造性。孔子说"学而不思则罔",意在强调思考的重要性。社会主义核心价值观的培育和践行,同样强调学生思考的重要性,重视大学生的主体地位,增强大学生自主选择的能力,培养大学生的独立人格意识,发挥其积极性、主动性和创造性。学生是教育的主体,思想教育工作要紧紧围绕学生来进行,一切都从服务学生成长出发,"一切为学生,为一切学生,为学生一切"。要让学生在学习的过程中善于思考,主动理解问题、分析问题和解决问题,提高创新能力。唯有坚持以大学生为本、抓住关键、联系实际、善于创新,我们才能更好地把握社会主义核心价值观培育和践行的规律性。

此外,在大学生中培育和践行社会主义核心价值观,还要充分考虑当代大学生思想的独特性和差异性,满足大学生个性化发展需求,促使大学生形成信仰坚定、积极进取、健康向上的核心价值观。这对于进一步加强和改进大学生思想政治教育,巩固马克思主义在高校意识形态领域的指导地位,实现高校人才培养的根本目标,促进高校又好又快发展具有重要的意义。

六、确保落细落小落实

"富强、民主、文明、和谐,自由、平等、公正、法治,爱国、敬业、诚信、友善",十八大报告用 24 个字,分别从国家、社会、个人三个层面,勾绘出了一个国家、一个社会的共同理想,亿万国民的精神家园。培育和践行社会主义核心价值观,是社会主义国家政权得以稳定和巩固的灵魂工程,对于奋力推进中国特色社会主义事业具有基础性的根本意义。习近平总书记在中共中央政治局就培育和弘扬社会主义核心价值观、弘扬中华传统美德进行的第十三次集体学习中指出,一种价值观要真正发挥作用,必须融入社会生活,让人们在实践中感知它、领悟它。要注意

---

　① 司马光:资治通鉴。

把我们所提倡的与人们日常生活紧密联系起来,在落细、落小、落实上下功夫。

"落细"就是要细化,要植入头脑,要沉淀于心。大学生践行社会主义核心价值观,只有强调落细,沉淀于心,才能发挥社会主义核心价值观的精神激励力量,在大学生身上体现核心价值观的引导力量。这需要我们将"24 字"植根于他们的日常学习工作和生活,植根于凡人做小事,细处见精神;需要找到社会主义核心价值观与他们日常学习生活的契合点,要善于将社会主义核心价值观内容和基本要求与他们日常学习生活的具体情境相结合,引导大学生在日常细节中增进认同、自觉践行,使他们自觉地用社会主义核心价值观衡量评价自己的言行。

"落小"就是要从小事做起,从个人做起。大学生弘扬践行社会主义核心价值观,要坚持不懈抓养成,积小善为大善,积小德为大德。从身边的小事做起,倡导文明的生活方式,勿以善小而不为,勤奋学习、明辨是非、尊敬师长、团结友爱,从凡人小事点滴积累。在高校校园、大学生群体中挖掘平凡事迹的不平凡价值,努力做到在小事上践行核心价值观,对涌现出来的道德模范、先进典型,通过多种途径大力弘扬,让社会主义核心价值观走进大学生的内心深处,细致入微。这也将凝聚大多数大学生的利益愿望、整合广大大学生的要求与共识,有利于引导社会主义的共同理想信念、道德的规范以及时代精神的塑造。

"落实"就是落到行动上,要实践,不能玩空虚。当今时代,科技加速推进,经济飞速发展,不同文化互相冲击,对大学生社会主义核心价值观的形成和巩固带来了巨大挑战。在当代大学生中培育和践行社会主义核心价值观,应从心理层面体察大学生的真正价值追求,既要使社会主义核心价值观内化于心,成为大学生的自觉追求,更要使其外化于行,引导大学生在生活中的行为符合社会主义核心价值观。同时,价值观的形成是一个精神生成过程,而精神的力量都是具有自主性和创造性的。① 因此,在积极落实培育和践行社会主义价值观的过程中,需要我们激发主动性和创造性。需要我们坚持育人为本、德育为先,把教育与自我教育相结合,努力体现时代性,把握规律性,富于创造性,增强实效性。落实,还要善于抓住主要矛盾。任何事物无时无刻不处在矛盾中,这些矛盾有主要矛盾和次要矛盾,要找出对解决问题起决定作用的主要矛盾就要分清这一主要矛盾的主要方面和次要方面,并有相关的知识积累为基础,否则就是无根之树。同样的道理,在大学生中培育社会主义核心价值观,也应该抓住主要认同缺陷和出现认同缺陷的

---

① 韩震:《培育和践行核心价值观需注重方法和途径创新》,载《光明日报》,2014 年 1 月 15 日。

主要原因,把培育社会主义核心价值观的关键落到实处。为明确当代大学生对社会主义核心价值观的认知状况,探索培育社会主义核心价值观的突破点和关键点,本书对大学生社会主义核心价值观的认同情况进行了问卷调查,并根据对调查结果的分析,提出了在大学生中培育社会主义核心价值观的重点而行之有效的方法。

第七章

培育和践行的方法论基础

　　价值观教育方法研究是培育和践行社会主义核心价值观研究中的基本问题，是理论研究与实践深化的重要标志。方法的含义较广泛，它在哲学、科学及生活中有着不同的解释与定义，一般是指为获得某种东西或达到某种目的而采取的手段与行为方式。毛泽东曾形象地把"方法"比喻为过河的桥和船，强调不解决桥或船的问题，过河就是一句空话。培育和践行社会主义核心价值观的方法即价值观教育运行的方式。具体而言，它是教育者为了实现教育目标、传递教育内容，对教育对象所采取的思想方法和工作方法。培育和践行核心价值观的方法是价值观教育的基本要素，它不仅能够连接培育和践行核心价值观过程中的其他要素，而且能够激活和调动其他要素，共同参与到价值观培育和践行运行之中，直接影响社会主义核心价值观培育和践行的效果。

　　列宁指出："没有革命理论，就不会有坚强的社会党，因为革命理论能使一切社会党人团结起来，他们从革命理论中能取得一切信念，他们能运用革命理论来确定斗争方式和活动方式。"①可见，理论与方法有着内在的必然联系，理论是方法的基础，方法是理论的实践运用。因此，研究培育和践行社会主义核心价值观的方法，必须弄清楚价值观教育方法的方法论基础，才能结合新情况、新问题实现方法创新。

一、价值观教育的哲学方法论基础

　　用什么理论作指导，是培育和践行社会主义核心价值观的首要问题。马克思主义是社会主义核心价值观的灵魂，决定社会主义核心价值观的性质和发展方

---

① 《列宁选集(第1卷)》，人民出版社1995年版，第21页。

向。而马克思主义哲学是整个马克思主义科学体系的理论基石,又是认识世界和改造世界的方法论,为培育和践行社会主义核心价值观提供了根本观点和方法。因此,首先要从方法论的角度梳理马克思主义对唯物辩证方法和历史辩证方法的科学论述,以夯实价值观教育方法论的理论基础。

唯物辩证法既是世界观,又是研究怎样认识世界和改造世界的根本方法。马克思、恩格斯对黑格尔的唯心主义辩证方法进行了伟大变革,创立了唯物辩证法的理论体系,这在人类思想方法论史上是一次伟大的革命。恩格斯说:"这个划时代的历史观是新的唯物主义观点的直接的理论前提,单单由于这种历史观,也就为逻辑方法提供了一个出发点。"①从而把唯心的辩证法变革为唯物的辩证方法。唯物辩证方法是指导人们科学地从事实践活动的方法,不仅包括以世界的物质统一性原理为理论基础的唯物方法,还包括以辩证法的基本范畴和规律为理论基础的辩证方法。为此,马克思、恩格斯提出了辩证法的对立统一规律、质量互变规律和否定之否定规律;提出了辩证法的范畴及其方法论的转换;要求以全面的、发展的和联系的观点分析问题、解决问题;涵盖了唯物辩证方法的一般形态如实事求是方法、矛盾分析方法、具体问题具体分析方法,以及其特殊的形态,包括自然辩证法、历史辩证法、思维辩证法。运用这些理论指导我们的认识活动和实践活动,就会取得预期的效果。马克思在《政治经济学批判》中精确地论述道:"……逻辑的方式是唯一适用的方式。但是,实际上这种方式无非是历史的方式,不过摆脱了历史的形式以及起扰乱作用的偶然性而已。历史从哪里开始,思想进程也应当从哪里开始,而思想进程的进一步发展不过是历史过程在抽象的、理论上前后一贯的形式上的反映;这种反映是经过修正的,然而是按照现实的历史过程本身的规律修正的,这时,每一个要素可以在它完全成熟而具有典型性的发展点上加以考察。"②所以,马克思、恩格斯创立的唯物辩证方法为价值观教育方法的发展创新奠定了坚实的理论基础。

历史辩证方法是唯物辩证方法的特殊形态,是唯物论和辩证法的统一,能科学地指导人们正确地认识人类社会的基本特征,把握历史发展的规律。在当前价值观教育方法的创新发展中,需要运用历史辩证方法,科学地认识影响当前价值观教育方法创新发展的人类社会及其现实丰富性。马克思主义为此着重从以下

---

① 《马克思恩格斯选集(第2卷)》,人民出版社2009年版,第602页。
② 同上书,第603页。

四个方面加以论述。第一,自然和社会是相统一的。马克思主义认为:"人靠自然界生活。这就是说,自然界是人为了不致死亡而必须与之处于持续不断地相互作用过程的、人的身体。所谓人的肉体生活和精神生活同自然界相联系,不外是说自然界同自身相联系,因为人是自然界的一部分。""人们按照自己的物质生产率建立相应的社会关系,正是这些人又按照自己的社会关系创造了相应的原理、观念和范畴"。① 第二,人类社会史是一个自然的历史过程,社会经济形态的发展是一种自然历史的过程。因此,必须以生产方式为出发点,通过社会经济关系来说明社会的政治和思想关系,深刻地揭示价值观教育的规律。第三,人民群众是历史的创造者。人民群众是历史发展和社会变革的决定力量,是历史发展的真正动力,在此前提下,才能充分肯定杰出人物对历史发展的重大作用。第四,社会是一个有机体。马克思在《路易·波拿巴的雾月十八日》中提出了社会形态的概念。在《德意志意识形态》中,马克思、恩格斯则详细地论述了社会意识形态,提出了社会存在和社会意识之间关系的原理,并确认了社会是一个有机体。马克思、恩格斯在《哲学的贫困》中指出:"谁用政治经济学的范畴构筑某种思想体系的大厦,谁就是把社会体系的各个环节割裂开来,就是把社会的各个环节变成同等数量的依次出现的单个社会。其实,单凭运动、顺序和时间的唯一逻辑公式怎能向我们说明一切关系在其中同时存在而又互相依存的社会机体呢?"马克思、恩格斯还指出:"现在的社会不是坚实的结晶体,而是一个能够变化并且经常处于变化过程中的有机体。"但是,"每一个社会中的生产关系都形成一个统一的整体",而非一个个孤立的阶段;"全部社会生活在本质上是实践的。"可见,马克思、恩格斯创立的历史辩证方法不仅要求我们运用系统论的观点,研究社会的结构和发展,更重要的是为我们提出了要善于运用实践历史主义方法、社会矛盾分析方法,并通过分析社会生产力和生产关系、经济基础和上层建筑这一社会基本矛盾,揭示人们思想观念的形成、变化和发展,并运用正确的历史辩证方法化解人民内部矛盾,提出科学的价值观教育方法,增强价值观教育效果。

综上所述,马克思主义哲学方法论为价值观教育方法创新发展打下了坚实的理论基石。正如恩格斯所说:"马克思的整个世界观不是教义,而是方法。它提供的不是现成的教条,而是进一步研究的出发点和供这种研究使用的方法。"②因而

---

① 《马克思恩格斯选集(第2卷)》,人民出版社2009年版,第603页。
② 《马克思恩格斯选集(第10卷)》,人民出版社2009年版,第691页。

需要在实践中坚持马克思主义的世界观和方法论原理,坚持主观和客观相符合,一切从实际出发,坚持实践是认识的源泉、发展的动力,是检验真理的唯一标准,科学地揭示认识的本质及其发展规律,正确地回答和解决人的思想、认识的产生和发展等问题,从而促进当前价值观教育方法的创新发展。

二、价值观教育的思想政治教育方法论基础

这里所说的价值观教育的思想政治教育方法论基础是指思想政治教育方法理论在大学生社会主义核心价值观培育和践行中的具体化运用。所谓思想政治教育方法论,就是在马克思主义哲学方法论的指导下,为了认识和解决人们的思想行为与实际问题,采用由诸多方法所构成的体系,简单地说就是关于思想政治教育方法的理论体系。在价值观教育中研究思想政治教育方法论,不能就方法研究方法,也不能孤立地研究方法,实际上是研究如何运用价值观形成、发展的规律和思想政治教育的规律,自觉地认识和实施价值观教育,就是对价值观形成、发展规律和教育规律的自觉运用。

目前,思想政治教育方法论大致可以分为四个层次:一是思想政治教育的原则方法。这一层次的方法是在思想政治教育全过程中都起指导作用的方法,它规定了其他方法运用的方向、准则和要求,在思想政治教育方法论体系中,具有重要地位,起着导向、规范的作用。这一层次的方法包括实事求是的根本方法,群众路线的方法,理论与实践相结合的方法,精神鼓励与物质鼓励相结合的方法,思想政治教育与业务工作相结合的方法等。二是思想政治教育的具体方法。这一层次的方法,是适用于思想政治教育各主要环节的方法,它受原则方法的指导,在思想政治教育的各个环节上起主要作用,在思想政治教育方法论体系中具有主导地位。这一层次的方法包括:思想信息收集方法,思想分析方法,思想政治教育决策方法,思想政治教育的基本方法、一般方法、综合方法、特殊方法,思想政治教育反馈调节、总结评估方法等。三是思想政治教育的操作方式。这一层次的方法是具体方法的实际运用,是具体方法在不同范围、不同条件下的特殊方式,它使具体方法更加程序化、规范化,更具应用性、操控性。如思想分析方法中,就有矛盾分析法、系统分析法、因果分析法、比较分析法、典型分析法、定性定量分析法等。这些具体的操作方式,运用条件明确,操作方式具体,便于思想政治教育工作者直接掌握和运用。四是思想政治教育方法的运用艺术和技巧。这一层次可说是运用方法的方式,是运用方法的经验概括,具有灵活性,它使具体方法的操作更生动,更形象,更有利于提高思想政治教育工作者科学运用方法的创造性,有利于增强思想政治教育的艺术性和感染力,也有助于提升思想政治教育的实效性。这几个层次的思想政治教育方法,是按一般、特殊、个别的关系组合而成的方法论体系,相对价值观教育的哲学方法论而言具有更加鲜明的操作性特质,同时又统领了大学生价值观教育的传统方法与创新发展。

思想政治教育学是一门实践性非常强的学科,思想政治教育方法论的实践价值作为已经实现或正在实现的价值,使人们能感受到其理论的有用性。关于思想政治教育方法论的实践价值,祖嘉合教授认为"思想政治教育方法论在促进思想政治教育科学化、民主化,改进思想政治教育工作,增进思想政治教育效果方面起着重要作用。"①王玄武教授认为思想政治教育方法论能够密切联系党的思想政治教育的任务,并积极为完成这种任务服务;通过教育提高人们的思想觉悟,树立坚定的共产主义信念,为实现共产主义而奋斗。项久雨教授认为在经济价值方面,思想政治教育具有推动生产力发展的精神动力价值,对经济发展的方向保证价值,对经济进步的环境营造价值。在政治价值方面,思想政治教育方法论具有社会精神生产的价值,政治关系再生产的价值,促进社会政治稳定和发展的价值。刘新庚教授认为加强思想政治教育方法论有利于丰富和创新党的执政方法理论,有利于对人们的思想观念及其行为进行整体导引、掌控。黄蓉生教授认为思想政治教育方法论具有为正确认识教育对象的思想政治品德状况提供科学的思维方式、认识方法的实践价值。娄淑华教授认为对思想政治教育方法论的研究,能够促进思想政治教育学科化建设、发展,进而推动社会科学的发展;能够在实际的教育实践活动中推动教育内容产生影响和发挥作用,从而有效地推动整个教育活动的顺利开展,能够立足于新的时代,突破传统,进行创新。靳敬认为思想政治教育方法论具有凝聚人心、激励公众、协调力量、推动社会发展的实践价值。万美容教授认为思想政治教育方法发展研究,可以有效地提升思想政治教育者的素质,促进思想政治教育队伍的专业化、专家化;"可以回答和缓解思想政治教育实践发展中遭遇的现实问题,有助于分析新情况、探索新规律、解决新问题、提高有效性,促进思想政治教育实践的现代发展。"②

从以上对思想政治教育方法论内容体系、实践价值等方面的分析可以看出,

---

① 祖嘉合:《思想政治教育方法教程》,北京大学出版社2004年版,第8页。

② 万美容:《思想政治教育方法发展研究》,中国社会科学出版社2007年版,第8~9页。

思想政治教育方法论在解决现实思想问题上具有很强的实践价值,具有对现实问题的回应性,能够获得在解决现实思想问题上的时间和速度效应。因此,思想政治教育方法论必然对大学生社会主义核心价值观教育方法的创新提供支撑与借鉴。

三、价值观教育的系统方法论基础

大学生社会主义核心价值观的培育和践行是一个多因素组合的复杂系统。本书第五章从主观、客观等多方面分析了社会主义核心价值观的认同问题。价值观教育的方法论研究也是如此,单靠某个理论、某个方法往往是力不从心的,必须利用系统方法的理论来观察、分析和指导价值观教育方法,才能更加全面和深入地推进。所谓系统方法,"就是根据系统的观点,从整体出发,辩证地处理整体与部分、结构与功能、系统与环境、功能与目标的关系,找到既使整体最优,又不使部分损失过大的方案作为决策的依据,以实现整体最优化的方法。系统方法要求人们把对象和过程视为一个相互联系、相互作用的整体。"①系统的方法论为我们把握价值观教育问题提供了一套完整的科学方法原则,主要有整体性原则、动态性原则、联系性原则、有序性原则、结构性原则、模型化原则和最优化原则。依据这些基本原则,可以分析、研究和处理范围大、方面广、层次多、内容复杂的大系统,从而提高培育和践行社会主义核心价值观的有效性。

整体性原则就是把对象作为由各个组成部分构成的统一整体,研究整体的构成及其发展规律。系统不是杂乱无章的偶然堆积,而是一个合乎规律的、由各要素组成的整体。坚持整体性原则,就是把系统当作整体来对待,从整体与部分相互依赖、相互结合、相互制约的关系中揭示系统的特征和运动规律,单独研究其中任何一部分都不能揭示其规律。整体性原则中很重要的一点是,系统整体功能大于各部分功能的总和,这是古代先哲亚里士多德和系统论创始人贝塔朗菲关于组成系统的著名定律观点。当各部分以有序、合理、优化的结果形成整体时,整体是可以出现部分未有的新功能。马克思主义哲学中的整体、部分范畴以及两者之间的辩证关系原理也很好地论证了这一点。在价值观教育中各个方法元素是不可分割的,要把有联系的因素综合起来,包括社会因素、学校内部各个组织与环节因素、家庭因素、学生自身因素等,从整体的角度分析价值观教育的症结所在,制定

---

① 姜璐:《钱学森论系统科学(讲话篇)》,科学出版社 2011 年版,第 25 页。

行之有效的教育方法,并注重多种学科理论的综合应用。多学科的交叉不是简单的相互叠加,而相互融会、贯通最终产生新功能、新方法。

动态性原则反映了辩证法的发展原则,强调系统是一个动态系统,事物是处在不断发展变化过程中的。我们需要了解系统的过去,重视系统的现状,也要看到系统的发展和变化,才能掌握系统发展的规律,预测系统的未来状况。在发展过程中,事物的内部矛盾是动力。系统内部存在着矛盾,解决了原有矛盾,又出现新的矛盾,推动系统发展和变化。在动态中把握系统整体,协调各因素之间的关系,使系统状态达到最优并推动其向前发展。价值观教育的教育环境、教育对象等元素是在不断发展变化中,需要用动态的观点、发展的眼光进行评价分析,同时,与这些元素相关联的教育方法也需要与时俱进进行不断的改革和创新,才能收获满意的教育效果。

联系性原则是辩证唯物主义普遍联系观点的具体体现和实际应用,是系统方法论的基础。该原则认为系统整体是透过系统的各元素之间的相互联系、相互作用组成的。这些元素只有通过相互联系才能组合为一个整体的系统。价值观教育方法的各元素之间、整个体系与外在环境之间是有机关联的,它们之间相互制约、相互影响、相互作用,存在着不可分割的有机联系。因此,在大学生群体中培育和践行社会主义核心价值观,必须坚持联系性原则,充分调动各方面因素,从而形成教育的强大合力,改善并提升教育水平。

有序性原则认为系统都是有序的,在把握事物的联系时,最重要的是把握它的规律性联系。规律所表现的是现象之间在一定条件下所具有的本质的、普遍的、必然的联系。对系统的有序性研究,开辟和发现了掌握规律的途径,在一定程度上提高了人们按规律办事的能力。任论一个系统,都和周围环境组成一个较大的系统,又是较低一级子系统的总系统。这是系统的层次,系统是分层次的。系统的发展一般是从低级的有序状态走向高级的有序状态的定向变化。系统的组织程度和有序程度是用信息量来量度的。而系统的演化是有方向性的,可以从无序到有序,即系统的发展向着增加信息量的方向发展;也可以是从有序到无序,即系统的退化。系统要从无序走向有序,必须保持开放的状态,从外界环境中耗散物质能量信息,抵消系统增加的信息,这是必然条件。各子系统按照一定目标协同运动,即系统和子系统间的协调,达到控制的目的。这是无序走向有序的根本原因和条件。反之,一个封闭的系统、一个不协调的系统走向无序,系统就会退化甚至瓦解。价值观教育的内容是有序的,也是有层次的,价值观教育的进程系统也是有序的。只有认识到这种有序性,才能克服和避免工作中的形式化、盲目性和无序性。

结构性原则是指系统实现联系是以结构形式来实现的。系统的整体功能由系统结构决定。有什么样的结构,就有什么样的功能。系统的结构,是普遍地、有层次地存在于事物之中,要认识事物的性质,必须了解它的构成。由于事物内部排列组合不同而引起质变,是一个合乎规律的现象。同样的人力、物力,如果能安排得好,有合理的结构,就能提高劳动生产率。要正确地决策,就必须掌握好结构,使系统处于最佳状态,达到最佳的效果。我国古代田忌赛马的成功,就是抓住了结构,对事态发展具有重要作用。在大学生中培育和践行社会主义核心价值观,必须合理布置,构建最佳教育及实践结构,才能获得事半功倍的效果。

模型化原则强调,因系统大而复杂,难以直接进行分析与实验,需要设计出系统模型来代替真实系统,通过对系统模型的研究来掌握真实系统的本质和规律。模型化原则找到了系统方法从定性分析到定量研究的途径。为了对系统进行定量描述,必须根据研究原则目的,设计出相应的系统模型,确定系统的范围,确定系统的要素及相互联系、相互作用情况,进行定量描述。模型化可以通过实验来掌握资料,并用实验检验理论预测的结果,建立系统模型作模拟实验,运用电子计算机进行系统仿真,不断检验和修正系统方案,实现系统最优化。

最优化原则是系统方法的根本目的,是指从多种可能的途径中,选择出系统的最优方案,达到最好的效果,这是任何传统方法不能达到的。系统的最优化,是指系统功能的最优化,取得最优的效果。总体来说,就是根据需要和可能为系统定量确定最优目标,用最新技术手段和处理方法把系统分成等级,在动态中协调整体与部分的关系,以便达到整体的最优化。

总之,系统方法论是立足整体、统筹全局,使整体与部分辩证地统一起来的科学方法论。它将综合与分析有机地结合起来,运用数学语言定量、准确描述系统的运动状态和规律;为认识、研究、设计、构思作为系统的客体确立了重要的方法论原则,是辩证唯物主义关于事物普遍联系和运动学说的具体体现。在价值观教育的实践中,依据系统方法论原则,改进和完善大学生社会主义核心价值观的培育和践行方法,并不断优化和运用,实现价值观教育工作转向整体、综合、开放和动态的研究,从而更趋科学化,更具有效性。

四、价值观教育的心理学方法论基础

价值观是一个多学科研究的领域,是哲学、教育学、社会学、伦理学、政治学等众多学科研究的对象。各门学科在研究价值观时有不同的侧重点和对象,心理学主要从个人的角度出发,把价值观作为一种个体的心理现象加以研究。价值观教育的对象是人,在其过程中借鉴心理学的方法,对在大学生群体中培育和践行社会主义核心价值观具有重要意义。

经过百余年的发展,心理学已经形成和发展了科学心理学方法论和人文心理学方法论两大类别,这两种方法论从各自的角度展示出了人的部分本质。科学心理学方法论全面接受近代自然科学的世界观、科学观、方法论,并以此为基准研究人的心理与行为,使心理学融入自然科学之列。人文心理学方法论在观点上与之存在诸多对立,二者的思想方法从整体上看以非此即彼的方法去描绘人的形象并进行心理学建设。值得注意的是,过于关注这种矛盾就会影响心理学与实际生活的关联。大学生价值观教育是塑造和影响大学生思想意识的过程,思想意识的形成、发展和改变与人的心理有密切联系。探究价值观教育的心理学方法论基础,能够为价值观养成与维护提供有力支撑。

人文心理学致力于人的完整形象的构建和适于人的独特本性的研究方式的追寻,它认为心理学的研究对象——“人”,是一种社会历史的存在,具有一定的目的性、价值性、个体性、历史性和整体性。因此,对人的研究就应有与人的上述特性相适应的研究方式。人文心理学在方法论上展现出以下几个特点:(1)人文科学的研究取向:强调心理学应以人文科学为规范,以人文科学的方法作为自己的研究方法。人文科学是指以人的社会存在为研究对象,以揭示人类社会的本质和发展规律为目的的科学。价值观本身就是人类社会的产物,在社会学、伦理学中,都是通过人文科学的研究取向进行研究。(2)直觉主义的人本学:认为人的本真状态为有机体,只有通过非逻辑的直觉体验或内在体悟才能获得完整把握,而逻辑会造成对人的本真状态的割裂、歪曲与限制。直觉体验是直接与人的精神生活融汇共存,它既有领悟能力,又有亲身保证功能,其真理本身具有本真性,无须外在的他种活动去检验。在价值观教育中,完全将直觉体验与逻辑相对立,过于极端与片面。(3)整体主义的研究路线:整体主义即是一种世界观,也是一种方法论。在整体主义看来,整个世界是一有机整体,而对于人及其心理和行为也是不可分割的整体,不能还原为自然科学一样的假设结构,如元素、原子;整体也不等

于部分之和,而是有着部分所不具有的新性质。格式塔心理尤为强调整体大于部分之和。因此,研究应把整体的理解作为出发点。价值观不是单一存在的,它是一个多层面的复杂系统,必须整体对待,才能更加准确地把握其本身实质。(4)问题中心论的科学本质观:该观点认为心理学研究应以对人和社会有意义的问题为中心,方法应顺应问题,根据问题选择方法。心理学家马斯洛认为,科学必须清楚目的和方法的区别,只有在科学目的的指引下,才能使方法有意义、有成效。我们要认识到,方法只是手段,问题的解决才是目的,方法要适合问题,为问题的解决服务,这是不能本末倒置的。所以,心理学应首先考虑研究对人与社会富有意义的问题,而不是一味地搬用自然科学中的研究原则与方法。(5)主观主义研究范式:人来自自然,本身受自然法则的制约,具有自然的属性,但人与物是有区别的,其存在形式和生存方式不完全听从自然的安排,而是在不断的自我创造活动中去实现和发展。因此,意识、情感、意志等内容为人所固有,心理学应以人的全部存在为研究对象,将人的价值和意义等问题作为研究的重心;心理学研究受到社会政治、经济制度、历史文化因素的制约,研究者不可能超越意识形态和价值观的影响;在研究中,要严格忠实于研究对象的本性,直接与人的精神生活融会贯通,通过非逻辑、非对象化的直觉体验和内在体悟,通过理解和体验,使研究主体生活在自己的对象里,从而把握对象的内在心理生活和内在精神。内省、直觉、体验、理解、解释等可以作为心理学的基本方法,也可以作为价值观教育的有效途径。(6)非决定论的心理学解释框架:认为"人"有别于"物",有着心理、意识、目的、意志等。人可以独立自主地为自己的行为做出决定。从心理实质来看,价值观是个体对事物形成的本质态度。

人文心理学的方法论原则为价值观教育的有效性研究提供了坚实的基础和理论支撑。同时,科学主义心理学方法论以及整合立场的心理学方法论的发展与成熟,也为价值观教育提供了诸多借鉴,对在大学生群体中培育和践行社会主义核心价值观有着巨大的推动作用。

科学主义心理学方法论试图使心理学成为自然科学。它全面接受近代自然科学的世界观、科学观与方法论,并以之为基准研究人的心理与行为。其基本主张是:(1)自然科学的研究取向:相信人是自然的一部分,像机器或动物一样的存在,强调心理学应像自然科学一样完全运用实证的方法,通过研究现象本身"是什么",揭示客观现象的内在构成要素及要素的普遍联系,归纳概括现象的本质及其运行规律。在价值观教育过程中,实证研究是极为重要的,通过实证研究可以了解现象本质,为其他深入教育工作奠定相关基础。(2)逻辑主义的知识论:认为知识是呈现为某种必然性的联结,知识活动本质上是逻辑思维活动。对心理现象或外界行为的研究,是研究其逻辑结构或模式,建立某种逻辑理论以说明其规律。价值观教育中要注意遵循认知规律,坚定价值观形成的基础;遵循情绪情感规律,激发价值观形成的动力;遵循态度改变规律,促进价值观培育的内化;遵循行为意志规律,着眼价值观培育的外化。① (3)还原主义的研究路线:认为高级运动形式及其规律可以归结为低级运动形式及其规律,整体可以分解为元素或原子。心理学研究的根本途径在于将心理分解为一些基本的元素,或将心理、行为归结为低级运动形式如物理、化学、生物过程,然后以元素说明整体的性质。相对而言,价值观教育是较为整合的整体,人的复杂性决定了其很难归结为低级运动形式及规律。(4)客观主义的研究范式:坚持客观性是科学的唯一尺度,发现事物的客观真理是科学的唯一追求。心理学研究以客观的、可操作的对象为主要内容,既以心理、意识为对象,也从可观察、操作的外部刺激、行为入手,采取客观实证、价值中立、感情超脱的研究立场,运用客观的研究方法与程序。在价值观教育中,保持客观性能够将研究结果得到更加广泛的推广和应用。(5)因果决定论的理论解释框架:坚信因果关系普遍存在于自然界与人类社会。心理学的任务在于探明心理与行为发生发展的原因,确定刺激或事件(自变量)与心理、行为反应(因变量)之间的联系,实现对心理、行为的描述、解释、预测与控制。价值观作为意识形态文化的一种,与科技发展、传统文化、社会环境等存在紧密的因果关系。大学生个体的价值的形成受到社会因素的影响,主要体现在社会环境和经济发展方面。例如我国正处于新旧体制的转换时期,人生追求与价值标准的调整及其带来的波动必然影响价值观的形成。家庭也对个体价值观存在影响,家庭是个体生活的第一个社会组织,家庭关系是以生活为纽带,家庭成员的教养方式及其本身的价值观必然影响个体。另外,一定的心理因素,即需要与欲望、情绪情感、意志力等也影响价值观。

人文科学心理学方法论突出了人及其心理、行为与物的区别,将科学主义方法论所遗落的人的特点,例如人的个体性、目的性、价值性、社会历史性、整体性等纳入心理学的视野,致力于适于心理学特性的研究立场、方法、知识尺度的探求,

---

① 刘玉红:《职业院校学生价值观培育的心理学思考》,载《中国职业技术教育》,2012 年第 12 期,第 47 页。

这是对科学主义方法论弊端的一种弥补。科学主义心理学方法论与人文科学心理学方法论虽然在观点上呈现出诸多对立，但它们的思想方法从整体上看均以非此即彼的方法去构筑人的形象并进行心理学建设。这种思想使得一些原本辩证统一的方面，如客观方法与主观方法、元素分析与整体理解、量化研究与质化研究、一般规律研究与个别特征研究等，分割成完全对立的，阻碍了心理学与社会生活的关联。

整合立场的心理学方法论良好地解决了这种矛盾，它强调以辩证的思维或层次整合的思维去看待人的本质或人的心理发展，在辩证统一或层次整合中将被割裂的"此"与"彼"重新融合为一个新的整体。方法论的核心是反对使用"物"的研究方式来研究"人"，建立一种适用于"人"的特性的心理学研究方式进而构筑出人的完整形象。它主要体现在以巴斯为代表的辩证心理学和以马斯洛为代表的人本心理学方法论中。

辩证心理学主张以辩证的思维方式取代传统心理学的形而上学的思维方式去进行心理学的研究与理论建设。一方面，它强调以辩证法作为研究范式考察人的心理。在巴斯看来，西方心理学范式的改革一直处于"人构造现实"和"现实构造人"的来回转换的恶性循环之中，每一种研究范式仅占有了人与现实关系的某一个片面。辩证心理学的研究范式则"强调人和社会之间的交互的、相互作用关系，在这种行为中，每一方面都可以既是主体，又可以是客体"。① 马斯洛的人本心理学方法论强调立足于人的完整本性去构筑心理学的方法论。它试图超越存留于实证主义与现象学或生命哲学、科学主义方法论与人文科学方法论之中的狭隘，确立适于人的完整本性的心理学研究方式。

整合立场的心理学方法论的提出是心理学方法论建构史上的一次飞跃。它凸现了辩证思维或层次整合思维对于心理学的重要性，以辩证思维或层次整合思维去看待人的本质，并紧扣人的完整本性去建构心理学的方法论，抓住了心理学方法论发展的关键；它强调将人之为人的一切特点全部纳入心理学的研究范畴，并依据人的本性去确定心理学的研究取向、原则、方法、理论解释框架等，是对前述两种方法论的弊端的一种弥补，也对价值观教育的方式方法，以及在大学生群体中推进社会主义核心价值观的培育和践行提供了有力的方法借鉴和支撑。

价值观作为一种特殊的心理现象或态度体系，受到人的心理影响，在人文心

---

① A. R. Buss, *A dialectical psychology*, New York: Irving Publishers, 1979(98).

理方法论的基础之上,需要容纳与接收与人的本性相适应的一切研究方法,在运用客观研究、定量分析、一般规律研究方法的同时,要注重内省、解释、移情理解、个案研究法等主观方法的灵活运用,更加有效地促进大学生价值观教育。

第八章

培育和践行的方法创新

　　培育和践行社会主义核心价值观的方法,是为实现价值观教育内容、达到价值观教育目的而服务的,是教育主体在价值观教育过程中采取的一切方式、办法、渠道和手段的总和。大学生社会主义核心价值观的培育和践行是一个复合体,影响因素有多个方面,包括社会因素、家庭因素、学校因素和个人因素等。随着社会经济快速发展,各个因素不同程度地发生变化,这必然影响大学生核心价值观的培育和践行效果。因此,教育方法不能墨守成规,教育者需要在实践中不断探索新的教育方法,为提高社会主义核心价值观教育的有效性保驾护航。

　　在宏观层面上,大学生社会主义核心价值观培育和践行的方法与思想政治教育的方法是一脉相承的。思想政治教育的方法随着学科的逐步建立与完善,也紧跟时代步伐,不断地丰富,并渐成体系,培育和践行社会主义核心价值观也是如此,其方法创新是价值观教育在现代社会中与时俱进的应有之义,这种创新不是对传统价值观教育方法的简单修补,而是用现代科学技术改造和整合价值观教育的途径,构建立体、网状、互动的价值观教育模式。因此,它是价值观教育方法的理念和模式从传统向现代的转化,主要包含两个向度:一是近代社会科学新成就在价值观教育中的运用,促进价值观教育的科学化发展;二是现代科学技术对原有价值观教育方法的整合与改造,构建新型价值观教育模式。

一、从经验型到科学型转变

(一)价值观教育经验型方法的困境

　　价值观教育经验型方法,是指对感性经验的收集和简单总结所获得的方法。我国大学生价值观教育方法已经积累了50多年的经验,无论从领导体制到管理模式,从教学原则到具体途径,都形成了一整套行之有效的方法。这些方法在价值观教育的特殊时期取得了显著效果,我们对行之有效的经验要坚持继承并发扬光大。但经验一般来说并不具有普遍性,一时一地的经验到另外的时间和地点并不合适。随着社会环境变化和教育对象的发展,社会经济制度、利益关系、职业分类、价值取向日益多样化以及大学校园的日益开放化,大学生群体的行为方式和角色定位也呈现出多样化,其思想活动的独立性、选择性、多变性、差异性日趋明显。例如,大众传媒所形成的文化空间、网络所提供的广阔的虚拟交往空间,都拓展了大学生个体的生存方式和空间,这些不同社会领域的相互交织使大学生个体生成多样化的思想观念和价值意识。面对价值观教育环境和教育对象的发展,价值观教育经验型方法的局限性逐渐凸显。其原因在于价值观教育的经验型方法多是采用静态的、孤立的思维方式审视价值观教育的运行,一方面将价值观教育系统内的诸要素、价值观教育系统与其他学校以及社会系统相隔离,容易导致价值观教育的"孤岛效应"。另一方面,这种经验型方法往往把个别方法模式化为包治百病的"灵丹",并简单定位于不同的大学生群体之中,而忽视基于不同大学生群体特征的方法的差异性和层次性,从而使价值观教育方法与大学生实际脱离。

（二）价值观教育科学型方法的概念

价值观教育的科学型方法,是指在马克思主义指导下,以科学精神为旗帜,运用科学的理论和规范去揭示、掌握和运用价值观教育过程中相关规律,从而提高教育工作的实效性。它包含着科学化的方法论和具体方法。近代社会科学新成就是以理念、方法和工具的变革运行于社会各个领域,其深层意义在于,渗透到社会有机体的各个层面,以一定的思维方法、认知模式和精神特质指导主体实践。

科学型的教育方法是近几年价值观教育发展的重要诉求和趋势,也是新形势下进一步加强和改进价值观教育方法的基本途径,科学型方法概念的提出就是针对长期以来占主导地位的经验化的价值观教育方式,其主要表现为价值观教育工作从经验型上升为科学型。为此,价值观教育工作要在科学理论指导下来进行,超越价值观教育工作者自身经验的局限,增强价值观教育的科学性和实效性。科学型方法主要呈现出三个方面特征:一是规范化。经验往往是不定型的,具有较大的随意性,且主观因素较大,难于实现人际传递和代际传递,因而价值观教育需要建立规范。规范化是对现行大学生价值观教育经验方法进行归纳与整合,通过制定、发布和实施相关标准达到统一,以获得最佳秩序和效果。但在建立规范的同时,要提高对实际经验的重视程度。经验是实践活动与科学理论的媒介,只有对既有方法进行广泛的征集、整理和归纳,提取共同因素和优秀成分,剔除不适应形势发展需要的方法经验,才能形成现行大学生社会主义核心价值观经验方法的整体框架。二是理论化。经验的抽象程度较低,没有达到理论的高度,无法形成科学知识系统。对高校价值观教育方法的经验进行科学总结,并将其上升到理论形态加以研究是高校价值观教育方法科学化的必由之路。在前期经验事实的积累和分析基础上,以马克思主义唯物辩证法为指导,以价值理论、系统理论、教育理论,以及心理学、社会学等思想理论为分析工具,形成经验方法科学转换的思维方式,是科学型方法的必然要求。三是科学转换的方法要接受实践检验。经过理论转化与提升的大学生社会主义核心价值观教育经验方法是否科学有效,需要将之放置于教育实践中进行检验和改造,在具体运用中获取新经验,实现新提升。

(三)价值观教育科学型方法的运行

价值观教育科学型方法植根于科学的理论成就,包括科学化的方法论和具体方法两大方面。在宏观和微观层面上对培育和践行社会主义核心价值观具有重要意义。

首先,运用系统理论,提升价值观教育协调与整合的水平。系统理论是把对象作为一个有机整体,对整体与部分、整体与外部环境之间的相互联系、相互制约、相互作用的关系予以综合考察。它以全局观点突破了思维的片面性,以开放观点突破了研究的封闭性,以"关系说"替代了"要素说"。在这样一种思路下,系统理论既注重组织内部的协调,也注重组织外部的联系,把组织内外作为一个相互联系的动态过程和有机整体;既强调组织目标,又强调人的因素。在一定程度上,这种思维在现代教育思想的演变中具有整合性的意义。价值观教育是一项复杂的社会系统工程,政策性强,内容丰富,对象广泛,层次复杂,随机现象多,工作难度大,需要社会各方面力量密切配合。如何协调和整合社会有关方面的力量,形成全社会关心和支持价值观教育工作的整体合力,这是新的历史条件下价值观教育理论研究与实践发展面临的一个新课题。而系统理论将学校看成整个社会的有机组成部分,学校这个机构与社会是紧密联系在一起的,政治的、经济的、文化的、习俗的、伦理的等因素都能对学校价值观教育的基本秩序、正常运行产生影响。同时学校本身也是一个整体,应从整体上研究影响价值观教育质量和秩序的各个因素之间的关系和联系,研究各种价值观教育不同组合方式所产生的不同效果。①

---

① 孙其昂:《思想政治教育学前沿研究》,人民出版社 2013 年版,第 292～297 页。

其次,用现代科学技术改造和整合价值观教育的途径,形成信息化、立体式、双向互动的教育方法。尤其是在多媒体、网络等现代载体的支持下,其快捷性、开放性和交互性提高了价值观教育方法的科技含量。因此,"计算机互联网作为开放式信息传播和交流工具,是思想道德建设的新阵地。"例如,中国大学生在线、上海交通大学的"焦点网"、武汉大学的"自强网"、华中师范大学的"华大桂声"等,都是充分运用现代载体拓展价值观教育的现代方式和领域,是构建立体网状互动的价值观教育模式的重要尝试。在运用现代科学技术探索价值观教育方法时,一方面要着眼于现代科学技术与价值观教育的融合,弘扬主旋律,注意"三贴近",突出时效性。另一方面要运用现代科学技术推进价值观教育的社会化,把价值观教育渗透到社区、企业、家庭等社会领域和不同社会群体之中。

二、从灌输型到情感型转变

(一)价值观教育灌输型方法的作用

传统价值观教育的单向灌输型方法表现为单向度地传播与输送思想信息,我说你听、我打你通,这一传统方法根源于对思想政治教育"灌输"理论的误解。灌输理论是马克思主义理论中的重要组成部分。思想政治教育灌输理论来源于列宁提出的灌输思想,而它并非是作为解决具体问题的具体方法而提出的,而是把它作为必须遵守的准则和必须完成的任务而提出来的。灌输是用马克思主义的立场、观点和方法对人民群众进行理论武装的基本原则。任何阶级的社会,为了延续下去,都需要向社会成员灌输一定的思想理论,以维持统治阶级的统治,促成国家和社会的稳定发展。在社会主义革命和建设时期,中国共产党重视思想外在灌输的作用,成功地向人民群众灌输社会主义、共产主义理想,为赢得无产阶级革命和社会主义建设的伟大胜利做出了重要贡献。

因此,我们绝对不能将列宁"灌输"思想简单理解为灌输方法,否则从这样的认识出发去指导实践,必然会走向误区。当把这一基本理念简化为"注入式"或"填鸭式"单一教育手段,容易造成价值观教育内容的程式化和方式的模式化,生成"美德袋"模式或"道德认知发展"模式。这两种模式都把教育对象演变为单子式主体,或是因纯粹的由上而下、由外而内的"灌输"而遗忘了教育对象的主体性:"普遍的即外部的灌输,不仅不能促进反而限制了青少年的智慧和道德的发展";或是演化为教育对象简单的自我建构:"道德既非给定的文化价值的内化,也非自然本能和情感的展开。"这种交往主体性的缺失导致价值观教育对象被异化为"知识篓子"或"单面人",其实质是对教育对象的漠视,不仅与人在当代社会中的主体性提升形成强烈反差,而且忽视教育对象在知行转化中的主体性和教育方式的多样性。①

我们强调,灌输不等同于违背教育规律的机械注入和强迫接受。真正的灌输理论教育是指教育者在居于平等地位上向受教育者输出、传播观点或知识的过程,这是价值观教育的基本方式和重要手段。正确的价值观不可能在大学生中自发地产生,坚持从外部灌输,能够有效地将社会主义核心价值观的相关理论输送、输入、传播给大学生,使大学生能够从理论层面获得社会主义核心价值观的基本认知。

(二)价值观教育灌输型方法的局限

研究证明,科学的理论灌输被视为价值观教育的成功经验。但是,我们也要认识到灌输型方法的局限性。从理论上分析,灌输的有效性仅仅与价值观教育中认知性教育有关,其往往更重视价值观基本内容的教授,而忽视调动受教育者接受的主体性。从教育主体立场出发,人们强调整体性,强调对个体的某种限制和改造。对接受者而言,人们更加强调个体性,强调个体认知和发展的差异性。不同立场之间的矛盾是客观存在的。纵观历史,我们的价值观教育更多关注和强调的是内容的灌输。然而,现代教育理论与实践已经证明,受教育者主体性能否发挥是教育成功与否的关键。

从现实上分析,进入改革开放新时期,现代社会图景的改变之一表现为个体与群体在一定意义上的剥离。在这个过程中,大学生个体独立意识逐渐形成,自主意识不断增强。自主选择意识和能力的增强,使灌输型教育模式在面临挑战的同时也陷入了自身发展的困境。当代中国社会转型构成了当代价值观教育形态转变的前提,从灌输型到情感型转向就是对这种现实诉求的理论解释。

(三)价值观教育情感型方法的运用

情感型价值观教育是从情感视野描述价值观教育本质和属性的一个范畴。其目的旨在揭示现代大学生社会主义核心价值观教育创新与发展应当实现的内涵拓展和建设,体现时代发展要求的"以人为本"新理念的人文价值目标和追求。注重"人文关怀"是党的十八大报告明确指明的思想政治工作重要方面。社会主

---

① 李纪岩:《当代大学生社会主义核心价值观培育研究》,山东人民出版社 2013 年版,第 147 ~ 148 页。

义核心价值观蕴含着浓厚的人文气息,在大学生中进行培养和践行社会主义核心价值观时,更应体现人文精神。通过沟通内化、思想引导等人性化的教育方式帮助大学生形成正确的价值观念,关怀和服务大学生的全面成长成才。

以人为本是自党的十六大以来党中央突出强调的一个重要思想,十八大的召开,更是进一步凸显了"人文关怀"的重要意义,"以人为本"已经成为时代的强音,成为社会建设各行各业的重要原则之一,高校的发展也不例外。"以人为本"不仅有着源远流长的思想渊源,还有着深厚的理论基础。

在中国历史上,以人为本可以追溯至贯穿于整个中华民族几千年发展史之中的民本思想。早在西周时期,统治者就意识到了民众的巨大力量,西周统治者在总结夏、殷灭亡的教训时就提出了"敬德保民"的思想,《尚书·夏书·五子之歌》中的"民为邦本,本固邦宁"、《尚书·泰誓》中的"民之所欲,天必从之"也体现了贵民的治国意识;到春秋战国时期,民本思想得到了进一步的发展和完善,其中,儒家是这一思想的集大成者,孟子明确地提出了"民为贵,社稷次之,君为轻。是故得乎丘民而为天子,得乎天子为诸侯,得乎诸侯为大夫"(《孟子·尽心下》)的"民贵君轻"思想,荀子提出了著名的"民为水,君为舟"的思想;汉唐时期,民本思想被广泛地运用到治国实践之中,唐朝时期的"贞观盛世"就是这一治国方略所取得的积极效果的集中体现;明清时期,民本思想进一步发展,清朝著名思想家黄宗羲就明确提出"以天下为主,君为客"(《明夷待访录·原君》),将古已有之的民本思想推向一个高潮。

实现人的自由而全面的发展始终是马克思主义一以贯之的价值追求和目标。在马克思主义看来,人民群众是历史的主体,是历史的创造者,人是现实的历史的人,历史进步是社会发展和人的发展相统一的过程。人的发展是人的自由而全面的发展,共产主义社会是"以每个人的全面而自由的发展为基本原则的社会"[1],"代替着存在阶级和阶级对立的资产阶级旧社会的,将是这样一种联合体,在那里,每个人的自由发展是一切人的自由发展的条件。"[2]以毛泽东、邓小平、江泽民、胡锦涛、习近平同志为代表的中国共产党人,继承和发展了马克思主义关于人的全面发展的理论。以毛泽东为代表的第一代党的领导集体,结合中国具体实际,将"为人民服务"作为党的根本宗旨;改革开放以后,以邓小平为代表的中国共

① 《马克思恩格斯全集(第23卷)》,人民出版社1974年版,第649页。
② 《马克思恩格斯选集(第1卷)》,人民出版社1995年版,第294页。

产党人将"是否有利于提高人民的生活水平"作为"三个有利于"的内容之一,共同作为衡量一切工作是非得失的标准,并始终把"人民拥护不拥护,人民赞成不赞成,人民高兴不高兴,人民答应不答应"作为党制定各项方针政策的出发点和落脚点;以江泽民为代表的党的第三代领导集体,要求"中国共产党要始终代表中国最广大人民的根本利益",把"三个代表"重要思想作为党的立党之本、执政之基、力量之源;以胡锦涛为代表的第四代中国共产党人,在社会主义现代化建设的新时期,提出了以人为本的科学发展战略。自改革开放以来,我国的社会主义现代化建设取得了举世瞩目的成就,也存在着诸多问题,其中,对人的关注越来越凸显出来。社会主义核心价值观的提出,是时代发展的要求,也是社会发展的需要。在大学生群体中培育和践行社会主义核心价值观,就必须坚持以人为本的价值取向,注重情感型方法的运用,达到知、情、意、行的协调统一。

在培育和践行社会主义核心价值观过程中,应时刻树立"以人为本"的教育理念。"以人为本"的价值观教育强调在价值观教育过程中,应坚持以"以人为本"的科学内涵为指导,加强教育的针对性,在教育理念、方式和手段上凸显"以人为本"。价值观教育立足于社会主义核心价值观的基本内涵,在具体工作中应把握以下几个方面:其一,尊重学生个性发展。由于长期以来我国高校思想政治教育过程的共性制约,常常忽视大学生个体发展的合理需求,导致了大学生的个性发展不足、思维方式趋同、创新意识淡薄,也违背了马克思主义关于人的全面发展理论。思想政治教育工作者要做到"一把钥匙开一把锁",充分考虑大学生个体成长需求和社会发展需要,根据不同大学生的志向、爱好、需要、性格、追求和态度,有针对性地设计柔性管理措施,增强价值观教育的针对性与实效性。其二,优化评价体系。对管理效果进行评价是管理学中一项重要内容,是实现管理目标不可缺少的重要手段。在管理学中常见的评价方法有定性评价与定量评价两种,当评价同时针对行为过程与行为结果,评价信息主要用于帮助被评价者改进行为和工作时,适合使用定性评价方法;当评价主要针对行为结果,评价信息主要用于比较、评比时,定量分析比定性分析更有价值。传统的学生管理工作对学生的评价主要采用定量评价方法,而大学生的思维活动、行为过程和行为结果不可能用一个精确的数字来评价,这样既不科学,又容易使学生产生逆反心理等消极影响。因此,应主张对学生的评价采取定性评价体系。这恰恰能够做到对大学生行为过程和行为结果的全面评价,也能够使大学生主动参与评价过程,提高自我检查、自我评价、自我提升的能力。其三,注重情感管理。情感管理的教育理念与方法是非强制性的。对大学生的情感管理就是思想政治教育工作者以真挚的情感,增强与大学生的情感联系与思想沟通,形成和谐融洽氛围的一种思想政治教育工作方式。情感管理体现了价值观教育工作的亲和力,能够激发大学生的积极性,消除其消极情绪,通过情感的双向交流和沟通,实现价值观教育的目标。

三、从单一方法向多种方法融合运用转变

(一)多种方法融合的必要性

大学生价值观教育方法的融合运用,是以系统论为理论依据的。大学生价值观的种种教育方法,是以内容的落实和目标的实现为目的,共同构成一个有内部关联的系统。所谓系统,是由两个以上的相互联系、相互依赖、相互作用的若干组成部分结合成的,具有一定结构和功能的有机整体。一般来讲,作为系统,具有整体的结构、特性、状态、行为和功能。系统理论认为,系统具有三个基本特征:系统是由两个以上元素构成;这些元素相互作用,互相依赖;元素间的相互作用,使系统作为一个整体具有特定的功能。随着科技和社会进步,人们发现系统变得越来越复杂了,对系统的划分也多种多样。通常情况下,人们多采用钱学森关于系统的分类方法。钱学森认为,由几个、十几个元素或子系统组成的是小系统,由上百个上千个元素或子系统组成的是大系统。如果元素或子系统数量极大,成万上亿以上,那就是巨系统。按照系统理论,要求我们处理事情、推进发展都应采取系统方法。所谓系统方法,"就是根据系统的观点,从整体出发,辩证地处理整体与部分、结构与功能、系统与环境、功能与目标的关系,找到既使整体最优,又不使部分损失过大的方案作为决策的依据,以实现整体最优化的方法。系统方法要求人们把对象和过程视为一个相互联系、相互作用的整体。"①运用系统论的观点,思考和审视大学生价值观教育方法融合发展的综合化趋势,首先要求我们对已有的价值观教育方法进行优选与组合运用。既强调教育主体自觉地、有科学根据地选择教育方法,也要求在教育实践中,要根据方法之间的有机联系,相互结合地综合运用这些方法,以发挥诸方法的综合功能。对大学生价值观教育方法整合运用的综合发展,前提基础是大学生价值观教育方法的多样化。但是,仅有教育方法的多样化是不够的,还不足以适应复杂多变环境下大学生价值观教育要求。大学生价值观的教育培养是个综合性的工程,非一两种方法能承载和实现目标。对大学生

---

① 姜璐:《钱学森论系统科学(讲话篇)》,科学出版社 2011 年版,第 12～17 页。

价值观教育这项复杂的系统工程,需要对方法的整体建构和综合运用。多样化的方法可以解决多样的问题,而大学生价值观问题则是个复杂的问题。问题的产生、问题的解决、正确观念的确立,都不是简单过程。对这种复杂多变的状况要使教育直指目的,唯有将多样的方法有机融合,然后综合运用,才能更好地实现教育目的。

(二)多种方法融合的类型

方法综合的实质不是单个方法的简单相加,而是多种方法基于指向问题的特殊性和各自运用的优劣点采取的有序组合,根本目的在于提高培育和践行大学生核心价值观效率和质量。方法综合主要分为三种类型:一是方法的空间组合方式。这类方法以问题为中心,以教育方法的自身特性(方法的职能、适用范围、使用条件等)为选择处理的原则。由于方法的特性具有相对稳定性,一般不会随着价值观教育的情形变化而变化,所以,对这类教育方法按照它们的内部关联,将其整理组合,进行综合运用。这种融合后的由多种方法构成的系统,因其自身具有的相对稳定性,会持续发挥着综合的作用。二是纵向过程组合方式。这种方法以目标任务为核心,以教育过程运行为依据,为价值观教育的不同过程和阶段选择不同的系列方法。这些方法具有连接性,在过程的不同阶段发挥作用。这种经过融合连接排序后的方法体系,具有方法综合体的特征。三是方法动态组合方式。这种方法主要是解决教育过程中出现的新情况、新问题,表现出对方法的灵活运用,动态融合。该组合方式侧重在教育方法内部诸要素的层次、要素搭配上有机融合,使其具有丰富性、多样性,解决问题更有力、更彻底。

同时,在当前社会主义核心价值观教育方法创新发展中,还需要加强对其他社会科学和自然科学方法理论的融合研究,通过借鉴教育学、伦理学、人才学、心理学、社会学、系统科学、信息论、生态论等理论和方法,不断地促进其转化,使其能为价值观教育服务,从而加强社会主义核心价值观教育方法的科学发展,不断推动价值观教育方法论的整体跃迁。从而提升价值观教育的实践效果。①

四、从线下模式向线上线下互动模式转变

传统的价值观教育往往运行于现实的物理空间,借助于文字或口头语言等传统媒介载体,即价值观教育的"线下模式"。价值观教育方法的"线上模式"是指

---

① 邹绍清:《当代思想政治教育方法论发展研究》,人民出版社 2013 年版,第 228 页。

借助于数字化技术和现代网络媒体形式进行价值观培育和践行。这种转变是基于现代科学技术革命的支持。同时,网络并不能解决所有问题,要有效地在大学生培育和践行社会主义核心价值观,必须实现"线上"与"线下"互动。

(一)网络媒介的迅猛发展对价值观培育和践行提出新挑战

近年来,科学技术尤其是信息技术取得了突破性进展,在社会各个领域得到广泛应用。高校是互联网应用最普及的领域之一。互联网的迅猛发展对高校带来全方位、深层次的影响,其积极功能、正面作用是强大的、毋庸置疑的,但对价值观培育工作提出的挑战,也是前所未有的。尤其是随着微博、微信、微视等新应用的推广,网络媒体功能日益强大,已成为高校师生获取各种信息的主渠道,表达思想言论和娱乐交友的主要途径。据一份问卷调查显示,山东省高校90.3%的青年教师拥有微博,61%的学生几乎每天使用电脑上网,94.5%的学生每天用手机上网,45.2%的学生经常在网上发表自己的观点,73%的学生加入了各类网络群组,他们生活在网上、学习在网上、工作在网上,网络生存成为常态。而从教育者的角度看,我们对网络的认知程度、管控手段、引导能力远远滞后于网络技术的发展。网络信息真假难辨,海量快速传播,网络文化生态十分复杂,对青年大学生群体影响极大。在大学生群体中,有的沉湎于网游、网上交友不能自拔;有的被网上错误思想观点、网络谣言所迷惑;有的热衷在网上表达诉求、宣泄情绪,口无遮拦、赚粉博名;有的在网上发表错误言论,传播不良信息,利用校园网络煽动不良情绪;有的甚至与境外敌对势力和境内所谓"异见分子"遥相呼应,频频插手炒作国内一些社会热点和敏感事件等。这些挑战和问题,既有整个互联网管理引导工作滞后的因素,也有校园网络文化建设薄弱的原因。在大学生中培育和践行社会主义核心价值观要贴近大学生的学习生活,人在哪儿,重点就应该在哪儿。高校作为互联网应用的集中地,必须把核心价值观的"线上培育和践行"作为培育和践行工作的重中之重,加大力量投入,加强管理引导,牢牢掌握"线上"主动权。①

(二)构建社会主义核心价值观培育和践行的线上模式

大学生价值观教育的方法应该随着环境、载体、对象的变化,而相应有所改变。在网络媒介背景下,教育者应该充分发挥主观能动性,积极创新教育方法,使大学生价值观教育更具生命力和感召力。教育者要紧随网络媒介的发展潮流,运用影响力大、动员力强的微博、微信、QQ 群,同受教育者沟通思想、交换意见、讨论

---

① 孙守刚:《在全省高校党建工作会议上的讲话》,2014 年 2 月。

问题,及时并准确地了解当代大学生关注的问题和他们真实的想法。首先,利用微博、微信、QQ 群强大的影响力,发挥微博、微信、QQ 群的价值观教育作用。目前,许多高校推出了自己的官方微博、公共微信平台。在这个"微"时代,教育者应主动开通微博、微信、QQ 群并加强建设和管理,及时转发社会关注的热点话题,并发表自己的观点。同时,把微博、微信、QQ 群运用于理论教学中,与具体的教学内容相结合,合理地组织教学形式,发挥微博、微信、QQ 群的价值观教育作用。在教育者不断摸索经验、分享心得的过程中,极大地发挥微博、微信、QQ 群的优势,改变过去价值观教育生硬的说教方式,使大学生价值观教育更有生命力。其次,实现师生在微博、微信、QQ 群上的广泛对话。教育者要随时关注大学生转发或原创内容,以平等交流的方式和态度对相关内容进行评论,洞悉学生的思想动态、认知程度、运用能力以及关注的问题和面临的各种困惑,依此为基础进行耐心的疏导。在师生平等交流的过程中,师生双方都真正地成为价值观教育主体,在教育者针对某一问题开展广泛而深入的讨论时,消减大学生的抵触心理,缩短师生间的心理距离,使教育者所灌输的教育内容更容易被受教育者所接受。再次,学校可以充分利用网络上的各种资源,模拟公司运作、社区管理等社会活动,使学生通过参与这种形象、生动、直观的多媒体仿真画面活动,在互动中身临其境地思考、学习解决现实问题的方式。这样既解决了实践锻炼难以实施的困境,同时也是学生乐于接受的寓教于乐的方法。虽然是虚拟的,同样也能达到现场亲身实践的效果,使大学生社会主义核心价值观教育的效率得到提高。

(三)完善社会主义核心价值观培育和践行的线上线下互动模式

唯物辩证法认为,事物的发展是肯定和否定的统一,这就要求我们在培育和践行社会主义核心价值观工作中必须处理好大学生价值观教育中的继承与创新关系。在价值观教育长期发展、研究过程中,被实践证明仍然有益的经验必须保留;适当地将传统与创新相结合,在继承的基础上大胆创新。

值得注意的是,网络并非是解决一切问题的先进手段,仅仅依靠网络就想实现当代大学生的价值观教育是行不通的。因为大学生在网上遇到的问题,往往是现实生活问题的折射,其根源是在"线下"的现实生活中,因此要建立一个"线上"与"线下"互动的新格局,把在虚拟空间中遇到的问题放在现实实践中去解决。坚持"线上"与"线下"互动的原则,既可以运用网络交流的平台,吸引更多的大学生关注相关校园及社会活动,同时也能引导大学生在现实生活中增进与老师、家人、朋友和同学之间的情感交流。通过这种"线上"与"线下"的互动活动,将大学生喜爱的网络交往活动与校园及社会中的各项实践活动相结合,使长期沉迷于虚拟网络交往的大学生走出网络,塑造健全的人格,建立起正常的人际关系、健康的生活方式和正确的思想观念。在网络媒介迅猛发展的环境下,实现"线上"与"线下"良性互动的格局,有助于推进在大学生中培育和践行社会主义核心价值观的进程,提升培育和践行效果。

第九章

培育和践行的运行体系建构

建构科学的大学生社会主义核心价值观培育和践行体系,要求我们以大学生社会主义核心价值观培育和践行的基本原则和方法论为指导,按照大学生价值观形成的一般过程和客观规律进行建构。大学生社会主义核心价值观培育和践行的基本原则包括坚持马克思主义指导、立足中国特色社会主义实践、汲取中华传统文化精华、把握价值观的时代要求、坚持以大学生为本、确保落细落小落实等,培育和践行的方法论则包括马克思主义哲学、思想政治教育学、系统论心理学等方法论基础,这两者前文均已有详述,本章不再赘述。

价值观是在特定时代下的社会实践中形成的。在大学生中培育和践行社会主义核心价值观,首先需要在宏观上遵循大学生培育和践行社会主义核心价值观的基本要求,即必须坚持意识形态的主导性,必须反映社会主义本质的要求,必须适应时代发展要求,必须符合大学生共同价值的要求。并在此基础上建构大学生社会主义核心价值观培育和践行体系。需要注意的是,这个培育和践行体系必须根据大学生社会主义核心价值观培育和践行的客观规律和一般过程进行建构。具体说来,大学生社会主义核心价值观培育和践行要遵循:大学生社会主义核心价值观的形成过程是在大学生身心发展基础上,价值观念逐步明确的过程,是大学生内心价值认同和外部环境影响相互作用的过程,是大学生个体价值观与群体价值观相互矛盾冲突与和谐统一的过程。而这三个一般规律贯穿于大学生社会主义核心价值观培育和践行的三个环节,即大学生社会主义核心价值观价值心理环节、大学生社会主义核心价值观内化环节和大学生社会主义核心价值观外显环节。

一、运行体系建构的理论基础

（一）培育和践行遵循的基本规律

大学生社会主义核心价值观的培育和践行涉及大学生生理、心理、智力、情商、理性和逻辑思维等多方面的发展，是一个"多方面的、复杂的、系统而反复的过程①"。在这个形成过程中有三个基本规律，将伴随着大学生社会主义核心价值观的整个培育和践行过程，也将为高校大学生社会主义核心价值观教育工作提供方向性指导。

1. 大学生社会主义核心价值观的培育和践行过程是在大学生身心发展基础上价值观念逐步明确的过程

大学生身心发展是大学生社会主义核心价值观培育和践行的基础。随着大学生从大一到大四四年间的身心发展，大学生认知能力、逻辑思维能力以及情感体验都在不断提升，个体需要、动机和兴趣也随之得到了丰富和发展。这些需要、兴趣、能力和体验是大学生群体对社会主义核心价值观进行价值认知、价值体验乃至实施具体价值行为的前提和基础，并随着年龄的增长而逐步丰富和提升。从这个角度讲，大学生社会主义核心价值观培育和践行并不能一步到位、"顿悟"式的形成，而是要随着大学生身心发展，经历一个价值观念逐步明确的过程。

2. 大学生社会主义核心价值观的培育和践行过程是大学生内心价值认同和外部环境影响相互作用的过程

大学生自觉培育和践行社会主义核心价值观不仅是大学生内心价值认同的结果，还受到社会经济、政治、文化环境乃至民族传统、习俗，家庭教育和家庭文化氛围等外部因素的影响。社会经济、政治、文化等外部因素通过影响大学生的认知结构、评价取向和心性状态等发挥作用；同样，大学生内心的价值认同也可以改变诸如家庭文化观念、工作和学习生活环境等外部因素。可以说，大学生社会主义核心价值观的培育和践行过程是大学生内心价值认同和外部环境影响相互作用的过程。

3. 大学生社会主义核心价值观的培育和践行过程是大学生个体价值观与群体价值观相互矛盾冲突与和谐统一的过程

---

① 刘波：《青年学生价值观形成的一般过程和内在机制》，载《思想教育研究》，2010 年第 2 期，第 107 页。

　　大学生对社会主义核心价值观的认知和内化是在大学生个体价值观与群体价值观的动态互动中完成的。一般认为,个体在群体之中时,其个体价值观的形成将深受群体价值观的影响。个体将自觉或不自觉地习得群体的价值观念和价值模式。而在这一过程中,个体价值观将与群体价值观产生矛盾冲突、相互融合以及和谐统一。由于大学生离家住校,以群体生活为主,同时大学生的身心发展阶段也致使其心理状态更多地受同辈团体及同学的影响,其个体价值观将在与群体价值观的相互作用中形成。从这一意义上讲,大学生社会主义核心价值观的培育和践行过程是大学生个体价值观与群体价值观相互矛盾冲突与和谐统一的过程。

　　(二)培育和践行把握的关键环节

　　一般认为,价值观的培育和践行是有一个过程的,这个过程从系统的视角来看可以分为三个阶段。每一个阶段都是一个相对独立且环环相扣的价值观形成环节,即价值心理环节、价值观内化环节和价值观外显环节。这三个环节反映了人类思维发展的客观规律。具体到在大学生群体中培育和践行社会主义核心价值观,则一般认为其培育和践行过程可以分为大学生社会主义核心价值观价值心理环节、大学生社会主义核心价值观内化环节以及大学生社会主义核心价值观外显环节。

　　1. 大学生社会主义核心价值观价值心理环节

　　价值心理是"对价值关系的感性反映形式,它是从人的内在需要直接引发出的心理活动,因而比起自觉的理性思维来,更直接、更迅速地反映着人们的价值关系①"。大学生社会主义核心价值观价值心理是大学生社会主义核心价值观培育和践行的基础所在,它以大学生的需要、动机、兴趣等为基础,包括大学生对社会主义核心价值观的价值认知、价值体验和价值倾向。

　　大学生社会主义核心价值观价值认知是大学生对社会主义核心价值观自身及其与其他价值观念价值关系的感知与认识,是大学生社会主义核心价值观价值体验和价值倾向的基础。大学生社会主义核心价值观价值体验主要是指大学生对社会主义核心价值观的意义,及其价值观价值内涵的确认和感悟。大学生社会主义核心价值观价值倾向则是大学生在其个体的需要、动机和兴趣的基础上,对社会主义核心价值观中价值关系及其内涵意义的认同和接受。

---

① 　陈章龙、周莉:《价值观研究》,南京师范大学出版社 2004 年版,第 75 页。

大学生社会主义核心价值观价值心理环节要求教育者基于大学生对社会主义核心价值观的价值认知,对大学生进行有针对性、目的性的价值体验和价值引导,从而帮助大学生形成自己的价值倾向。在这个环节中,由于大学生的价值体验往往表现出随意性和易冲动的特点,因此其价值倾向也会随之出现不稳定性和多维性,这使得大学生在这一阶段易受外界因素影响,价值观的可塑性较强,但也使其容易受到不同价值观的冲击而出现价值模糊的现象。

2. 大学生社会主义核心价值观内化环节

在大学生社会主义核心价值观的培育和践行过程中,内化环节是大学生将习得的零散的社会主义核心价值观价值观念进行主体性的整合,来逐步认同并接受社会主义核心价值观的过程。这一过程是在大学生社会主义核心价值观价值心理环节之后,大学生新旧价值观不断磨合、不断凝聚的过程。它包括大学生社会主义核心价值观价值判断、价值选择、价值认同、价值接受和价值整合。

大学生社会主义核心价值观价值判断是建立在大学生社会主义核心价值观价值认知基础之上的对价值对象的理解和判断;大学生社会主义核心价值观价值选择则是建立在大学生价值判断之上的对于两种价值的筛选和确认;大学生社会主义核心价值观价值认同和价值接受是指大学生在价值判断和价值选择之后,对社会主义核心价值观的认同和接受;大学生社会主义核心价值观价值整合则是大学生在前述环节之后,对于价值观念的再整合和再内化。由于大学生社会主义核心价值观的培育和践行过程是一个价值观念不断再接受、再凝聚、再内化的过程,因此大学生社会主义核心价值观价值判断、价值选择、价值认同、价值接受、价值整合将在这一环节不断出现,直至大学生基于自我主体性,将习得的零散的价值观念进行整合,逐步认同并内化社会主义核心价值观。

大学生社会主义核心价值观价值内化环节要求教育者充分尊重大学生的主体性,以大学生为本,为大学生提供群体理论教育、价值观实践平台和个性化、个体化辅导相结合的价值观教育,帮助大学生将社会主义核心价值观内化为自己的价值选择。

3. 大学生社会主义核心价值观外显环节

大学生社会主义核心价值观外显环节是大学生社会主义核心价值观培育和践行的最终环节,它是指大学生将内化的大学生社会主义核心价值观通过自身的行为意向和具体实践表现于外,并进而印证社会主义核心价值观的意义和内涵,对内心已经认同、接受的社会主义核心价值观进行确认、冲击或强化的过程。具体来说,大学生社会主义核心价值观外显环节包括明确态度、进行价值评价、确立行为意向和实施具体行为。

明确态度是指大学生在其价值观外显过程中,通过自己的实践行为明晰并进而强化自己的价值观念;进行价值评价是指大学生在价值观外显过程中,根据自己的行为意向,对自己的行为动机和行为意义进行价值评价;确立行为意向和实施具体行为则是指大学生在社会主义核心价值观的指导下,自觉地确立行为意向,实施具体行为,并通过具体的实践对自身内心已经认同、接受的社会主义核心价值观进行强化或修正。

大学生社会主义核心价值观外显环节同样要求教育者尊重大学生的主体性,重点通过为大学生提供价值观实践平台和途径,以及为大学生提供咨询式、建议式的个性化、个体化辅导来帮助大学生从内心认同社会主义核心价值观并根据现实存在以及自身对社会主义核心价值观的认知来自主性地践行。

二、培育和践行目标和内容体系的建构

(一)培育和践行目标体系建构

大学生社会主义核心价值观的培育和践行过程分为大学生社会主义核心价值观价值心理环节、大学生社会主义核心价值观内化环节以及大学生社会主义核心价值观外显环节三个阶段。大学生社会主义核心价值观培育和践行目标体系也将主要依据这三个阶段进行建构。具体说来,可将大学生社会主义核心价值观培育和践行目标体系分为一个总目标和三个子目标。

大学生社会主义核心价值观培育和践行的总目标是大学生在能够认同、接受社会主义核心价值观并积极践行。这个总目标要求大学生对社会主义核心价值观的内涵和意义有着深刻的认知,在此基础上整合价值观念,从内心深处认同和接受社会主义核心价值观并通过自身的行为意向和具体实践表现于外。同时大学生还应具备持续学习能力和发展能力,积极发挥自身的主体性和能动性,不断强化和丰富自己对社会主义核心价值观的认知并自觉践行。

大学生社会主义核心价值观目标体系建构可在一个总目标下细化为三个子目标,即大学生社会主义核心价值观价值心理目标、大学生社会主义核心价值观内化目标和大学生社会主义核心价值观外显目标。其中大学生社会主义核心价值观价值心理目标要求大学生对社会主义核心价值观的基本内涵、具体构成和作用意义有基本的认知和理解并对其进行价值体验,从情感上乐于接受和认同社会主义核心价值观;大学生社会主义核心价值观内化目标则要求大学生针对前一环节习得的零散的社会主义核心价值观价值观念,依据自己的价值理解判断和价值选择来进一步认同和接受社会主义核心价值观,并对其价值观念进行主体性的整合,实现社会主义核心价值观的内化,并具备持续学习能力和发展能力,可以不断强化和丰富自己对社会主义核心价值观的理解;大学生社会主义核心价值观外显目标要求大学生自觉将内化的大学生社会主义核心价值观通过自身的行为意向和具体实践表现于外,并通过自己的价值观实践和价值评价行为来明确、强化或修正自己的价值观,使自己自觉实践社会主义核心价值观。

大学生社会主义核心价值观目标体系中的各个目标之间是紧密联系的整体。对于总目标和三个子目标而言,总目标统领子目标,而子目标有机构成了总目标。对于三个子目标而言,子目标遵照"大学生社会主义核心价值观的培育和践行过程是在大学生身心发展基础上价值观念逐步明确的过程"这一规律,按照大学生身心发展情况紧密联系在一起。

(二)培育和践行内容体系建构

同目标体系的建构一样,大学生社会主义核心价值观培育和践行的内容体系也将根据大学生社会主义核心价值观形成的三个基本环节以及三个基本规律进行建构。具体来说,内容体系的建构包括大学生社会主义核心价值观价值心理引导方法设计、大学生社会主义核心价值观内化机制建构和大学生社会主义核心价值观外显路径选择三个部分,这三个部分紧密相连,构成一个完整而系统的大学生社会主义核心价值观培育和践行内容体系。

1. 大学生社会主义核心价值观价值心理引导方法设计

大学生社会主义核心价值观价值心理包括大学生对社会主义核心价值观的价值认知、价值体验和价值倾向。在大学生社会主义核心价值观价值心理环节,首先应当帮助大学生形成对社会主义核心价值观的价值认知,在这一阶段,教育者的教育方法应当侧重于对大学生进行社会主义核心价值观的知识教育,帮助大学生了解社会主义核心价值观的意义、内涵及作用。在这一阶段应当以课堂讲授为主,辅以大学生对社会主义核心价值观的主动了解。其次,在这一阶段教育者应当帮助大学生进行价值体验,要在大学生对社会主义核心价值观有一定价值认知的基础上,通过案例教学、课堂辩论、先优宣讲、社会实践等方式帮助大学生对社会主义核心价值观进行价值体验。第三,教育者在帮助大学生进行价值认知和价值体验后,应当及时根据大学生心理发展特点,以案例点评、活动总结、榜样示范等多种途径展开有针对性的价值观辅导,对大学生进行情感熏陶和价值倾向引导,帮助大学生形成自身的价值倾向。

总之,无论是价值认知、价值体验还是价值倾向,都是以大学生的需要、动机、兴趣等为基础的。这就要求在对大学生社会主义核心价值观价值心理引导方法进行设计时,必须尊重大学生的主体性,以人为本,采取大学生易于接受且乐于接受的方法对大学生进行普遍性的教育,而不是单纯地进行知识灌输。这是对大学生社会主义核心价值观价值心理引导方法进行设计的一个核心指导思想。

2. 大学生社会主义核心价值观内化机制建构

大学生社会主义核心价值观内化过程包括大学生社会主义核心价值观价值理解判断、价值选择、价值认同、价值接受和价值整合。在对大学生社会主义核心价值观的内化机制进行建构时,应当首先帮助大学生在价值认知的基础上对社会主义核心价值观的价值对象进行理解和判断,做到"明辨"。尤其是应当帮助大学生分辨社会主义核心价值观与西方"主流价值观"相同价值词汇的不同内涵。在这一阶段,教育者可以通过课堂讲授、实践认知、个体辅导等方式帮助大学生深入理解社会主义核心价值观的价值对象。

要实现大学生社会主义核心价值观的内化,关键在于帮助大学生在价值倾向的基础上实现对社会主义核心价值观的价值认同和价值接受。一般来讲,主体对某种价值观产生价值认同和价值接受有三种情形,一是仰慕式的价值认同和价值接受,这种价值认同和价值接受注重榜样和先优的示范作用;二是共鸣式的价值认同和价值接受,这种价值认同和价值接受更多地为受教育者的个人经历和个性特征所影响;三是理性的、逻辑上的价值认同和价值接受,这种价值认同和价值接受注重寻找价值观产生的渊源、现今的意义和作用以及未来发展的方向,针对这种情形,有针对性的中华优秀传统文化教育和马克思主义理论教育都可以发挥作用。总的来说,虽然这一阶段更加注重大学生自身的思考和内省,但教育者仍可以通过榜样示范、个性化辅导、创造良好的校园文化、举办有针对性的社团活动等来帮助大学生实现价值选择、价值认同和价值接受。

实现社会主义核心价值观内化,还需要大学生发挥自身能动性,在认同和接受社会主义核心价值观的同时,具备持续学习能力和发展能力,不断丰富和强化对社会主义核心价值观的理解。与价值心理环节不同,在这一阶段,教育者应当更注重对大学生提供个性化辅导,同时为大学生提供有针对性的课堂教育、社团活动等价值整合平台,帮助大学生认同和接受社会主义核心价值观,并将其内化为自身的价值观。

3. 大学生社会主义核心价值观外显路径选择

在大学生社会主义核心价值观外显环节,大学生将主要根据自己的价值观实践来实现自身社会主义核心价值观的外显。在这一阶段,教育者更多的是起到一种辅助性和引导性的作用。具体说来,教育者为大学生社会主义核心价值观外显进行路径选择,首先应做的是为大学生提供价值观实践平台,帮助大学生明确态度、进行价值评价,进而确立行为意向和实施具体行为,应针对社会主义核心价值观三个倡导内容,设计多种形式的价值观实践平台,如针对"民主""平等"等价值观念,可设计班干部竞选、人大代表选举等活动,针对"爱国",可开展爱国主义主题教育等活动,同时,教育者还应当积极引导大学生参加价值观实践活动,在活动中发扬"笃实"精神,正如习近平总书记在2014年五四讲话中所倡导的:"从知行合一上下功夫,核心价值观才能内化为人们的精神追求,外化为人们的自觉行动。"

教育者为大学生社会主义核心价值观外显进行路径选择,还应当为大学生建构价值评价机制,及时对大学生社会主义核心价值观外显行为进行评价。价值评价机制应当是一个针对大学生个体价值观实践活动的动态的、发展的评价机制,其要素包含行为者(即大学生本人)、评价者(一般由辅导员、班主任、班级同学等组成的评价组)、被评价行为以及评价反馈。在这一阶段,教育者应特别注重大学生个体价值观同群体价值观的相互作用,要通过大学生个体价值观和群体价值观的相互影响来帮助大学生评价自己的价值行为,使大学生自觉地确立行为意向并实施具体行为,通过具体的实践对已经认同和接受的社会主义核心价值观进行丰富、强化或修正。

三、培育和践行的保障与激励体系建构

(一)建构培育和践行的保障体系

大学生社会主义核心价值观培育和践行是一项长期和系统的工程,必须建构培育和践行的保障体系,采取组织保障、制度保障、队伍保障、物质保障和环境保障等手段确保这项工作长期高效、正常运行。

1. 建立全员育人、协调一致的组织保障

关于"组织"一词,不同学科的学者都给其下过定义,如切斯特·巴纳德将一个正式的组织定义为:有意识地协调两个或多个人活动或力量的系统。但多数对

组织的定义似乎都强调如下四个因素：协作与管理、有效管理、分工与专业化及协作群体。在大学生中培育社会主义核心价值观，使其在高校校园中蔚然成风，成为全体同学的普遍认识，要注意明确大学生社会主义核心价值观培育的组织管理目标，并且要注意各部门人员及其之间的相互关系，根据实际情况健全相关组织机构，合理地全方位地整合、分配资源，归纳起来，就是必须建立全员育人、协调一致的组织保障。只有建立"全员育人"这一大学生社会主义核心价值观培育平台，才能使大学生社会主义核心价值观培育的各项工作长期有效地进行下去。建立全员育人、协调一致的组织保障，体现在教学、宣传、管理等各个方面，要坚持打破过去那种靠在思想政治教育课上传授社会主义核心价值观或者是思想政治教育者如辅导员开展社会主义核心价值观教育工作的传统教育模式，把社会主义核心价值观培育工作贯穿到学校工作的各个方面、各个系统，在思想理念和行动上形成"全员育人、全方位育人"的新机制。具体来说，就是要创设由学校校领导、学校各有关部门（包括学生处、团委、教务处、宣传部等部门）、学生自治团体三级组织构成的"大学生社会主义核心价值观培育和践行领导小组"，统筹负责全校的大学生社会主义核心价值观培育和践行工作。

在全员育人、协调一致的组织保障体系建构中，校领导负责整个学校的大学生社会主义核心价值观培育和践行工作，学校各有关部门负责教育领导小组日常工作的开展，包括社会主义核心价值观专业知识的讲授，培育、践行社会主义核心价值观的示范引领、先优宣传和条件创造等，学生自治团体则充分发挥群体作用，在各种各样的社会实践、群体交流中营造培育和践行大学生社会主义核心价值观的环境。高校教师必须在培育践行社会主义核心价值观上起示范引领作用，应当成为道德品行的楷模榜样，专业课教师及思想政治教育老师必须给同学们说透为什么要培育和践行社会主义核心价值观，要从历史角度、从资本主义角度来分析社会主义核心价值观，要把社会主义核心价值观培育工作融入课堂教育的各个方面，达到润物无声的效果，让学生理性地接受和认同，只有这样才能发挥其应有的作用；学校团委、学生处以及教务处要在科技创新、社会实践等日常教育方面为大学生社会主义核心价值观培育创造条件；学校宣传部门、校报、广播站要通过舆论来传承中华文化的优秀传统，引领大学生社会主义核心价值观培育。

2. 制定科学化、规范化的制度保障

制度，是指国家机关、社会团体等单位为了维护其正常的秩序，保证国家各项政策的顺利执行和各项工作的正常开展，依照法律、法令、政策而制定的具有法规性或指导性与约束力的应用文。通俗来讲,就是指要求大家共同遵守的办事规程或行动准则。在大学生社会主义核心价值观培育的这一领域,更应该充分认识到培育制度的重要性,学校要为维护大学生社会主义核心价值观培育的正常秩序、调节和管理相关教育部门及教育工作者而制定相关的规章制度。建立科学化、规范化的大学生社会主义核心价值观制度保障,对于新时期大学生社会主义核心价值观的培育具有长远而深刻的意义。在宏观角度看,制度是某些因素发挥作用的前提和因素,所以制度保障是社会主义核心价值观培育践行机制不可或缺的重要组成部分。只有建立完善、正确、科学的制度,各组成部分才能得到良好的处理,各个因素才能发挥出自身的作用,这个系统才能高效、有序地进行,才能发挥出制度保障的最大优越性。对于同样的主体,实行不同的制度,积极性是不同的,但当制度对了头,就会促进问题的解决。

大学生社会主义核心价值观培育工作也要注意制度的制定与实行。很长一段时间以来,大学生社会主义核心价值观培育工作在制度建设、实行方面存在很多限制,使得部分高校制度建设工作滞后,跟不上发展,或者是制度建设良好但没有有效地实行,使得制度建设流于形式。导致与教育方面不适应的因素有很多,比如当前国内外教育形势的发展与变革,大学生社会主义核心价值观培育在各个阶段目标的不明确,教育工作者在思想上就没有认识到大学生社会主义核心价值观培育的重要意义。面对这些问题,就必须充分认识到培育制度的重要性,建立科学化、规范化的大学生社会主义核心价值观培育与践行制度,用制度办事、用制度管事,通过科学化、规范化的制度保障提高大学生社会主义核心价值观培育和践行的效果。

建立科学化、规范化的制度保障,要从以下几方面入手:第一,建立有明确领导和合理分工的工作制度。大学生社会主义核心价值观培育和践行工作不是某一个部门独立开展的,而是需要学校各有关部门在学校统一领导下进行密切合作。因此,学校应在建立"大学生社会主义核心价值观培育和践行工作领导小组"的基础上,制定分工明确、权责清晰的工作制度。第二,要完善大学生社会主义核心价值观培育和践行的基本程序,要根据前文所设计的培育和践行体系,以学期为单位制定具有连续性、发展性的大学生社会主义核心价值观培育和践行工作任务和工作流程,使大学生的社会主义核心价值观培育过程有章可循。第三,为充分调动大学生社会主义核心价值观培育工作中全体人员的积极性与创造性,需要在培育过程的各个阶段建立目标量化管理制度,充分利用各种考核模型完善评价考核办法,并将量化目标和考核办法制度化进一步营造学校"全员育人"新景象。

3. 打造政治坚定、业务精湛的专兼职队伍

就当前高校现状来讲,大学生社会主义核心价值观教育队伍包括学生辅导员、与他们接触的专业课老师、后勤保障教务管理等职能服务管理部门老师、校内外大学生教育实践基地老师、兼职学生工作干部等,但在这其中起主要作用的是高校辅导员和思想政治课老师,这两者一般被认为是大学生社会主义核心价值观教育的专业工作者。长期以来,以辅导员为代表的校内外专兼职教育工作者队伍在面对大学生校园生活、学习的方方面面工作中发挥了重要作用,但是同时这个专兼职队伍中也还存在着一些需要改进的方面,一方面由于高校一直把课堂之外的所有东西都交给以辅导员为代表的思想教育者来做,使得这支队伍处于事务忙碌之中,但他们缺乏专业支撑的状况使得他们很容易产生职业懈怠而导致队伍不稳,从而导致这支专兼职队伍做事马虎,在面对学生思想困惑、精神倦怠现象时不以为然或者是无能为力。另一方面,这支大学生思想教育专兼职工作队伍在选拔、培养、管理、考核等方面的机制还不完善,也容易导致他们的工作积极性不高①。思想政治教育工作者队伍现状,要求我们必须打造一支政治坚定、业务精湛的专兼职队伍,更好地服务于大学生社会主义核心价值观的培育和践行工作。

根据当前教育实际,在专职队伍建设方面,应当坚持五个原则:一是"高准入"原则,即要相应提高专职思想教育者的准入门槛,对于专业素质不过关的,坚决不得进入思想政治教育这个团队中去;二是"勤培训"原则,高校思想政治教育者一旦进入大学生社会主义核心价值观教育团队中,就必须针对哲学、伦理学、心理学、社会学等相关专业进行经常性培训,不断完善知识结构;三是"严考核"原则,在思想教育的每个阶段都要对大学生思想政治教育者进行量化考核,评估其是否实现管理目标,并且完善激励和保障机制,激发思想政治工作者的动力;四是"高待遇"原则,学校要从工作上、生活上关心思想政治教育者,提高他们的待遇;五是"好发展"原则,学校要建立一整套思想教育者职业发展机制,在政策方面给予适当倾斜,拓宽他们的发展空间。

高校还要高度重视专职教师、后勤保障、教务管理等职能服务管理部门老师,校内外大学生教育实践基地老师,兼职学生工作干部等兼职教育队伍的建设工作。要充分提高他们道德素质与修养,使得各项工作都能与大学生社会主义核心

---

① 李纪岩:《当代大学生社会主义核心价值观培育研究》,山东师范大学博士论文,2010 年。

价值观培育工作相衔接,在他们从事本职工作的同时培育大学生社会主义核心价值观,从而打造一支政治坚定、业务精湛的专兼职大学生社会主义核心价值观培育队伍。

4. 提供多样化的、充足的物质保障

大学生社会主义核心价值观的培育与践行应当有相应的常规建设、经费投入保障和活动基地建设,这些在社会主义核心价值观教育过程中所必需的物质支持,统称为社会主义核心价值观培育工作所需的物质保障。物质保障是实现社会主义核心价值观的必要条件,如果没有物质的支撑,就无法实现社会主义核心价值观的培育工作,如果想更好地去完成培育和践行工作,必须加大资金等方面的物质保障投入,为以后的工作奠定基础。

促进大学生社会主义核心价值观培育工作,需要一定的场所、设备等必要的基本设施。随着高科技的发展,大学生的日常学习和科技成果联系得更加紧密,没有一定的基础和设施,培育和践行工作就成了纸上谈兵。第一,固定的办公教育场所、合适的活动场地是大学生社会主义核心价值观长期培育的重要保障。大学生社会主义核心价值观的培育作为长期的工作目标,首先需要固定的场所。随着改革开放的发展,以及当今大学生的个性,影响大学生成长成才的因素越来越多,因此思想政治教育者和学生单独、有效的交流也显得更加必要,在此前提下,就必须有必要的固定办公场所,比如增加辅导员名师工作室、骨干辅导员工作室等。除了彼此间的单独交流,思想政治教育者有时候也会进行群体性交流,如进行现场的思想政治报告或者是将思想政治教育工作结合到大型的文艺晚会中去,这些都需要合适的活动场地如报告厅、礼堂来保证。第二,必要的办公用品、宣传平台也是大学生社会主义核心价值观长期培育的重要保障。在如今社会日新月异的形势下,大学生社会主义核心价值观的培育形式早已经突破了传统的说教式培育形式,充分利用新科技如投影仪、照相摄像机、录音笔、电脑等进行参观访问、观看影像形式的价值观培育是新趋势,更便于大学生消化吸收所学到的知识。大学生社会主义核心价值观的培育过程中还需要一定的宣传,目前几乎所有的高校都有自己的刊物、校园广播站、宣传栏、网站等媒体平台,所以必须充分利用这些宣传媒介去大力宣传社会主义价值观的培育等相关工作。

高校社会主义核心价值观培育工作所需的经费项目主要包括日常办公经费、常规建设经费、活动基地建设经费、奖励经费等。同时,高校还要建立必要的奖励措施,对在大学生社会主义核心价值观培育方面做出突出贡献的要专门拿出经费奖励。高校的有关部门应该为大学生社会主义价值观编列专门的预算,逐年加大投入,并且加强监督,使预算真正落到实处。

此外,高校还应当探索与其他高校的联系合作,实现资源共享、互惠互利,通过高校之间文化、科技、教育方式、媒体资源等的合作交流,发挥各自优势,能够使双方的优势和资源得到最佳互补、配置和共享。同时,高校还需要加快社会基地建设的步伐,社会基地包括社会实践基地、爱国主义教育基地、素质拓展基地、培训基地等。实践是大学生最有效的教育方式之一,提高社会实践的质量,能够全面提升大学生的整体素质,高校行政部门和高校要建立相关的教学科研实践基地、勤工俭学实践基地等,让广大大学生在实践的过程中受到教育;纪念博物馆是爱国基地的重要组成部分,通过在纪念博物馆建设爱国主义教育基地,能够向广大学生进行价值观教育;加强培训基地的投入力度,为了加强大学生社会主义核心价值观培育的师资水平,各主管部门应该在那些具有学科优势的学校建立培训基地,加强师资队伍的投入;加强素质拓展基地建设,素质拓展是大学生最喜欢的活动形式,素质拓展具有灵活性、趣味性和针对性,在素质拓展活动中可以锻炼克服困难的勇气,增加团队合作精神以及与人交往的能力。所以高校相关工作者应该组织学生多参加素质拓展活动,推动大学生社会主义核心价值观的培育和践行进程。

5. 营造和谐向上的环境保障

大学生社会主义核心价值观的培育和践行过程是大学生内心价值认同和外部环境影响相互作用的过程。大学生价值观念的发展受社会环境和高校文化环境的影响,而且大学生社会主义价值观培育的进展也受到多种环境的影响。当代大学生社会主义核心价值观的培育和践行工作,应该特别重视环境保障,努力营造良好的校园环境和社会环境,为学生的成长提供优质的平台。

高校校园环境建设是以育人为目的,以校园的硬件(教学楼、公寓楼、场地和设施等)和软件(师资力量、校风建设等)为表现的全方位、多层次的建设,是一种近似于社区性质的文化建设。校园环境建设是一项繁杂而系统的工作,可以简单地归为校舍景点规划建设和校园文化丰富建设两个方面,其中重点在于校园文化的建设。校园文化环境的建设有多种表现,比如有些高校会定期组织校训校风宣读仪式,有些高校会用励志的词语给教学楼宿舍楼命名,有些高校会利用学校的壁报栏和教室走廊来做一些文化的宣传,还有一些高校会开展丰富的社团活动、科技竞赛、数学建模大赛等,促进校园学风建设,营造良好的学习氛围,而且学校的老师和各级领导会积极配合学校的建设工作,担任起优化校园周边环境的责任,依法强化对学校周边娱乐、商业行为,坚决反对干扰学生正常学习健康生活的腐朽东西流入校园,大力抵制低俗文化对高校的不良影响,为当代大学生社会主义核心价值观培育工作创造有利条件。也就是说,校园文化应该从精神文化、物质文化、制度文化、行为文化、学校周边等多方面进行建设。其中大学的精神文化是大学文化的核心,决定着其他文化的方向及内涵,对提升大学的竞争力和影响力有着重要价值;大学的物质文化是一所大学赖以生存的物质基础,也是其他文化的物质载体,是一种独特的文化形态;大学制度文化是大学中各种活动得以有序开展的基本保障,和其他文化共同构成校园文化整体;大学行为文化是大学文化中最形象最广泛的部分,也是一所大学面貌的直接体现;学校周边对于一所大学来讲,其影响也是不可忽略的,它关系到学生习惯的养成,所以,我们不仅要做好校内的建设,对校园周围的建设也应一并考虑。只有做好这五个方面的建设,才能把学校建设成为美好向上、充满生机的学习乐园。

积极健康的社会环境是大学生社会主义核心价值观的肥沃土壤,良好的社会文化环境是社会主义核心价值观培育和践行的重要根源。对于建设良好的社会环境来讲,广泛的群众支持和良好的舆论关系是不可缺少的。置身到人民群众中是最好的实践,各种形式的创建活动都应该突出思想教育内涵,关注核心价值观,积极走好群众路线,要让社会主义核心价值观能被群众接受、了解。在实践中,工作重心应放在基层,从最基层做起;宣传内容要以人为本,从自身出发,着眼于全面发展;工作方法要采取积极的方法,创新活动平台,创建新的载体;改善工作态度、工作作风,服务基层,服务群众。同时,要坚持党在新闻事业和舆论工作的领导地位,以社会主义核心价值观为核心,充分利用新闻出版、文学艺术、科学新闻等各种手段加大宣传力度,创建良好的舆论氛围,充分发挥积极舆论的导向和影响作用,使社会主义核心价值观深入大学生心灵,为社会主义价值观培育工作打下思想基础。此外,和谐的社会环境应该体现浓厚的人文关怀。在社会发展中,人是活动的主体。我们做的所有工作都应体现以人为本的理念,着眼于人的全面发展,包括人的生活状态的改善和思想水平的提升。在大学生社会主义核心价值观培育和践行工作中要把大学生的全面发展作为价值所在,尊重并发挥大学生的主体性和创新精神,保障大学生的权益,只有坚持以大学生为本的原则,才能切实保障大学生社会主义核心价值观培育和践行的顺利进行。

(二)建构行之有效的激励体系

激励,顾名思义是根据已定目标和人的行为方式、习惯,通过各种手段激励人的内在潜能,使之产生更大的积极性和创造力,同时约束人的行为,从而实现既定的目标而少走甚至不走弯路。激励包括正激励和负激励,正激励即狭义上讲的正方向的激励,负激励即为惩罚和约束。二者作为激励体系不可缺少的组成部分,互为补充、相辅相成,是使效率得到最大化展现的重要保障。正激励与负激励有着不同的作用,二者缺一不可,没有正激励就没有积极性,而若没有了积极性,高校对大学生的培育工作进展就会变得缓慢,在调动教育积极性的同时,必须对教育事业所涉及的人和事物进行必要的负激励,只有在二者的同时作用下,才能发挥激励体系的最大效益,才能让大学生社会主义核心价值观培育与践行工作乃至整个高校的教育高效、可靠、平稳、健康地运行。

在大学生社会主义核心价值观培育和践行工作中,激励有着重要的作用和无法取代的意义,它可以充分调动大学生学习、实践和参与各种活动的主观能动性。通过采取激励措施一方面可以激发大学生对于社会主义核心价值观的学习兴趣,激发大学生积极进取、开拓创新的思想,勇于担当、大胆尝试的魄力;另一方面也能让大学生在不断的探索创新中发现个人的不足而加以改正,不断提高自身判断问题能力和分析问题能力,以全方位的角度掌握大局,提高学习效率和责任感,促使教育工作高质量运转,从而尽快实现大学生社会主义价值观培育与践行工作的宏伟目标。

1. 以健全和规范的奖惩强化物质激励

奖惩制度是一种通过社会性的干预来改变各种可能的行为对个人的影响,从而引导人们按照社会和组织所要求的形式,选择社会和组织所允许的行为,维护一定的社会和组织纪律。奖惩制度对个人品德的塑造和良好社会环境的形成都有着重要作用,一方面,个人品德的发展,必须有一定的动力,这种动力使得我们在面对问题或矛盾的时候只会采取道德行为,而奖惩制度正好会使受奖者得到某种物质上或精神上的满足,对个人道德行为起到鼓励、支持和强化的推进吸引作用,能促使"他律"向"自律"转变,塑造出高尚的个人品质。另一方面,奖惩措施其实是对个人行为所做出的社会性、组织性的一种评价,这种评价是由社会组织具有共同价值观的结果,若是有人得到了肯定和奖励,则会对身边的人产生良好的影响,可以不断向他人传递出自身的正能量,若是有人受到否定和批评,则来自外界和来自心理的压力会迫使犯错的人不得不慎重考虑自己行为的后果,并在权衡利害之后改邪归正,同时这一责罚会对其他人,尤其是具有相似行为与想法的人给予严肃的警示作用。在个人追求利益最大化的社会大环境下,能够同时实现自身价值是一种极为普遍的价值取向,而且我们知道,只有在物质享受得到满足之后才会有其他层次的追求。因此物质奖励就显得尤为重要,只有先给予劳动者足够的物质需求才能充分调动劳动者的工作积极性。对于高校思想政治教育工作者,应该在待遇上先满足他们,适当提高工资、津贴、福利等,帮助他们解决生活和工作上的难题,并且对于表现特别突出的要进行表彰授予先进优秀个人的称号等,激发他们的工作热情,保证将自己高效率的工作能力一如既往地投入到工作当中。可见,一个社会或组织的奖惩分明,不论是对个人还是整个团体都有着良好的促进作用。具体来说,高校应当采取各种措施为大学生提供优质的住宿饮食环境和良好的学习氛围,同时不断完善奖励体系,通过设置专项奖学金以及增加奖学金助学金的发放等,引导大学生培育和践行社会主义核心价值观。此外,高校也应当注重对思政教育工作者的物质激励,通过奖优罚劣来激发思政教育工作者的工作积极性,提高思政教育效果。

2. 通过自我激励努力实现自身价值

马斯洛需求层次理论认为,人的需要是多层次的。"当代大学生有着马斯洛需求层次论所阐述的最基本的物质方面的需要,也有更高层次的情感、荣誉以及自我实现的追求。"[①]人要实现自我价值,就要树立正确的人生观和价值观,正确认识和处理个人与社会的关系,学会自我监督、自我激励。一个人只有通过自我激励才能主动地去完善自己,把实现自我价值的过程和为社会创造价值紧密地结合起来,才能真正实现自身的社会价值,在平凡的岗位上做出不平凡的事业。

要鼓励学生努力实现自身价值就必须要求学生完善自我激励。教育者应当教育大学生在社会主义核心价值观培育与践行过程中学会不断激励自己,不断尝试和实践,并在这个过程中不断弥补自己的不足,同时还要时刻把握好时机,提升自己,强化实现自身价值的意识,充分发挥自我激励的作用。

---

① 韩烨:《中国基层公务员激励约束机制研究——基于陕西省基层公务员队伍现状分析》,西北大学硕士论文,2009 年,第 32 页。

3. 以自我约束、道德约束及舆论约束为辅助

对于高校的大学生来说，必须具备明辨是非的能力、善于决断的能力。而对于这样一名即将步入社会踏上工作岗位的年轻人来讲，具备自我管理和自我约束的能力至关重要，"勿以恶小而为之，勿以善小而不为"，在日常生活中，要先会判断哪些事情是对的，哪些事情是错的，在自我约束的基础上去实现对事物的辨别和处理。

道德是中华文化画卷中最浓重的一笔，也是在历史长河中历久弥新不断被深化的重要部分，这种思想已经植入骨髓溶于血液，因此道德约束对每一个人来讲都是不可忽视的重要手段。在校园、教室里，我们随处可见的标识语，比如"请保持环境卫生""请文明用语""请勿大声喧哗"等，通过这些道德影响的方式引起共鸣，成为一种正式的约束，可以时刻提醒自己、提醒他人注意自己的言行举止。这种道德约束不仅是对优良传统的继承和发扬，还可以不断提高大学生的道德素质，以道德观念为指导，不断激发大学生的责任感、使命感，提高道德修养。

舆论能引导社会评价的方向，它的力量能塑造整个社会的风貌，司法需要舆论的监督，高校的校园文化建设更需要舆论的监督，理性的舆论作为约束机制不可缺少的组成部分，应起到有效的监督作用。作为舆论发出者的民众，首先要自身约束，不能为哗众取宠而黑白不分，应做好本职工作，公正公开，对表现优秀的个人或者团体进行适度的表彰，对于表现不好的要勇于揭露，实事求是，利用公平的舆论为社会主义价值观培育工作贡献力量。

教育者运用激励体系引导大学生培育和践行社会主义核心价值观，需要重视自我约束、道德约束及舆论约束的辅助作用。首先要重视对大学生的社会主义荣辱观教育，引导大学生"修德"，帮助大学生在立志报效祖国、服务人民的基础上，从做好小事、管好小节做起，"见善则迁，有过则改"，踏踏实实修好公德、私德，学会劳动、学会勤俭、学会感恩、学会助人、学会谦让、学会宽容，学会自省、学会自律。其次要营造良好的校园文化氛围和舆论氛围，弘扬校园"正能量"，不断激发大学生主体性，使之自觉践行社会主义核心价值观。

4. 以惩罚等负激励手段强化约束

要建立完善的激励体制，负激励是不可或缺的必要强化手段。调动学生的积极性，不仅要有奖励措施，还要有相应的惩罚措施。对于一些不配合管理制度、纪律意识薄弱，甚至与规定背道而驰、与大家期望反其道而行之的行为，都应采取一系列的惩罚措施。其中，那些对规章制度不积极响应的后进行为，虽然没有破坏

纪律,但是其不求有功但求无过的散漫态度和不思进取的消极心理却直接导致工作运转效率的低下,若是不对其进行监督督促,长时间下去,势必会导致整个团体的退步,这种由于政策的缺失所造成的损害是能够避免的。利用负激励手段进行约束,对出现的问题和漏洞尽快地加以关注分析,并及时通过有效手段进行处理,可以提高整个团体的办事效率,及时改正出现的差错,增强队伍的活力,对犯错的行为和那些在工作上不求有功但求无过而又没有违反纪律而处于边缘地带的行为加以管理,追究其相应责任,促使工作更好地运转。

一般来讲,惩罚的方式可以采取多种形式。对大学生严重违反社会主义核心价值观的行为,应当给予相应的纪律处分,情节恶劣的则应承担相应的法律后果。法律是一种社会约束,是具有普遍约束力的一种行为规范,也是一种最有效、最直接的约束方式。为了保障社会主义核心价值观培育和践行工作进行得高效、稳定,相关部门应该制定健全的法律、法规,并根据社会的发展不断进行完善,以满足对各细节处可能出现的问题并加以规范管理。法律法规一般都具有明示作用,告诉人们哪些可以做哪些不可以做,对于那些不合纪律法规的行为做到有法可依、有章可循,并且法律法规具有预防作用,在明确哪些不可以做的事情后,可以避免许多违法事情的发生。法律法规既可以扭转社会风气,又可以理顺、稳定人们的社会关系,一个健全的法律体系可以体现整个社会团体的效率和文明程度,更重要的是这种强制有力的约束方式,是保证社会主义核心价值观培育工作顺利进行的最终保障。对大学生某些情节或后果较轻微的消极行为,也应及时采取劝阻、批评等教育方式来强化约束。利用负激励手段进行约束,应当注意两个原则,一是采用负激励手段的目的是帮助大学生培育和践行社会主义核心价值观,二是应更多地采取温和式的教育方法来实现教育目的。

四、培育和践行的评价和信息反馈体系建构

(一)建构科学合理的培育和践行评价体系

科学合理的大学生社会主义核心价值观培育和践行评价体系应当包含两个相对独立的子评价体系:大学生社会主义核心价值观培育和践行情况评价体系和大学生社会主义核心价值观培育和践行工作情况评价体系。第一个子体系针对的是大学生,目的是让教育者以及受教育者了解在大学生中大学生培育和践行社会主义核心价值观的具体情况;第二个子体系针对的是社会主义核心价值观教育工作,目的是对价值观教育工作的质量和效果进行评价。

　　大学生社会主义核心价值观培育和践行情况评价体系是一个针对大学生个体社会主义核心价值观培育和践行过程的动态的、发展的评价体系,其要素包含被评价者(即大学生本人)、评价者(一般由辅导员、班主任、班级同学等组成的评价组)、被评价行为以及评价反馈。这个评价体系应当通过相应的数学模型来对大学生社会主义核心价值观培育和践行三个环节的全过程进行评价。在具体操作过程中,首先应确定考评指标因素的集合 R 和等级评语的集合 A,如 R =(价值认知、价值体验、价值倾向、价值理解判断、价值选择、价值认同等);A =(优、良、中、及格、不及格),其次要系统地分析大学生社会主义核心价值观培育和践行工作的总体目标,建立大学生社会主义核心价值观培育和践行目标完成评价表。设某个子目标的指标集为 $R = \{r_1, r_2, \cdots, r_m\}$,评语集为 $V = \{$很差、差、合格、良好、优秀$\}$,权重集一般由专家调查法确定,模糊矩阵为:

$$R = \begin{bmatrix} r_{11} & r_{12} & \cdots & r_{1n} \\ r_{21} & r_{22} & \cdots & r_{2n} \\ \vdots & \vdots & \vdots & \vdots \\ r_{m1} & r_{m2} & \cdots & r_{mn} \end{bmatrix}$$

　　大学生社会主义核心价值观培育和践行情况评价体系的意义在于帮助教育者以及受教育者了解大学生培育和践行社会主义核心价值观的具体情况,并根据具体情况及时调整自己的培育和践行行为。为提高大学生对培育和践行社会主义核心价值观的重视,大学生社会主义核心价值观培育和践行情况应当进入大学生综合素质考评表中,作为大学生大学阶段成绩取得的评价因素进行记录。

　　大学生社会主义核心价值观培育和践行工作情况评价体系,即在大学生社会主义核心价值观培育和践行的整个工作过程中随时监控各个阶段,并对各个指标进行评价,以达到对相关部门、相关人员随时可能出现的"偏轨"行为进行及早发现、及早纠正的目的。

　　第一,过程评价。大学生社会主义核心价值观培育和践行工作是一项需要学校学生处、就业指导中心、教务处等多部门密切合作的系统工程,因此对学校各部门的科学评价就显得尤为重要。制定条块结合的大学生社会主义核心价值观评价体系,从学校主管部门入手,全方位评价各个部门的教育指标,如评价教务处在组织大学生创新创业方面的成果、财务处在培育大学生社会主义核心价值观方面的资金保障、招就办在学生就业价值观教育效果等等。条块化的评价方法能够科学有效地评价各方面指标,能够及时发现问题并提出解决问题的建议和意见,实施图如图 9-1 所示。

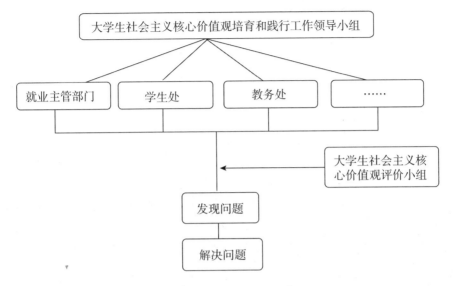

图 9-1　条块化评价法实施图

　　第二,效果评价。要运用科学的方法评价社会主义核心价值观培育和践行效果,改变传统文化建设的非科学模式,形成系统化的实践视角。具体来说,需要根据社会主义核心价值观培育和践行特点采用模糊综合评价法。模糊综合评价法是针对一些难以量化、具有多种属性的事物,或者说其总体优劣受多种因素影响的事物,做出一个能合理地综合这些属性或因素的综合评价模式。大学生社会主义核心价值观教育效果难以量化考核,采用模糊评价是比较科学合理的方法。通过模糊综合评价法评价大学生社会主义核心价值观培育和践行工作,并相应地建立评价指标体系,科学计算得出合理的评价结果。其数学模型同大学生社会主义核心价值观培育和践行情况评价表相类似,但其考评指标因素的集合 R 应包括教育内容、教育手段、教育平台、师资队伍、经费保障等,且其应建立大学生社会主义核心价值观培育和践行工作评价表,培育和践行工作评价表应在系统分析大学生社会主义核心价值观培育和践行工作的总体目标的基础上,设某子目标的指标集为 $R = \{r_1, r_2, \cdots, r_m\}$,评语集为 $V = \{$很差、差、合格、良好、优秀$\}$,权重集一般由专家调查法确定,模糊矩阵为:

$$R = \begin{bmatrix} r_{11} & r_{12} & \cdots & r_{1n} \\ r_{21} & r_{22} & \cdots r_{2n} \\ \vdots & \vdots & \vdots & \vdots \\ r_{m1} & r_{m2} & \cdots & r_{mn} \end{bmatrix}$$

由上可得该子目标的综合评价为：

$$\tilde{B} = \tilde{A} \cdot \tilde{B} = (a_1 \cdot a_2 \cdots a_m) \cdot \begin{bmatrix} r_{11} & r_{12} & \cdots & r_{1n} \\ r_{21} & r_{22} & \cdots r_{2n} \\ \vdots & \vdots & \vdots & \vdots \\ r_{m1} & r_{m2} & \cdots & r_{mn} \end{bmatrix} = (b_1, b_2, \cdots, b_n)$$

在对大学生社会主义核心价值观培育和践行工作总体情况进行评价以后,要将考评结果纳入学校、学院和部门年度考核指标中,同时实施一系列行之有效的奖惩手段来调动各部门的积极性,以充分发挥评价体系的作用,并为下一步大学生社会主义核心价值观培育和践行工作提供参考。

(二)建构系统的培育和践行信息反馈体系

反馈是控制理论中的一个概念,是指系统输出的信息或输出的信息所导致的结果通过一定的通道返送到系统输入端,从而对系统的输入和整个系统的运行情况加以影响和调整的过程。在现代社会中,反馈是普遍存在的一种控制方法,其普遍性和可靠性能为每一次决策的形成、实施和总结起到良好的促进作用和监督约束作用。在社会主义核心价值观培育这个系统工程中,也要十分重视信息反馈体系的构建及运用。建立系统的信息反馈体系,对当代大学生社会主义核心价值观培育和践行具有方向性的指引作用。

目前,大学生社会主义核心价值观培育工作中信息的反馈者是大学生。大学生是个性鲜明思想活跃的一个群体,由于信息流通渠道不对称,使得教师对学生的教育情况不好把握。建立完善的反馈机制,可以让教师及时了解学生的思想变化,提高教育的有效性。当代"90后"为主体的大学生,接受高科技速度快,接受新闻信息范围广,而自身的阅历又无法使得他们完全明辨信息背后的意义,因此对于大学生群体,就必须使得他们为信息反馈的主体。教师应通过反馈机制及时掌握学生的价值观情况,然后针对不同的问题采取相应的措施,解决培育工作中的种种矛盾,使反馈机制有效地运作起来。

信息反馈并不是单纯的单向性反馈,相反,建立完整、系统的大学生社会主义核心价值观培育与践行信息反馈体系的关键在于信息的有效沟通。这是因为信息反馈的最终目的是帮助大学生更有效地培育和践行社会主义核心价值观,而这有赖于价值观教育过程中相关信息的有效沟通。这种信息的有效沟通既包括受教育者向教育者的信息反馈,也包括教育者向受教育者的信息反馈,这是坚持"以人为本"发挥大学生主体性的必然要求。因此,模式化的设立信息反馈主体、信息反馈客体的建构方式并不合理。从追求信息有效沟通的角度出发,应当建构一个由信息收集机制、信息处理机制和信息回应机制有机构成的信息反馈体系。在这套信息反馈体系下,教育者和受教育者都是信息反馈的主体和客体。这个体系将由"大学生社会主义核心价值观培育和践行工作领导小组"统筹负责,由学校专职工作人员负责信息收集整理工作,在"领导小组"统筹下,学校各相关部门分工进行具体的信息处理工作,最终进行信息反馈。

信息收集机制分为线上系统和线下系统两个部分。线上系统即从网上收集信息,要通过建设专门网站、设立网上信箱等方式搭建网上信息收集平台,其中尤其要重视微信、微博、QQ、人人等网络媒体的作用;线下系统即从线下现实交往中获取信息,如调查问卷、开座谈会、评估量化等。信息收集过程中,可以由一个学校的专职工作人员和各学院的学生辅导员来组成一个信息收集工作小组,工作小组根据信息针对的不同部门来整理收集到的信息。同时,信息收集应当形成一个常态化和常规化的工作机制,信息收集后应当按时整理并汇总上报。一般来讲,这个整理并汇总的周期以一个自然月份为佳。

完善的信息处理机制是建构信息反馈体系的关键。"大学生社会主义核心价值观培育和践行工作领导小组"负责对信息收集小组整理上报的信息进行处理。领导小组在处理反馈信息的过程中要注意针对大学生社会主义核心价值观培育和践行目标体系和内容体系进行有目的的处理。领导小组应当首先区分收集来的信息是针对大学生社会主义核心价值观培育和践行内容体系中的哪一个环节所进行的反馈,然后根据这个环节的子目标,对该环节的培育和践行工作进行整体性的把握和调控。调控过程中尤其要注重对学校各相关部门的统筹协调,形成工作合力,实现培育和践行工作的调整或强化。

信息回应机制设计是建构信息反馈体系的最终环节。信息回应机制应当注重点面结合,建构信息回应的立体网络。所谓"点"的回应,即要对信息反馈的源点进行回应。所谓"面"的回应,即要对反馈信息所反映的某个"面"上的问题进行集中回应,比如某反馈信息表明在大学生社会主义核心价值观价值心理环节中,教师的相关授课内容较枯燥,难以引起兴趣,又有某反馈信息表明同样是在价值心理环节中,教师的相关授课方式较单一,难以进行价值体验等等。这些反馈信息就表明在价值心理环节中,教育者课堂教育效果这个"面"需要得到提升,而"领导小组"需要通过统筹教务处和思政部门等部门工作以及组织讲课比赛等方式提升教育者的课堂教育效果,来实现对"面"的集中回应。此外,信息回应机制的回应方式也应多样化,应当采取线上回应和线下回应相结合的方式,提升信息回应的效率和质量。

对社会主义核心价值观培育工作进行反馈时,需要注意以下几个问题。首先为了做好信息的反馈,应当进行明确的分工,确保有专职人员负责信息的采集、处理和提出解决措施的方案,并提出进一步实施方案,这样进行分工可以使不同的部门充分发挥各自的特点与优势,取长补短相互配合。其次要建立培育系统与其他系统间的联通作用,使得反馈机制的工作人员和部门都能履行自己的岗位职责。此外,要贯彻实施民主集中制,大力倡导民主制度,保证反馈工作的出发点和原则性。再次,要保证采集反馈信息的途径和方法的多样性。

总的来讲,大学生社会主义核心价值观培育和践行工作是一个系统工程。在大学生中培育和践行社会主义核心价值观,应当以人为本,尊重大学生的主体性和大学生自身的个性特点,使大学生从内心认同社会主义核心价值观并自觉践行。社会主义核心价值观的内涵实际上是随时代的发展而不断丰富的,大学生只有发挥自身主体性和能动性,才能具备持续学习能力和发展能力,才能在未来的发展中不断强化和丰富自己对社会主义核心价值观的认知并自觉践行。

大学生社会主义核心价值观培育和践行体系可以帮助大学生认同社会主义核心价值观并积极践行。而大学生社会主义核心价值观培育和践行体系的五个子体系,即目标体系、内容体系、操作体系、反馈体系和评价体系之间也不是相互独立的,而是相互促进的统一系统。在这个系统中,目标体系是核心,内容体系是基础,操作体系是抓手,评价和反馈体系是支撑,这五个体系围绕着目标体系这个核心,互为支撑,紧密相连,构成了一个完整而封闭的系统。

社会主义核心价值观是一个不断发展的理论体系。同样,大学生社会主义核心价值观培育和践行体系也是一个动态发展的体系。这就要求我们用发展的眼光看问题,紧紧围绕目标体系,不断丰富和发展整个培育和践行体系,推动大学生社会主义核心价值观培育和践行工作不断深入发展。

第十章

培育和践行的主渠道——课堂教学

　　大学德育指高等教育机构根据一定的社会要求和大学生的主体发展需要,有目的、有计划、有组织地对在校青年学生施加影响,使之认同和遵守一定的社会制度、法律法规、道德规范,并形成相应的意识与行为的活动。因此,在核心内涵上,大学德育指高等教育机构对学生的道德品质培养,同时包括思想教育、政治教育、法制教育等多项基本内涵。这符合道德存在的客观实际,也符合我国大学德育的具体现实。

　　高校思想政治理论课教学是开展大学德育的主阵地,也是培育和践行社会主义核心价值观的主要渠道和重要方式,承担着对当代大学生进行系统的马克思主义理论教育和思想品德培养的重要任务。高校思想政治理论课教学的成效直接关系着学生对社会主流意识形态和价值观念的理解、认知和评价,关系着学生世界观、人生观和价值观的树立,关系着学生的成长成才和全面发展。可以说,高校思想政治理论课在引导大学生树立对马克思主义的信仰、对社会主义的信念,增强对改革开放和现代化建设的信心、对党和政府的信任等方面,始终起着重要而积极的作用。因此,搞好高校思想政治理论课的教育教学工作对于在大学生中培育和践行社会主义核心价值观具有十分重要的意义。同时,随着思想政治教育形势的复杂化和大学生思想政治教育过程中出现的一些新情况和新问题,仅靠思想政治理论课对学生进行系统的思想政治教育远不足以应对这些挑战,通识教育和专业教育的思想政治教育功能也逐渐显现并日益受到重视,共同构成了在大学生中培育和践行社会主义核心价值观的主渠道。

一、在思想政治理论课中贯穿

（一）优化思想政治理论课课程体系

长期以来，我们党和政府一直高度重视高校思想政治理论课的改革、建设和发展，积极采取措施，不断深入探索，予以大力推进，取得了很大的成绩。改革开放 30 多年来，在中央的领导下，我国进行了数次较为重大的高校思想政治理论课程和教学改革，分别形成了"文革"结束后的高校思想政治理论课"78 方案"，从1985 年开始实施的"85 方案"，20 世纪 90 年代中期开始酝酿实施的"98 方案"，以及 21 世纪初开始探索实施的思政课"05 方案"。可以说，改革开放以来我国高校思想政治理论课的建设和发展是以改革为主线进行的，每一次高校思想政治理论课程改革新方案的出台，都为进一步推动高校思想政治理论课教学的改革发展提供了重要契机。自 2004 年中央颁发《关于进一步加强和改进大学生思想政治教育的意见》的 16 号文件以来，开始了马克思主义理论研究和建设工程，设立了马克思主义一级学科，实施了高校思想政治理论课新的"05 方案"，标志着新一轮的马克思主义理论学科建设和高校思想政治理论课教育教学改革已经全面启动和展开。

2009 年 7 月，受教育部委托，北京大学和上海大学两所高校共同承担了关于《六个"为什么"——对几个重大问题的回答》进高校思想政治理论课的教学改革试点。这次试点工作为推动进一步探索新时期的高校思想政治理论课教育教学的改革发展奠定了较好的基础。继而全国诸多学者积极研究与实践"六个为什么"融入思想政治理论课教学的方式方法，取得了一系列重要创新成果，逐渐形成了关于新时期高校思政课教学问题化发展的重要经验和启示。[①]

目前，国际国内形势正在发生着日益深刻而复杂的变化，尤其是大力培育和践行社会主义核心价值观的时代背景，对进一步加强高校思想政治理论课的改革发展提出了新任务和新要求。高校依托课堂教学主渠道培育和践行社会主义核心价值观具体表现在：使马克思主义基本原理和马克思主义中国化的最新成果，尤其是社会主义核心价值观的理念及时、有效地进入教材、课堂和学生头脑中；把党中央国务院对高校、对思想政治理论课的希望和要求准确地贯彻在课堂教学中，不断提高大学生思想政治教育的针对性、实效性和吸引力、感染力，把思想政

---

① 王炳林：《在解疑释惑中统一思想认识》，载《光明日报》，2014 年 1 月 9 日。

治理论课建设成为大学生真心喜爱、终身受益的优秀课程。当今世界各国非常重视思想政治理论课等相关课程建设,甚至通过法律等制度化方式为思想政治教育的运行保驾护航。如:英国在1993年《精神和道德发展》的文件中明确规定,要将道德教育渗透于科学、地理、历史、文学、健康教育等课程中。美国同样以法律形式规定,各级各类学校都必须开设美国历史课程,并在历史课程教学中培养学生强烈的爱国情感及民族自豪感。西方发达国家高度重视有关道德教育及公民教育的立法工作,以立法的形式确定其教育目标、教育理念并设有开展社会实践、心理教育等的专门规定和机构。如:德国《联邦德国教育总法》对其学校德育的目标做出了明确的规定,即"使学生具有必要的思想品质和行为标准,使他们具有为发展社会生活、发展科学技术而献身的精神",《德意志联邦共和国高等学校总法》规定:"教与学应当是大学生对某一职业领域活动有所准备,并根据所学课程的要求,向学生传授未来工作所需要的专业知识、能力和方法,以使大学生能够胜任将来的科学和艺术工作,并能在一个自由、民主、法治的国家中具有负责的态度";日本政府则强调学校所有活动都要围绕"有助于幼儿、儿童、学生人格协调地形成,培养能担负起下个世纪重任的身心健康的国民"来展开,并规定要将德育课程与其他课程及社会实践活动密切结合,培养学生的道德践行能力[1];在美国,心理咨询是其高校心理健康教育的一大特色,他们不仅有专门的心理咨询机构,并且"有固定的编制、行政划拨的经费和正规的工作制度与规划"[2];日本设置"青少年问题审议会"和"青少年对策本部",制定有关青少年行为指导的方针、政策并保证其实施,同时颁布《青少年教育法》。可见,虽然国外一些学校开设的公民课、社会课、道德课、宗教课等课程不叫思想政治理论课的名称,但其实质是思想政治理论课程。

同样,我国高校也十分重视思想政治理论课程,《中共中央宣传部、教育部关于进一步加强和改进高等学校思想政治理论课的意见》明确规定了我国高校思想政治理论课的课程设置:四年制本科应开设《马克思主义基本原理》《毛泽东思想和中国特色社会主义理论概论》《中国近现代史纲要》《思想道德修养与法律基础》四门必修课;同时,开设《形势与政策》课。高校除了开设规定的必修课,还要有针对性地开设《国学精要》《中华优秀传统文化概览》《情商教育》《世界经济与

---

[1] 李建平主编:《当代国外思想政治教育比较》,社会科学文献出版社2009年版,第358页。
[2] 冯益谦主编:《比较与创新——中西德育方法比较》,中央编译出版社2004年版,第95页。

政治》等选修课,进一步完善思想政治理论课课程体系。

同时,要针对思想政治理论课程进行整体性、系统性的改革,对课程的开设学期、教学内容、考核要求等作整体的布局和明确的分工,独立处突出重点、凸显特色,交叉处则此详彼略、相互衔接、彼此补充。一是要突出整体性的教学理念。从课程设置、教学内容、教材编撰到教学目的均体现教学理念的整体性,既避免教学内容的重复,又注意到学习过程的规律,同时体现理论教学要落实于实践能力的提高。二是要突出渐进性的教学方式。要求课程在教学上注意到学习循序渐进的特点和学生理论思维与能力的发展过程规律。三是要突出实践性的教学效果。思想政治理论课要敢于面对现实,不是纯而又纯的理论游戏,要把理论学习与国情教育、社会实践以及社会调查相联系。① 这样做既可以保证课堂理论学习的内化于心,又能够促进社会主义核心价值观外化于行。

(二)改革思想政治理论课教学模式

目前,关于思想政治理论课教学模式的研究相对繁多,研究成果丰富,按照思想政治理论课教学活动即理论教学、实践教学、理论教学和实践教学相结合划分,思想政治理论课教学模式可分为理论课教学模式、实践课教学模式、理论教学和实践教学相结合的教学模式。但无论哪种教学模式都应当体现出"以学生为本"的基本教学理念。"以学生为本"的思想政治理论课教学模式是指思想政治理论课教学必须坚持以学生为本,树立全面、协调、可持续的发展观,尊重人、理解人、关心人,把不断满足学生的全面需求、促进学生的全面发展,作为教学的根本出发点,并在这个思想指导下建立起较为稳定的教学活动结构框架和活动程序。马克思主义辩证法认为事物的共性与个性、普遍性与特殊性是不可分割的,只承认共性而否认个性,或者反之,只承认个性而否认共性都是片面的。思想政治理论课教学是一种有意识、有目的、有计划的社会主义核心价值观培育和践行活动。思想政治理论课的这种特性,决定了其定位和价值追求,就是要通过思想政治理论课教学,使大学生学会"如何做人",提升和完善其内在的真、善、美素养,培育和践行社会主义核心价值观,进而促进大学生的全面发展。大学生的全面自由发展,实际上就是作为大学生这一特定群体的内在需要、综合素质、专业能力、行为方式等方面的全面进步和提升。如果离开了以个体形式存在的大学生主体,那么思想

---

① 吴贵春:《用社会主义核心价值体系指导高校思想政治理论课建设》,载《思想理论教育导刊》,2013 年第 6 期,第 72 页。

政治理论课教学也就失去其存在的价值和意义。因此,思政课教学必须坚持"以学生为本"。①

"以学生为本"的思想政治理论课教学模式,决定了思想政治理论课教师在开展教学活动之前,首先要树立"以学生为本"的教育理念,要一切以学生为中心,在师生关系上体现为要平等对待和关注每一个学生,尊重他们的情感,尊重他们的人格;在教学过程中要体现"以学生为本",这包括完善的课程体系、多样化的教学方法、现代化的教学手段;在课后,通过学生社团活动、学术活动、当面交流或电话、QQ、微博、微信等方式,积极主动地接近学生、深入学生,坦诚地与他们进行交流和沟通,及时了解学生的状况,掌握学生的思想动态;在对学生的考核方面,重点考查学生观察问题、分析问题和解决问题的能力,可采用专题研讨、读书心得、观后感、调查报告、辩论赛等方式来进行,而非死记硬背。

(三)创新思想政治教育理论课教学方法

作为高校培育和践行社会主义核心价值观的重要载体,思想政治理论课的教学方法直接影响着在大学生群体中培育和践行社会主义核心价值观的效果能否得到持续、有效的发挥。积极进行教学方法的创新,着力打造优质课程和精品课程,更好地实现社会主义核心价值观培育和践行的目标已经成为关键。具体来说,推动思政课程的教学方法创新应重点注意以下三方面内容。

1. 要对思想政治理论课的教学方式进行改革

近年来,教学方式的改革已经被众多学校视为提升教学效果的重中之重,学生与教师的双向互动教学已经渐渐取代了传统的教学方式,部分高校所取得的成果和积累的经验具有较强的参考与借鉴作用。例如,清华大学在思想政治理论课教育工作中,采取了探究式学习的新型教育方法,使学生的求知欲在对马克思主义理论进行不断的探索与研究中得到充分激发,从而调动他们对于马克思主义理论知识学习的内在动力,使学生的理论学习由浅到深、由弱到强,最大限度实现教育教学工作的目标;北京大学则采取了专题讲座的教学方式,实现了马克思主义理论教学内容与自学教材的辩证统一。其中,教师的作用是更好地指导学生去阅读,并对学生在自学过程中产生的疑问以及重点和难点内容进行详细讲解,从而通过学生的自主学习对教材形成补充,最终使课堂教学上升到学术讨论的层面。

① 吴红英:《以人为本的思政课教学模式》,载《南昌师范学院学报》,2013 年第 11 期,第 9页。

除探究性学习外,高校思想政治理论课教师以及相关负责领导也应本着解放思想、求真务实的心态,在教学方式改革上努力突破教学场地的限制,将课堂教学与马克思主义理论实践活动有机地结合到一起。例如可以通过组织学生慰问老红军、老战士的方式帮助他们了解老一辈革命家在实践共产主义伟大理想时所采取的行动以及为此付出的努力,让学生真正体会到马克思主义理论对于一个人人生意义的实现具有怎样的推动作用;有条件的高校还可以组织学生参观博物馆、纪念堂,教师则在这一过程中对马克思主义理论加以讲解,让学生了解马克思主义理论在当代中国建设中所发挥的指导性作用。"校外课堂"的开展形式多样,但核心都是让学生走出课堂,深刻体会社会主义核心价值观的实际效果,以增强他们对社会主义核心价值观正确性和科学性的认可程度,并最终将其内化到自己的价值观体系当中。

2. 要对思政理论课的教学手段进行改革

在高校思想政治理论课教学的传统做法中,国内大多数高校都采取了"一名教师、一支粉笔、一块黑板、一间大教室、很多不同班级学生"的"满堂灌"做法。部分教师虽然采用了"多媒体教学",但也普遍存在将"黑板"搬到"课件"的现象,这种传统的教学模式不仅不利于充分调动学生对于马克思主义理论知识的学习积极性,也会让很多坐在后排的学生根本无法听清教师到底在讲些什么,学生的注意力很难得到集中。随着时代的进步,人民群众的生活水平不断提高,进入高校学习知识已经不再是一种奢望,所以这种以不变应万变的教学理念已经无法满足学生对于接受教育的实际需求,求职欲望与教学现实之间的矛盾日益突显。除知识的重要性外,教学方法是否新颖、是否引人入胜也成为他们的注意力和学习热情能否得到集中和充分调动的前提条件。所以在思想政治理论课的教育教学工作中,教师应当注意对传统的教学手段进行改革,积极引进多媒体技术和信息技术,让学生在以往"听课"的基础上增加"看课""试课"的新体验,这样,良好的教学与学习情境就能够得到有效的构建,让学生能够对社会主义核心价值观有一个更加形象、更加直观、更加深刻的印象。需要注意的是,高校思想政治理论课教师在实际应用多媒体教学手段的过程中,还应注意做到课件的图文并茂,使其变得更为生动活泼。同时,也要注意课件的制作技巧,切忌采用照本宣科、生搬硬套的课件制作方法,以免使学生在枯燥的理论介绍中产生视觉疲劳,从而进一步保障和提升社会主义核心价值观培育和践行的实际效果。为了提高教育的实时性,教师还可以为学生播放与教学内容相关的反映先进人物事迹的纪录片,在高度吸引学生注意力的同时,让他们能够真正看到社会主义核心价值观对于一个人人生价值体现与升华具有怎样的作用。在先进人物的模范带头作用下,高校大学生也将更乐于把所学到的马克思主义理论知识、社会主义核心价值观理念运用于实际生活中,从而更好地践行社会主义核心价值观。

3. 要实现理论教育与生活实际的有机结合

大学生对某一理论是否认同,最重要的检验标准就是这种理论能否真正表达和反映他们的利益诉求。对此,毛泽东同志曾经有过这样一番评价,"一切群众的实际生活问题,都是我们应当注意的问题。假如我们对这些问题注意了、解决了,满足了群众的需要,我们就真正成了群众生活的组织者,群众就会真正围绕在我们的周围,热烈地拥护我们。"①将这一评价引入高校思政理论课的实践可以得出这样的结论,那就是当代大学生对于社会主义核心价值观的观点和看法,很大程度上取决于该理论能否有效反映大学生自身利益。根据有关网络调查结果表明,当代大学生最为关心的问题是就业,随后依次为贫困生补助、社会道德体系、物价上涨、社会的两极分化、党风廉政建设、社会治安环境、两岸问题、进城务工人员的生活问题以及人际关系的处理问题等。很多在校大学生提出了这样的疑问,那就是为何中央三令五申强调科学发展观,但是在基层党政机构中却未能得到全面的贯彻和落实? 为何电视新闻一直强调社会在发展、经济在进步,但社会上仍有很多人在表达自己的不满情绪? 对于这类问题,思想政治理论课教师在解答的过程中应从学校实际出发、从学生的实际需求出发,只有这样,才能使学生明确"社会主义核心价值观是可以解决民众所关心问题"的道理,才能让学生由内向外的形成对社会主义核心价值观的认可,最终有效推动全社会弘扬和践行社会主义核心价值观。

(四)增强思想政治教育理论课的针对性和实效性

高校思想政治理论新课程设置方案实施以来,从总体实施效果来看是比较好的。但是,从大学生社会主义核心价值观培育的视角来审视,也不同程度存在一些问题。如:由于部分课程内容联系社会实际和学生思想实际不够紧密,理论性和知识性过强,需要讲解的内容过多,使不少教师在教学过程中停留在教材知识的基本观点、基本内容上,不能也没有时间联系社会实际和学生思想实际进行教学。这些问题严重影响了高校思想政治理论课程的教学效果,影响了当代中国大

----

① 《毛泽东选集(第1卷)》,人民出版社1991年版,第136页。

学生社会主义核心价值观的培育。为此,必须切实加强高校思想政治理论课程的教学,增强高校思想政治理论课教学的实效性,促进当代大学生社会主义核心价值观的培育。

1. 培养学生良好的学习兴趣和心理状态

学生既是高校思想政治理论课教学的对象,是高校思想政治理论课教学的主体,又是思想政治理论课学习的主人。学生的生活经历、认知基础、学习动因与兴趣,对思想政治理论课教师所讲授的理论的认同程度等,是影响思想政治理论课教学实效性的首要因素。只有学生对高校思想政治理论课学习有良好的学习兴趣和心理状态,自觉自愿地投入学习之中,才能保证思想政治理论课学习的效果。因此,要增强思想政治理论课实效性,一是必须培养学生良好的心理状态,端正学生学习的态度,提高他们对思想政治理论课学习的认识,使他们真正认识和体会到高校思想政治理论课是值得学习的十分重要的课程。二是要重视培养学生学习高校思想政治理论课程的兴趣。在对学生学习高校思想政治理论课程的原因调查过程中,我们发现学生学习高校思想政治理论课程只有间接动力,缺少直接动力。许多学生学习思想政治理论课是因为认为思想政治理论课对他们考研究生以及成长成才有帮助,只有少数学生对思想政治理论课学习有兴趣。思想政治理论课教师在教学中要转变教学观念,调整教育心态,要用"兴趣和情感"去引导学生,用成人成才的责任感去启迪学生,用多种方式创造思想政治理论课学习的良好氛围,培养学生良好的学习心态和学习兴趣,变学习的间接动力为直接动力,在教师的引导下自觉、积极、主动地学习高校思想政治理论课程。三是高校思想政治理论课教学要满足大学生成长成才和发展的需要,联系大学生的思想实际和生活实际、成长成才和发展的实际开展教学,切实帮助他们解决在成长成才和发展过程中存在的思想问题和实际问题,切忌照本宣科、盲目灌输。

2. 加强高校思想政治理论课教学实践环节

社会实践是培养学生运用马克思主义理论分析和解决问题能力的重要手段,是培养学生良好思想政治道德素质的重要途径,要增强思想政治理论课教学的实效性必须高度重视实践这一重要环节。思想政治理论课教学可选择的社会实践方式是多种多样的,比如参观、访问、社会调查、劳动、参加青年志愿者活动等,但其根本目的只有一个,即通过社会实践,理论联系实际,全面系统、完整准确地掌握马克思列宁主义、毛泽东思想、中国特色社会主义理论,在社会实践中树立并践行社会主义核心价值观,提高大学生的思想政治品德素质。高校思想政治理论课社会实践活动的开展,不能脱离高校思想政治理论课教学的基本要求,而应是教学活动的延伸、补充和完善。高校思想政治理论课教学中社会实践方式方法的选择应坚持实效性和针对性的原则,从大学生的思想实际出发,不搞形式主义。高校思想政治理论课社会实践活动可以采取分散与集中相结合的形式,有条件的高校可以由任课教师以自然班的形式开展社会实践活动。此外,还应充分调动学生的积极性,引导他们自觉利用闲暇时间自主开展丰富多彩的社会实践活动。

3. 建立科学的思想政治理论课学生考核评价体系

考评作为重要的教育手段,是高校思想政治理论课教学的重要环节。它如同指挥棒,如果指挥得法,就能调动思想政治理论课教学方方面面的积极性,引导教师有的放矢地开展教学,引导学生得到全面提高,从而增强思想政治理论课教学的实效性,促进当代中国大学生社会主义核心价值观的培育。在以往的思想政治理论课教学过程中,学生缺乏主动性、积极性,存在着"只求分不求精、只修业不修身"的不良现象。这种现象的发生,除了学生自身学习态度等主观原因外,还与传统的不科学的考评方式有着密切关系。传统考核评价方式的主要弊端表现为:只注重学生基本理论知识的考核评价,忽视了学生思想政治品德素质和行为的考核评价;只注重终结性考核评价,以考试取代考核,一卷定成绩。这种考核评价方式严重地影响了学生学习的积极性,影响了高校思想政治理论课教学的实效性。高校思想政治理论课考核评价不能仅局限于考试,而应将考试与学生考核评价和班主任考核评价相结合,变单一、单向的考核评价,即任课教师的考核评价为多向、多样的考核评价。①

二、在通识教育中体现

(一)通识教育的内涵及其育人功能

通识教育是大学教育中的非专业教育部分,是为学生进行任何专业学习准备的"共同教育",旨在培养有社会责任感、人格健全、视野广阔、全面发展的社会公民。通识教育是近代高等教育中一种重要的教育理念与实践,其概念源自亚里士多德的"自由教育"思想。自由教育的目的在于摆脱专业教育中的过度功利与实用,提升人的理性与心智,以探究真理。英国著名教育家约翰·亨利·纽曼继承和发展了亚里士多德的"自由教育"思想,认为大学教育旨在修养大众身心,旨在

---

① 杨业华:《当代中国大学生核心价值观研究》,人民出版社 2011 年版,第 233~234 页。

为公众的热情提供基本的原则,旨在为公众的渴望提供正确的目标,旨在完善并约束时代的思潮。① 这就是纽曼的"自由教育",目的就是要使学生精神上成人,为社会培养全面发展的公民。

通识教育虽起源于古希腊,但其形成与发展则在美国。确切地说,通识教育是美国高等教育为适应社会发展变化而不断完善自身建设的结果。1945 年,哈佛大学发布了《哈佛通识教育红皮书》,深入阐述了通识教育在高等教育中的地位与作用、通识教育与专业教育的关系。1973 年,时任哈佛文理学院院长的罗索夫斯基开始主持哈佛大学通识教育改革,他从核心课程、主修、教学改进、学生辅导、大学生活、入学政策、教育资源分配等七个方面进行研究和改革。1978 年,罗氏提出了哈佛通识教育的改革方案,提倡以核心课程取代原有的通识教育课程,以"培养有教养的人"作为大学通识教育的目标。2002 年,哈佛文理学院院长科比主持新一轮的通识教育改革,并制订了"学生将成为怎样的人、他们离开学院后要过怎样的生活"的通识教育主题。经过五年多的理论研究与实践探索,哈佛大学于 2007 年公布了《通识教育特别工作组报告》,首次从通识教育的意义、教育目标、课程设置、第二课堂、实践操作等层面对通识教育进行了完整的阐述。② 之后,哈佛大学继续沿着扩大学生选课自由度的方向进行改革,由"必备要求"改为"推荐",哈佛通识课中已没有强制选的课,只有应该选的课。目前,最新的文本"强烈推荐"学生在道德理性、数量分析等方面选课,以此来说明这些课程的重要性。与此相应,原来不少专门的核心课程已由各院系课程取代,学生将直接在各院系选课。

我国古代教育思想中即有"培养完人""教人做事"的观点。在孔子的教育思想中,始终把"培育君子人格"置于教育的首要位置。他特别强调"学以为己",反对"学以为人",认为学习是为了养成自己的品行,而不是谋取功利的手段。③ 在我国近代教育史上最早提出"通识教育"的是梅贻琦先生,他指出大学本科阶段的教育应是进行"知类通达"的"通识"教育,不应过早追求"专业知识"的教育。1933 年,清华大学实施了新生入学不分专业的通识教育改革计划,这种教育模式后来也为西南联大所继承。清华大学、西南联大在极为艰苦的时代条件下培养出了诸多世界著名学术大师,这与当年的通识教育改革是分不开的。通识教育在我

---

① 雷志轶:《通识教育与创新型人才培养刍议》,载《科教导刊》,2012 年第 9 期,第 85 页。
② 刘隽颖:《哈佛大学本科生通识教育改革之路评析》,载《大学教育》,2013 年第 18 期,第 22~23 页。
③ 张岂之:《中华优秀传统文化核心理念读本》,学习出版社 2013 年版,第 221~232 页。

国历经 30 年的理论研究与实践探索,呈现出"百花齐放,百家争鸣"的景象。2001 年 5 月,北京大学启动"元培"计划,在低年级实行以加强学生基本能力、拓宽学生基础知识为目的的通识教育,在高年级实行以培养学生的实践和创新能力为目的的宽口径专业教育。清华大学从 2000 年开始探索"在通识教育基础上的宽口径专业教育"的人才培养模式改革,2006 年正式实施本科生文化素质通识教育课程方案、文化素质通识教育核心课程计划。复旦大学对通识教育的探索始于 20 世纪 80 年代,2005 年全面开展通识教育改革,成立了复旦学院,所有本科新生一律进入复旦学院完成一年的通识教育,然后再进入各专业学院。① 2012 年 9 月,复旦大学正式组建了新的复旦学院(本科生院),整合了原复旦学院、教务处、本科招生办公室的职能和机构,全面推行住宿书院制度。同时,设立通识教育委员会,负责通识教育核心、课程的设计和建设规划。

2013 年 12 月,北京航空航天大学发布国内高校首份《通识教育白皮书》,探索了一条通识教育的发展新路,逐步形成自身特色。将通识教育核心课程定位为本科生教育的校级核心课程。通识课程将逐步取代公共选修课程。北航的通识课程体系大致分为经典研读、人文素养、社会科学和科技文明四大板块。其中除"科技文明"板块外,其他三类都可归属于大的"人文素养类课程"。而在此课程中,"经典研读"板块以阅读人文、社科经典为主要课程;以文史哲和艺术为主要内容的课程构成了"人文素养"板块;以政经法为主要授课内容的课程则构成"社会科学"板块。

此外,浙江大学实施的本科通识教育课程建设新体系,西安交通大学在全国率先推行的基于通识教育、科研能力和创新能力相结合的"2 + 4 + X"创新人才培养模式改革,哈尔滨工业大学建立的通识教育与专业教育相结合模式下的通识教育体系等都是国内高校研究与践行通识教育的重要举措。

(二)通识教育的基本理念凸显意识形态导向

虽然通识教育的目标集中指向培养健全的个人和自由社会中合格的公民,但在不同国家的通识教育实践中,通识教育理念却是一个多元化的价值观念系统,不同的通识教育观表现出不同的教育价值取向,使通识教育带有不同程度地类似于价值观培育的意识形态导向。

通识教育虽然不明确对学生进行价值观培育,但会通过开设一系列公民教

---

① 孙华:《通识教育的中国境遇》,载《江苏高教》,2013 年第 3 期,第 73 页。

育、政治社会学、伦理学、法制教育等课程,通过教给学生人类文化传承中不可或缺的知识、技能和对学生进行一些基本素质的训练,把爱国主义、民族精神、合作、诚信、责任等价值观念灌输给学生,让其建立以本国传统文化为主导的价值观。因此,有许多国家以通识教育之名行价值观教育之实。比如,美国大学非常重视通识课程中美国历史、文明、道德的灌输和渗透式教育,特别是美国文明史课程,教育学生树立对美国民族的自豪感,激发学生对自己祖国的强烈爱国情感。美国各大学正是通过学生对自身文化传统的认知,对国家和民族精神的颂扬,直接或间接地达到意识形态方面内容的教育效果。中国特色的通识教育也不例外,只有使培养出来的人才具有正确的社会主流价值观念,才能在大是大非面前保持清醒的头脑,才能坚定道路自信、理论自信、制度自信。

(三)通识教育理应体现社会主义核心价值观的理念

全面发展的人应有政治倾向,这是社会主义办学的基本要求。人的素质包括思想政治素质、科学文化素质、心理素质、身体素质等,其中,思想政治素质是最根本的素质,是统摄其他素质的核心和灵魂。蔡元培曾经指出:"德育是完全人格之本,若无德,则虽体魄智力发达,适足助其为恶,无益也。"英国教育家洛克也曾说过:"我认为一个人或者一个绅士的各种品性之中,德行是第一位的,是最不可缺少的。他要被人看中,被人喜爱,要使自己也感到喜悦,或者也还过得去,德行是绝对不可缺少的。如果没有德行,我觉得他在今生来世就都得不到幸福。"对于人才的培养和发展来说,思想政治素质对其他素质的形成和发展起着至关重要的导向、动力和保证作用。科学的世界观、崇高理想和坚定信念的形成是人们安身立命之本。人一旦构建了正确的世界观、崇高的理想和坚定的信念,则会表现出具有明确的目标和为实现目标而锲而不舍的精神及顽强的毅力,这种精神和毅力又将有效促进业务素质、文化素质的提高,有助于促进人的全面发展。正确的政治方向是全面发展之人的基本素质。无论哪个国家培养的人才,首先要使之坚信本国的精神文化和制度规范,培养其对本民族文化的认同感和归属感,为本国的繁荣昌盛而服务。早在 1972 年联合国教科文组织国际教育发展委员会在《学会生存——教育世界的今天和明天》一书中就提出了教育的指导思想:"人类发展的目的在于使人日臻完善;使他的个性丰富多彩,表达方式复杂多样;使他作为一个人,作为一个家庭和社会的成员,作为一个公民和生产者、技术发明者和有创造性的思想家,来承担各种不同的责任。"当代大学生是中国特色社会主义事业的建设者和接班人,大学生必须树立社会主义核心价值观才能承担起主导我国社会进步和引领我国社会发展的使命,在开展对大学生的通识教育过程中,应旗帜鲜明地体现社会主义核心价值观的理念和要求,并将其渗透在整个教育过程中。

(四)通识教育能有效变社会主义核心价值观为实然

大学生全面发展是高等教育的目标,加强当代大学生的社会主义核心价值观培育和践行,其实从根本上说就是培养什么人的问题。社会主义核心价值观是社会主义意识形态的本质体现,为了增强社会主义意识形态的吸引力和凝聚力,高校思想政治教育应把社会主义核心价值观教育作为一项重要的工作来做。由于社会主义核心价值观培育和践行主要发挥的是意识形态导向功能,在价值多元化的今天,不可避免地会碰到价值观培育和践行上的众多难题,而通识教育"以通求识"的教育方式可以在社会主义核心价值观教育方面起着非同一般的重要作用。

中共中央办公厅《关于培育和践行社会主义核心价值观的意见》明确提出:"培育和践行社会主义核心价值观要坚持以下原则:坚持以人为本,尊重群众主体地位,关注人们利益诉求和价值愿望,促进人的全面发展;坚持以理想信念为核心,抓住世界观、人生观、价值观这个总开关,在全社会牢固树立中国特色社会主义共同理想,着力铸牢人们的精神支柱;坚持联系实际,区分层次和对象,加强分类指导,找准与人们思想的共鸣点、与群众利益的交汇点,做到贴近性、对象化、接地气;坚持改进创新,善于运用群众喜闻乐见的方式,搭建群众便于参与的平台,开辟群众乐于参与的渠道,积极推进理念创新、手段创新和基层工作创新,增强工作的吸引力感染力。"而通识教育的主旨是培养全面发展的人才,因此,它在进行社会主义核心价值观培育方面应该构建一套特殊的思想政治教育内容体系。以社会主义核心价值观建设为主线,培育"爱国、敬业、诚信、友善"的大学生。人的存在是实践性、文化性和自我探究式的存在。人既是一种生物性存在,更是一种精神性存在。"人从本性上说是追求道德高尚、精神超越、价值提升、灵魂宁静的,是追求有'意义'的人格的。价值观教育就是帮助人们去正确地实现这些追求。"①因此,通识教育要加强对大学生进行社会主义核心价值观培育,培养科学的思维方式,自觉运用正确的价值观和方法论来分析问题和解决问题,在正确认识我国当前社会矛盾的基础上坚定树立中国特色社会主义共同理想,绝不能做"资本主义腐朽思想的俘虏"。

---

① 杨叔子、余东升:《文化素质教育与通识教育之比较》,载《高等教育研究》,2007年第6期,第5页。

三、在专业教育中融入

（一）在专业教育中融入社会主义核心价值观的特征

中共中央在《关于培育和践行社会主义核心价值观的意见》中强调，"要坚持育人为本、德育为先，围绕立德树人的根本任务，把社会主义核心价值观纳入国民教育总体规划，贯穿于基础教育、高等教育、职业技术教育、成人教育各领域，落实到教育教学和管理服务各环节"。因此，高校要深入挖掘各类课程的思想政治教育资源，在教育教学的所有环节加强社会主义核心价值观的培育，使学生在学习科学文化知识过程中，自觉加强思想道德修养，提高政治觉悟。专业教育是高等教育的基本形式，不同的教育内容蕴含着各具特色的社会主义核心价值观培育资源。专业课教师应认真挖掘各门课程中蕴含的社会主义核心价值观培育资源，结合该课程的具体特点，针对学生的思想实际进行教学，学生的核心价值观培育就会收到意想不到的效果。在教育实践中，要把专业教育和核心价值观培育结合起来，把社会主义核心价值观培育融入大学生学习的各个环节，渗透到教学、科研和社会服务的各个方面，使青年学生在潜移默化中受到影响、接受教育。

专业教育中的社会主义核心价值观培育具有隐蔽性、随机性、渗透性的特点，这些特点使其更容易为大学生所接受。首先是隐蔽性。从教育形式上看，相对于显性的思想政治理论课而言，专业课教学中所进行的社会主义核心价值观培育属于"无意识"教育。这种教育作为一种非"标签"式的教育，论道而不说教，述理而不灌输，是不留痕迹、靠学生自身的体验和感受来接受的"润物细无声"的教育。这种"自然而然"的方式能避免"我说你听"的传统说教方式，有助于消除学生的逆反心理，收到良好的教育效果。其次是随机性。专业教育中进行的社会主义核心价值观培育往往是非预设的随机教育，当然这并不妨碍教育者在主观上具有一定的自觉性。它要求教师抓住和利用最佳教育时机，结合本课程的特点，随时随地调动学生的主动性、积极性和创造性，使学生在对知识的兴趣中，透过专业课教学接受爱国主义教育、创新意识和法制意识的培养。再次是渗透性。专业课中的社会主义核心价值观培育不是生硬地加到课程中去的，而是与课程内容融合在一起、浸润在知识中。但它又不是完全无形的，它使专业课更丰满，显得更富有生机和人性。在专业课教学中融入社会主义核心价值观理念，既能使学生学到文化知识，培养智力和能力，又能使学生受到良好的思想品德教育。这种"文以载道、文道结合"的教育方式，克服了传统思想政治理论课教学形式的单调，比单纯地采用灌输等教育方式更加自然、和谐,更容易收到良好的效果。

(二)在专业教育中融入社会主义核心价值观的途径

在专业教育中推进大学生社会主义核心价值观培育,可以借助以下几个途径。

第一,要深入挖掘专业课中的社会主义核心价值观培育资源。教师要树立科学性与思想性相统一的原则,有意识地把专业课中价值观培育资源在备课时挖出来、讲课时融进去。教师要从思想渗透的原则出发,从学生的实际情况和教学的实际需要出发,对教材做灵活处理,或随机联系、自然引申,或增减补充、相继拓展,尽可能挖掘出教材中的价值观培育因素。

第二,要结合专业特点推进大学生社会主义核心价值观培育。教师可以通过讲授专业课的发展史,增强学生学习该课程的积极性,激励学生树立终生为真理而奋斗的进取精神;还可以介绍与学科相关的优秀历史人物,介绍所学学科与当前人民利益的密切关系,激发学生的正义感、社会责任感和造福于人类社会的热情。教师在教给学生科学结论时,应说明结论形成的过程,使学生受到科学方法和科学思维的训练,受到艰苦奋斗、不怕挫折的教育,培养独立思考能力与探索新知的精神,培养热爱科学的感情和实事求是的学风。

第三,要结合专业实践活动推进社会主义核心价值观培育。要充分调动学生的积极性和创造性,引导他们将理论学习与生产实践相结合,动手操作与动脑思考相结合。要提倡大学生进行创造性学习,培育创造性思维能力。要利用实践教学的优势,建立教学相长的和谐师生关系,形成民主、平等的教学气氛。要引导学生在专业实践过程中细致地观察、积极地思考、大胆地想象,培养敏锐的观察力、准确的判断力、丰富的想象力。

第四,创新教学方式,倡导研究性学习,培养学生自主学习能力。目前,一些高校在教学上仍存在着"填鸭式教学""接受式教学"的现象,这都是以教师为中心的教学方式,学生处于被动学习的地位,对于学生学习能力与创新精神的培养形成了根本障碍。研究性学习是指教师在教学过程中创设一种类似科学研究与实践探索的情景,引导学生在模拟的情景下主动获取知识,并应用所学知识解决实际问题,从而完成课程的学习。作为一种创新性的教学方式,研究性学习的主体是学生,它能够有效激发学生的学习兴趣,培养学生的自主学习能力,提升学生的社会责任感。

第五,要以教师的人格感染学生。教师的人格对学生成长起着耳濡目染、潜移默化的作用,高尚而富有魅力的教师人格能产生身教重于言教的良好效果。教师应以自己的模范行为启迪,引导大学生的价值观和行为取向,使社会主义核心价值观培育产生强大的影响力和感召力。

　　总之,专业教育中蕴含着丰富的价值观培育资源,是当代大学生社会主义核心价值观培育的有效载体。在专业课教学中推进社会主义核心价值观培育,既能使专业课程富有生机和活力,又寻找到了在大学生群体中培育和践行社会主义核心价值观的突破口。在大学教育过程中,只有把专业教育与社会主义核心价值观培育有机统一起来,才能使大学生在获得专业技能的同时得到思想和人格的提升。

第十一章

培育和践行的有效载体——社会实践

　　课堂教学实现了把理论、规范等传递给学生的目的,解决了大学生思想、政治与道德的基本认知问题,为大学生形成正确的立场观点、稳定的道德品质、政治信仰、行为习惯奠定了认识基础。但除了课堂教学,社会实践也具有不容忽视的育人意义,是实现教育目的不可缺少的环节。理论教育与社会实践的结合共同构造了教育活动的完整内容,对于促进大学生了解社会、了解国情,增长才干、奉献社会,锻炼毅力、培养品格,增强社会责任感具有不可替代的作用。缺少相匹配的社会实践,思想政治教育的目的就会落空,培育和践行社会主义核心价值观的愿景和初衷也只能事倍功半,难以实现。

　　正如卢梭在《爱弥儿》一书中所说:"千万不要干巴巴地同年轻人讲什么理论,如果你想使他们懂得你所说的道理,你就要用一种东西去标示它,应当使思想的语言通过他的心,才能为他们所了解。"①因此,我们必须树立一种意识:课堂的理论教学只是培育和践行社会主义核心价值观的一种教育载体,教育目标在教育主体上的实现不是仅由外部力量塑造而成,而是在课堂学习和外部世界相互作用的过程中能动地生成构建的。所以,在大学生中培育和践行社会主义核心价值观,不能凌驾于社会生活之上,与社会实践相脱节。社会实践是用来标示培育和践行社会主义核心价值观效果最好的载体。

一、坚持明确的目标导向

　　"教育活动就是通过人的主体选择把人的发展中所蕴含的某一种(或几种)符合教育目的的可能因素从人的现实的发展结构中呈现出来,并使它在整个发展运

---

　　① 〔法〕卢梭著:《爱弥儿》(下卷),李平沤译,商务印书馆2001年版,第471页。

动中起支配作用,改变自然状态下的发展过程,以期形成目的所规定的理想品质"。① 自人类进入21世纪以来,越来越多的国家在其国民教育或公民教育、道德教育中把受教育者的主体性放在更加重要的位置,对主体性道德素质的培养也受到越来越多的关注,并逐渐成为众多发达国家高等学校道德教育发展的趋势和方向。何为主体性?"所谓主体性就是主体在同客体的交互作用中表现出来的功能特征",而主体性道德素质,就是"个体作为道德实践活动的主体,依据通过自主自立、主动积极的理性思考后选择的道德原则,自主、自觉、自愿地做出道德选择与道德行为的素质与能力,亦即自主能力、自觉自律的道德素质"。② 这与我们时下所提出的"以人为本"的教育理念不谋而合。社会实践是在培育和践行社会主义核心价值观中充分尊重受教育者主体性,倡导受教育者在实践中实现自我培育和自我提升的最好体现。

现行许多道德教育理论学说大多依托尊重人格尊严的价值取向,主张在给受教育主体充分选择自由的基础上,在实践中引导其形成国家所希望其具备的一些价值观念和思想品质。所以我们在实施道德教育的过程中,在培育和践行社会主义核心价值观的过程中应坚持明确的目标导向,更加注重贴近生活、贴近实际,强调在社会实践中突出受教育者主体性道德素质的培养,从而激发起受教育者的积极性和创造性,通过外化的行为使教育达到内化效应。

第一,突出学生的主体性。著名教育家杜威说过,"道德教育不应该是封闭式的,不能禁锢人的思想,而要促进人的道德思维能力,特别是独立和批判性思维能力的发展。"以社会实践的方式促进培育和践行社会主义核心价值观的进行,必须充分尊重并着重强调学生个体的思想观念和行为选择,使学生能够以主体的身份参与教育过程,使学生能够通过自我选择和自我认知,在社会实践中确认自身品德的形成和发展是个体理智选择的结果,是与个体智慧的发展紧密相关、相辅相成、相互制约并相互影响的。而不应把学生简单地作为被教育的对象。只有这样,才能够在激发学生学会思考、学会选择的基础上,达到把受教育者引导至既定教育目标上的效果。

第二,尊重学生多样性,充分发扬学生的个性。道德教育是一个"开放的""发展的"过程,我们应当在进行道德教育的实践中充分尊重并发扬学生的个性,而不

---

① 高玉丽:《构建主体性德育模式》,载《中国教育报》,2001年8月18日。

② 刘凌霜:《以人为本的德育刍议》,载《漳州师范学院学报》,2001年第3期,第104页。

应仅仅将道德教育当成一种"问答教学或关于道德的功课"。随着道德教育的个性化趋势愈加明显,个性发展已然成为影响道德教育开展的重要因素。而这种趋势,是一种尊重差异、重视个性、发展个性、关注学生潜能的趋势,是一种以期实现受教育者的个性趋于完善、素质得以全面提高的创造性教育理念。在我国高等教育中,这种发扬学生个性的教育理念已经越来越融入大学教育的方方面面。如高校中种类繁多的社团组织,既是对学生自我管理能力的一种锻炼,也是培养团队协作能力和满足个性发展需求的良好途径。在社会实践过程中,受教育者的主体性需求已经被抬高到举足轻重的关键位置,而尊重学生多样性,充分发扬学生个性也成为这种主体性实践模式的必然选择。这就要求我们在开展社会实践的各个环节,即前期准备、实际开展和效果强化三个阶段中要实事求是,慎重选择与学生实际及培育和践行社会主义核心价值观实际相切合的实践主题、开展形式、拓展方法等,从而收获良好的教育效果,共同服务于学生的成长成才和全面发展。

第三,强调培育和践行社会主义核心价值观的自主性。在社会实践过程中,学生的道德认知、道德情感、道德信念、道德行为是一个自主建构、自主形成的过程,而不是通过外部力量强制形成的。"所有对学生产生深远影响的重要的具体事件,有 4/5 发生在课堂外"。① 这不仅启示我们要注重让学生在社会实践中认识、体验乃至确立、践行道德准则,让学生在社会实践中锻炼和塑造自己社会生存所需的基本能力,练就自立自强的精神和协作态度,更应当在社会实践中做好引导和组织、部署工作,使学生的自主性得到充分发挥和提升,达到在正确思想引导下,逐步培养起对社会主义核心价值观的认同,并自觉践行社会主义核心价值观的育人目的。

第四,调动学生接受教育的积极性。在社会实践过程中,"设置场景—引导角色进入—体验—选择"构成了道德教育实践育人模式的全过程,而学生的自我思考则全程贯穿其中。这一实践模式充分调动和发挥了学生自我接受教育的积极性。在大学生群体中培育和践行社会主义核心价值观,必须注重调动学生接受教育的积极性。社会实践既是调动学生积极性、克服课堂教学理论灌输局限性的重要手段,也是激发学生积极性、实现自我认知和自我认同与践行的有效方式。这就要求我们充分探讨和构建科学的社会实践模式,鼓励受教育者积极参与,把社会实践的优势和功能切实发挥出来,构成教育活动完整性的同时也服务于教育目

---

① 朱冬英:《从理论灌输到实践参与》,载《江苏高教》,2005 年第 6 期,第 102 页。

标的实现,使学生真正在体验过程中掌握并能够践行课堂所学的理论和规范。

二、开拓丰富的活动形式

社会实践作为思想政治教育的一种有效载体和手段,已经成为许多国家越来越重视的一种高校育人途径和方式,并且随着对社会实践研究的深入和重视程度的进一步加深,社会实践的形式也逐渐丰富和充实起来。在培育和践行社会主义核心价值观过程中,我们应当始终坚持内容第一的原则,即根据内容性质创造和开拓丰富多彩的实践活动形式,以这些活动形式为载体,关注学生成长的细节,在大学生群体中逐渐渗透社会主义核心价值观教育,培养起科学的态度,引导出正确的行为。

(一)大力拓展社会公益性实践活动

社会公益性实践活动是直接服务于社会的实践活动。随着高等教育社会服务职能的日益彰显,在高校思想政治教育工作中,社会公益性实践活动的范围也进一步扩大,层次进一步细化,力度进一步加强。

"大学生社会公益实践是由大学生发起或参与的以利他为内容、以公共利益为目标的社会实践活动"。① 高校服务社会功能的实现既是学校与社会沟通的重要手段,也是大学生社会实践活动的重要方式。这种公益性的实践活动不仅能够使学生在实践中学会正确处理个人与集体、社会的关系,科学把握"小我"和"大我"的辩证逻辑关系,还能够于无形之中培养大学生的服务意识、奉献精神和爱国情感。在培育和践行社会主义核心价值观过程中,我们必须着力拓展社会公益性实践活动,主要原因还在于此项社会实践活动在实施效果方面所具备的利益双向性,即一方面是服务于社会中有所需要的人群,另一方面也是大学生的一种特殊的学习方式,能够服务于大学生的成长成才。这就使大学生们在开展相关实践的过程中,不仅能够为社会公益事业带来新的观念、动力和方法,为社会提供切实的帮助,还能够加深大学生对社会现实的认识,也有利于大学生形成科学的世界观、人生观和价值观。

大力拓展社会公益性实践活动,要求我们首先合理设计社会公益项目并建立起项目化的运行机制。建立项目化运行机制,提供持续的项目化服务能够确保实践活动的连续性和规范性,是提升和保证大学生社会公益性实践活动效果的有效

---

① 钟一彪:《大学生社会公益实践探讨》,载《当代青年研究》,2013 年第 1 期,第 121 页。

手段。其次,要科学组织公益实践团队。公益实践团队是大学生公益性社会实践的直接参与者,公益实践团队的组织水平高低直接关系到实践的有序进行和实践的最终效果,在组织公益实践团队的过程中,我们一方面要避免团队范围的狭隘性和涉及学生专业的单一性,另一方面也要提升公益实践团队的针对性,即其与公益项目和主题的契合性。再次,要多方募集、挖掘各种有利资源,实现资源整合与优化。资源的获取是社会公益性实践活动运行的重要前提,对大学生社会公益性实践活动的开展具有关键性的影响。大学生社会公益性实践活动的开展不仅需要物质资源的支持,更与政策资源、人力资源以及其他方面资源的支撑与配套密不可分,这就要求我们在实践探索中,逐步探索出一种有效方式,把学校、学生、社区、家庭乃至社会有机联系起来,建立一种"学校—学生—社区—家庭"四位一体的资源整合机制,并日益完善,为大学生社会公益性实践活动的拓展提供强大支持,从而更好地服务于高校"立德树人"的办学宗旨和大学生成长成才的全面发展目标,在实现社会与学生个人双向互益的过程中,培养起他们科学的世界观、人生观、价值观,使其成长为一名合格的新时代公民。

(二)广泛推广体验性实践活动

体验性实践活动是指让学生通过亲自经历将实际问题抽象成价值理念,并进行解释与应用的过程,能够让学生在获得积极情感体验的同时达到丰富学生内心世界、形成情感认同的效果。所以,我们在培育和践行社会主义核心价值观的过程中应当着重开展多种不同形式和内容的社会调查、参观访问和社会考察活动,让大学生切身感受伟大祖国的发展变化,并在具体实践中运用和检验有关理论、政策,深化思想认识,坚定中国特色社会主义共同理想信念。

把社会考察运用于社会主义核心价值观培育,是我们党的优良传统。社会考察是考察者在自己动脑、动口、动手的过程中,通过调查获得丰富的第一手感性材料,并通过头脑加工,从感性认识上升到理性认识,正确分析和认识社会现象和社会问题的过程。一般来讲,只要理论与社会脱离,学校里的知识就不能运用于生活,因此,也无益于品德。也就是说,理论如果仅仅停留在人的头脑中,往往不容易被接受并内化,只有通过实践接触事物现象时,才可能逐步将理论内化为自身的知识体系,并外化为自己主动的行为。当代"90 后"大学生,从小享受着革命先辈创造的物质文化成果,却没有亲自感受到新中国成立前后以及改革开放以来不同的社会变化,单纯的理论学习或单凭直观的反应,使他们通常容易停留于事物的表面现象,只看到事物表象和外界的联系,难以完全认清事物的本质和规律。

但无论是中国特色社会主义发展道路,还是我国现行的政治制度、政党制度、经济制度都是党领导人民在社会主义革命与建设的实践中探索出来的。中国共产党带领中国人民实现民族独立和改革开放的伟大实践,就是一部最丰富、最生动、最有说服力的教科书。因此,高校在深化社会主义核心价值观培育和践行过程中,应该结合不同学科、不同年级特点积极开展内容丰富的社会调查、参观访问和社会考察等活动,引导大学生走出校门,深入基层,到工农群众中,在体验性的实践活动过程中,了解国情、民情,切身感受中国的革命史和成长历程,真正领悟我国现代化建设过程中所取得的成就;有条件的可以组织学生到国外参观学习,通过交流、考察,更加深刻地感受伟大祖国的发展变化,增强民族自豪感与自信心;与此同时,也能够帮助大学生们正确看待我国在改革进程中出现的问题,理性认识社会主义发展过程的曲折性,增强社会责任意识,坚定实现中华民族伟大复兴的决心。

(三)实现"主题式"与"模块式"实践模式的有机结合

经过 30 多年的发展,社会实践这一教育方式或手段已成为思想政治教育活动中不可或缺的重要环节,其独特的育人方式和育人成效也得到了社会各方面的认可。每年,都会由团中央等政府部门根据社会形势的发展需求和工作重心,结合高校育人及大学生成长成才的需要确定一个社会实践的主题。各高校根据这一主题,通过动员大会、组织实践团队、确定实践形式、实施开展、总结表彰等一系列环节,以完成本周期的社会实践活动。我们把这种形式的社会实践模式归类为"主题式"实践模式。保证"主题式"实践模式的有效运行,一是要构建制度化、程序化的主题教育方式。根据大学生学习生活实际,围绕阶段性的中心工作开展思想政治学习和教育活动。如团支部理论学习、党支部"三会一课"、形势政策报告会以及专题专栏等。二是要围绕重大事件开展主题教育活动。主要是围绕特定重大事件和重要纪念活动开展主题教育活动,如"党的群众路线教育实践活动"等学习教育活动等。三是要举办专题教育。这类教育方式主要是针对大学生实际确定特定内容,组织相对集中的教育活动。如党员培训、入党积极分子培训、学生干部培训、青年马克思主义理论骨干读书班等,使社会主义核心价值观入脑、入心。这种实践模式力度强、声势大、影响广、支撑多,能够有效、迅速地将参与者化零为整,在大规模且主题明确的社会实践中激发起参与者们的社会责任感、使命感,并培养起他们的奉献精神,使其能够在接触社会现实中长才干、做贡献、受教育。但是,"主题式"实践模式也存在着不容忽视的局限和弊端,如:此类实践团队人数有限,所以不可避免地造成了参与面的狭窄;时间一般集中在假期,缺少时间量上的积累和效果上的反复强化;过多地关注"一般性"号召,而在一定程度上造成了对教育的层次性和多样性的缺失等。

在培育和践行社会主义核心价值观的过程中,仅依靠"主题式"的实践模式,培育和践行效果是极为有限的,所以,若要充分发挥社会实践在培育和践行社会主义核心价值观中应有的责任和作用,就要实现大学生社会实践育人方式的全员性、持续性与多样化、日常化。这就要求我们在坚持"主题式"实践模式之外,积极探索社会实践的新形式和新模式。我们建议在"主题式"实践模式的基础上,融入"模块式"的实践模式。"模块式"实践模式,"以大学生社会实践新模式的指导思想和原则为依据,以现有的可以利用的校内外各种社会实践资源为依托,设计出若干个具有本校特点的、既有内在联系又能相对独立、内容丰富、结构合理的大学生社会实践'模块群'。如:参观考察类模块、勤工助学类模块、专业实习类模块、志愿者活动类模块、社团活动类模块、挂职锻炼类模块等。"①各高校可以根据学校、学生实际及社会形势变化及时调整和优化各个模块,服务于培育和践行社会主义核心价值观的主题。"模块式"实践模式具有一定的开放性和发展性,也很好地实现了共性和个性,主题与学生实际的统一,就好比为大学生全面发展和成长成才量身定做的"自助餐",在充分激发学生积极性和主动性的同时,也能够收获很好的教育效果,最大限度地发挥实践育人的功能和优势。

三、完善实践活动的载体

西班牙著名思想家奥尔特加指出:"大学不仅需要与科学进行长期的永久的接触,否则就要萎缩退化,而且需要和公共生活、历史事实以及现实环境保持接触。大学必须向其所处的时代的整个现实环境开放,必须投身于真正的生活,必须整个地融入外部环境。"②也正如列宁所说:"训练、培养和教育要是只限于学校以内,而与沸腾的实际生活脱离,那我们是不会信赖的。"社会实践是教育的有效方式和重要环节,也是在大学生群体中培育和践行社会主义核心价值观的重要手段,对大学生成长成才具有重要的影响和作用。社会实践的开展离不开明确的目

---

① 赵侠:《大学生社会实践模式的局限性及其超越》,载《江苏高教》,2007 年第 5 期,第 110 页。

② 奥尔特加·加塞特著:《大学的使命》,徐小洲、陈军译,浙江教育出版社 2001 年版,第 88 页。

标导向，也脱离不了丰富的活动形式，更离不开得以开展和实施的载体，如种类多样的实践基地、社团、学会等组织。这些基地和组织不仅是高校社会实践活动的依托，也是大学生认识过程的物质中介，更是大学生知识拓展和人格锻造的重要场所。在大学生中培育和践行社会主义核心价值观，离不开实践活动载体的完善和优化。

（一）优化实践基地建设

社会实践基地为大学生认识和研究社会提供了一个窗口。通过社会实践这个窗口，大学生能够观察和了解社会，发现社会问题，体会社会变化，从而有助于他们形成对社会的初步的、客观的认识。同时，社会实践基地也为大学生提供了一个服务社会的平台。通过这个平台，不仅可以更好地组织学生投身社会，服务社会，还能够为学生健康人格的塑造提供良好的物质条件和社会环境，使健康人格和美好品质的塑造由抽象的道德教化转化为鲜活的气质，让学生在这一过程中培养起自我开发意识、竞争意识和社会责任感与奉献精神，锻造出高尚的品格和修养，为在大学生群体中培育和践行社会主义核心价值观助力。

第一，把握时代脉搏。认清国际、国内形势，把握时代脉搏不仅指掌握外界形势的变化，更侧重于把握和适应新形势下青年学生的主体诉求和思想需求。综合社会导向和学生需求，改善和优化社会实践基地建设是提升社会实践基地功能最关键、最重要的途径。只有准确把握时代脉搏，才能科学掌握社会的导向和发展需求，也才能把握学生思想特点和实际，从而找准同时满足社会导向与学生思想需求的契合点，建设具有持久生命力的社会实践基地。因此，我们在大学生群体中培育和践行社会主义核心价值观，就需要依托社会实践基地这一重要实施载体，整合校内、校外两种资源和优势，从学生实际出发，以社会主义核心价值观的内容与要求为导向，丰富社会实践基地建设类型、更新社会实践基地建设内容，为实现培育和践行目的提供良好的物质条件和环境支持。如，现在的大学生多数是"90后"，自小就享受着社会发展带来的巨大物质财富，对革命时代、农村生活、志愿精神、服务意识都存在着不同程度的欠缺。因此，在社会实践基地建设中，我们可以开辟以农村、社区、公益等为主题的实践基地，从而有针对性地提升学生各方面素质和品质。

第二，强化指导力量。社会实践基地是多方位、多类型的组织机构，实践基地的良好运行离不开高素质的指导团队。学生工作干部队伍，如辅导员、班主任等，专业课教师、社会实践基地的指导人员共同构成了实践基地的指导团队。所以，若要提高社会实践基地对塑造学生品质的作用,服务于大学生社会主义核心价值观的培育和践行,就必须从多方面打造一支思想政治素质高、凝聚力强、兼顾人格魅力与专业素养的高素质指导团队。让学生在指导老师的循循善诱下,主动地参与到社会实践活动中来,在亲身体验和感悟中,提升自身专业知识、检验认识的真理性,领悟社会主义核心价值观的科学内涵,为自觉践行社会主义核心价值观打下良好、坚实的基础。

第三,提高实践基地的稳定性和持续性。社会实践基地的稳定性和持续性,关系到社会实践活动的育人效果,也关系到在大学生群体中培育和践行社会主义核心价值观的实效性。目前,我国高校社会实践基地不同程度地存在稳定性不足、持续性缺乏的问题。这就不可避免地与社会实践基地建设的初衷产生冲突。社会实践基地的稳定性主要表现在校方与基地方之间的沟通与交流上。制定明确双方权利和义务的基地建设合同,是保证社会实践基地稳定性、强化社会实践基地育人效果的重要举措。连续性是社会实践基地得以长效运行、形成机制化管理的关键因素,而目前,在高校社会实践基地建设中仍存在"打一枪换一个地方"的做法,成为社会实践基地建设的绊脚石,这不仅造成了社会实践基地建设成本的增加,也不利于开发实践育人的功能。基地建设的连续性能够使基地建设情况从以往实践中得到持续的反馈,也能够使同学更好地了解基地情况,避免为联系基地到处奔波,从而更好地服务于育人功能的发挥和体现。

(二)改善自愿服务性组织建设

自愿服务性组织主要是指在大学生活中由学生依据兴趣爱好自愿组成,按照章程自主开展活动的群众性团体,具体则表现为以读书俱乐部、志愿者协会、心理协会等多种形式存在的社团组织。自愿服务性组织不仅是校园文体活动开展的载体,也是社会实践开展的重要依托和实施载体,具有很强的价值凝聚和价值观念整合与导向功能,是培育和践行社会主义核心价值观的重要推动力量。它通过向学生提供理论与实践相结合的机会,不仅能够使学生成为自觉自愿培育和践行核心价值观的主体,也有助于高校培育目标和"立德树人"办学宗旨的实现,对于培养学生正确的世界观、价值观和人生观,加强校园文化建设、提高学生综合素质等具有重要作用。但在高校现行自愿服务性组织建设中,仍然存在着诸多问题和不足,这就为其在大学生群体中推进培育和践行社会主义核心价值观的功能发挥造成了一定的障碍,因此,我们必须立足高校和学生发展实际,切实改善自愿服务性组织建设,发挥其育人功能和价值引导力量。

　　第一,加强领导与支持。学校要高度重视,从学校层面成立学生社团领导小组,全面部署协调社团工作。负责具体指导的校团委要把社团工作纳入团学工作的整体格局,积极支持社团活动,切实加强对社团的管理,引导社团健康发展。另外,根据学校社团建设的实际情况,将社团分类,从学生工作队伍里挑选出优秀的热爱社团工作的教师进行专业指导,使社团的发展在指导教师的引导之下合理、有序、有节地运行;注重对社团干部的领导,加强队伍建设,完善考核机制、培训机制和奖惩机制,提升学生自主管理水平。同时,社团的健康可持续发展需要有充足的资源,需要各方的大力支持。因此,学校应充分整合现有资源,制定社团发展规划,成立社团建设专项资金,对重点社团提供适当支持,保障其正常运行,并注重加强社团硬件建设。此外,还要为各社团争取尽可能多的各类资源和搭建更为广阔的展示舞台,鼓励社团走出学校,加强外联实践,更好地开展与社会接轨活动。

　　第二,进一步完善制度建设和组织建设。学生社团是由学生根据自己的兴趣自发组成的,具有组织性不强的特点,因此在社团管理方面尤其要强调制度化和规范化管理。学校应建立科学而可行的社团管理制度,如社团审核制度、社团维权制度、社团竞争机制等,各社团也应根据自身特点,在学校制定的社团管理制度基础上进一步完善,如权责分配制度、财务制度、监督制度、考核制度等,强化社团内部管理制度,促进社团持续发展。同时,加强社团活动的计划与组织,创新社团活动的运行机制,积极开展内容丰富、形式新颖、吸引力强的理论学习、文化娱乐、社会实践、志愿服务、体育竞技等活动。在活动形式上力求创新,努力做到多样化、生动化,以保持对广大青年的吸引力。同时要注意突出广大青年的主体地位,要让他们抱着自发的兴趣,积极主动地参与到活动中来。从而提高社团的辐射性和创造性,实现社团的可持续发展。

　　第三,强化理念,创建品牌。社团文化理念的先进性直接影响着社团成员思想行为的发展程度。社会主义核心价值观是我国现阶段先进文化的集中表现,因此,在自愿服务性组织建设中应突出和体现社会主义核心价值观的内容和要求,开发出能反映社团文化理念、社团成员共同价值观、社团特色的精品文化活动,在校园中树立良好的社团形象,提升社团公信力和口碑,扩大社团的影响力,吸引广大学生主动参与、积极建设,从而增强社团成员对社团的认同感和归属感。与此同时,增强成员对社会主义核心价值观的认同度,提升成员践行社会主义核心价值观的自觉性和主动性。

四、营造和谐的育人氛围

社会实践的核心在于"人",它既能够服务于社会中的"人",也能够培养学校中的"人"。社会实践作为在大学生群体中培育和践行社会主义核心价值观的有效载体,其发起者既可以是大学生自身,也可以是学校、政府、社会组织、企业、民间非营利机构等。因而,大学生社会实践是多方联动的。一个人的道德成长持续他(或她)的一生,因此道德成型受到社会的制约。正如亚里士多德所说,人们通过参与生活而变成有美德的人,人不仅在社会里受生活训练所支配,而且人的人格在社会里被塑造。[1] 这些都进一步证实了社会环境、外部支持对于良好品德和行为形成的重要性,也凸显了政府、社会对于实现实践育人的意义和影响。因此,我们必须立足社会大环境,依托整个社会系统,打造一个有益于大学生社会实践开展的良好育人氛围。

人类在漫长的历史发展过程中,对思想政治教育的重视是不言而喻的。纵然在古代社会,国外多数国家中都没有"思想政治教育"这一表述方式,但是,培养人们维护其社会秩序、拥护其社会制度、利于其社会发展的思想品德、价值观念、行为方式始终是各个阶段、各种社会形态为之奋斗不止的目标。而价值观作为思想政治教育的重要内容,更是各个国家进行公民教育的重要方面。政府、社会都对其给予了高度重视和支持。

无论是哪一种社会形态,无论是哪一个发展阶段,社会实践始终是实现国家培养目标的重要途径。如:印度尼西亚政府明确表示"高等教育的目的是培养造就青年学生成为一个能担任领导社会、促进社会和科学生活进步的人才",高等学校的三项任务为"教学、科研和社会服务"。可见,高等教育已不仅仅是局限于课堂教育的阶段教育,而是衔接学校与社会、理论与实践的重要纽带。这就意味着更加明确的教育目标,也同时意味着更加多样化的教育方式和方法。随着高校社会服务职能的凸显,社会实践在高等教育中的地位和重要性也日益凸显,并受到国家和社会越来越多的关注。而政府的政策扶持便成为营造良好实践育人氛围的关键举措。随着国内、国际形势的变化和发展,我国政府对高校投入的精力和支持逐渐增多,除了物质、人力等方面的支持外,政府探索并推出诸多的社会实践形式,为大学生社会实践提供了大力的政策支持,如:寒暑期的政府见习、大学生

---

[1] Carl F. Kaestle：ConunonSehoolsandAlnerieanSoeiety，NewYork：HillandWang，1983.

西部计划、参观教育基地等。这些形式使学生能够走出课堂，真切地体验社会现实，更能够在体验中增强对国家、社会的认同和信仰，从而于潜移默化中培育社会主义核心价值观，并积极付诸实践。

良好的社会实践氛围和环境，除了政府的大力支持外，也离不开社会方方面面的支持和配合。如在新加坡，为了使道德原则和规范更好地内化转换为学生的自我道德信仰，在社会上广泛开展了"忠诚周、礼貌周、孝顺周、国民意识周"等特别周活动，这就在为学生创造道德实践机会的同时也达到了实践育人的良好效果。在美国，关注和支持学生参加社会实践的氛围也是十分热烈，美国高校为了培养适合其国家发展的人才，塑造学生符合国家要求的价值观念，从学校、家庭、社区、大众传媒乃至免费开放的博物馆、纪念地，形式多样的庆典活动等所有的时机和场地都在致力于宣传美国的价值观念和生活方式。

良好的思想道德修养是在多种社会因素的共同作用下，经过"内化—外化—内化"过程的反复践行而形成的。大学生通过参加社会实践活动，协调了认知冲突，搭起了"需要—动机—行为"联系的桥梁，把道德规范"内化"为个体的意识，将个体意识"外化"为行为习惯和思想品德，从而能够树立正确的奋斗目标，培育科学的价值取向，形成良好的思想道德修养。在大学生群体中培育和践行社会主义核心价值观，社会实践是不可缺少的一个环节，也是一种极为有效的手段。要真正发挥好社会实践的作用，拓展社会实践的广度和深度，除了高校自身的努力外，政府重视和社会支持更是高校社会实践有序开展的重要保障。因此，我们在开展社会实践过程中，政府在予以更多政策支持的同时，也要协助开拓更加有效的实践形式，社会各个群体和组织也应当积极配合，形成多方联动的实践育人系统，从而整合高校、政府、社会等各个层面的资源和力量，形成一股依托社会实践在大学生群体中培育和践行社会主义核心价值观的合力，营造良好的育人氛围，使大学生能够在良好氛围的熏陶下、在真实的社会体验中，自觉地把个人的前途同国家的富强、人民的富裕和民族的复兴紧密结合起来，把个人的远大理想融入国家和民族的发展大业中，珍惜宝贵时光，勤奋刻苦学习，努力提高综合素质，为将来报效祖国做好思想、知识和能力上的准备。

社会实践对大学生全面发展具有不可替代的作用，一是社会实践活动有助于提高大学生的思想道德修养。良好的思想道德修养是在多种社会因素的共同作用下，经过"内化—外化—内化"过程的反复践行而形成的。大学生通过参加社会实践活动，协调了认知冲突，搭起了"需要—动机—行为"联系的桥梁，把道德规范

"内化"为个体的意识,将个体意识"外化"为行为习惯和思想品德,从而能够树立正确的奋斗目标,培育科学的价值取向,形成良好的思想道德修养。二是社会实践活动有助于增强大学生的社会责任意识。通过社会实践,大学生有更多的机会深入生产生活第一线,了解国情、获悉民意。在实践中,大学生不仅能增长见闻,提高服务社会的本领,还能加深对社会的认识、对民生的了解和对党的路线、方针、政策的领悟,从而进一步明确自己的历史使命,增强社会责任感,这有助于大学生自觉地把个人的前途同国家的富强、人民的富裕和民族的复兴紧密结合起来,把个人的远大理想融入国家和民族的发展大业中,珍惜宝贵时光,勤奋刻苦学习,努力提高综合素质,为将来报效祖国做好思想、知识和能力上的准备。三是社会实践活动有助于大学生树立艰苦奋斗的精神。社会实践有助于大学生感受创业的艰辛、竞争的残酷和生活的真谛,有助于他们养成吃苦耐劳、勤俭节约、珍惜劳动成果的朴素作风,树立艰苦奋斗的思想观念。在社会实践中,大学生能够形成被祖国与人民需要的成就感和归属感,以及为国家的和谐、人民的幸福努力工作、奉献青春的崇高理想与奉献精神。此外通过社会实践,大学生还能深刻认识到自身的缺点与不足,使个人的爱国之情、报国之志得到升华。因此,我们必须充分发挥社会实践对培育和践行社会主义核心价值观的重要作用,从目标导向、活动形式、活动载体、育人氛围等各方面,全面提升社会实践对培育和践行社会主义核心价值观的推动力,服务于大学生的成长成才和全面发展。

第十二章

培育和践行的强大力量——大学文化

"文化"可谓是历史上含义最为丰富、解释最多的一个概念。古今中外众多学者,分别从记述的、历史的、规范的、心理的、结构的等多种角度给予了"文化"不同的定义。英国著名人类学家 R. 威廉斯潜心研究"文化"几十载,却得出这样一个结论:"英语中有两三个最为难解的词,文化即是其中之一。""文化"一词起源于拉丁文的动词"Colure",意思是耕作土地,后引申为培养一个人的兴趣、精神和智能。文化概念是英国人类学家爱德华·泰勒在 1871 年提出的。他将文化定义为"包括知识、信仰、艺术、法律、道德、风俗以及作为一个社会成员所获得的能力与习惯的复杂整体"。文化在汉语中实际是"人文教化"的简称。前提是有"人"才有文化,意即文化是讨论人类社会的专属语;"文"是基础和工具,包括语言和文字;"教化"是这个词的真正重心所在,作为名词的"教化"是人群精神活动和物质活动的共同规范(同时这一规范在精神活动和物质活动的对象化成果中得到体现),作为动词的"教化"是共同规范产生、传承、传播及得到认同的过程和手段。也就是说,文化是在一定区域内、处于一定的经济社会文化背景下,经过一段时间逐步形成、发育并积淀下来的一种有着鲜明特色的生活方式、行为方式、价值观念、精神状态等,并以此为核心形成的行为规范、道德准则、生活信仰、传统习惯等,是一种包括物质、制度、观念、心理的各种因素的复杂体系。如同文化的定义有千万种一样,对大学文化的界定和层次划分,学术界也是莫衷一是,但无论哪种界定和划分方法,大学文化的使命与功能却始终如一。

大学文化使命在育人,即通过文化的魅力和渲染,于无形中达到教化目的。正如北京大学党委书记朱善璐所说:"在高等教育界有一个泡菜理论,就是说不同气质的大学培养出来的学生的气质也是不同的,就像用不同调料泡出来的菜的味道必然不同。""近朱者赤,近墨者黑",这体现的正是大学文化所具有的潜移默化的教育作用和影响。在大学生群体中培育和践行社会主义核心价值观,大学文化是一个很重要的平台,具有强大的驱动力和感召力。我们必须将社会主义核心价值观融入大学文化建设的各个层面,充分发挥大学文化的育人作用,提升培育和践行效果。

一、在大学精神文化建设中彰显

大学文化包含四个层次的内容:一是精神文化,它是校园文化的核心,是一所学校的灵魂,是师生员工长期努力积淀形成的共同追求、理想和信念,是大学校园特有的精神环境和文化氛围;二是制度文化,它是高校在长期发展过程中积累的校园人的行为准则、道德规范、群体意识,对校园文化具有引导作用,是约束、规范校园师生员工行为,保护师生员工利益,维护高校正常学习、生活、工作秩序的根本保证;三是环境文化,它涵盖了校园环境、建筑、教育教学设施等方面的"物化环境"和遍布校园各个角落的广播之声、新闻、网络、贴吧等"非物化环境"因素,是大学文化形象、生动的体现;四是行为文化,主要指师生员工在校园工作与生活中形成的行事风格、行为习惯、交往方式等,它具有示范作用,一方面直接体现了校园文化,另一方面为校园文化提供了重要的载体。

精神文化是大学文化建设的核心和灵魂,是一所大学价值追求的体现,而这种在长期发展中积淀而成的价值观念和追求既包括大学精神、理念、校训等价值层面的精神文化,也就是大学价值诉求的彰显,也包括在校风、教风、学风等实践层面的精神文化元素中,即大学价值诉求的践行。两个层面相辅相成、相互作用,共同构成了大学精神文化的完整内容。"作为大学的灵魂和大学文化的核心,大学精神具有凝聚、定向、保障、激励和环境营造作用"①,是大学能够在日益激烈的竞争中取得长足进步和不竭动力的宝贵财富。在大学生群体中培育和践行社会主义核心价值观,就要不断优化大学精神文化建设,丰富大学精神文化内涵,在大学精神文化建设中彰显社会主义核心价值观的内容和要求,提升大学精神文化对学生的引导力和影响力。

(一)将社会主义核心价值观融入大学精神

大学精神是大学文化的核心,是在学校全体成员的身上和历史发展进程中积

---

① 刘宝存:《论大学精神及其在大学发展中的作用》,载《青海师范大学学报》,2002 年第 2 期,第 90 页。

淀而成,并通过外化呈现,遍布于整个大学校园边边角角的精神。虽然大学精神属于形而上的观念层次,看不见、摸不着,但却是一所大学文化的个性与特色的集中体现,对生活其中的每一位成员的世界观、人生观、价值观以及道德操守、高尚人格、审美情趣等都具有极强的形塑和渗透作用,决定着大学的办学理念和价值取向。大学精神既可以通过各种文化形式和载体调适群体成员的心理,引导其行为,使其在无形中接受共同的思想引导,催生出一种巨大的凝聚力和向心力,也能够在引导的同时对群体成员的行为进行规范和约束,让成员在主动自觉中正视道德冲突,明辨是非界限,解决道德困惑。大学精神文化一经形成,就会对群体成员产生持久的影响力,致力于辅助其成员塑造人格、确立人生态度的培养目标。

随着社会形势的发展,大学精神文化建构也面临着诸多困境,如:社会责任与竞争分化的压力、追求卓越与急功近利的困境、学术自由与行政制约的障碍、勇于创新与思维定势的束缚、全面发展与失衡发展的困境等等,这些问题都在不同程度上影响着大学精神文化的构建,也影响着大学培养人才的质量和水平。社会主义核心价值观的提出,为大学精神文化的发展注入了新的活力,也提供了新的契机。在一定程度上,大学文化与社会先进文化具有内在一致性,而大学精神文化作为大学文化的内核和灵魂,理应与社会先进文化、思想相结合,才能焕发出旺盛生命力。把社会主义核心价值观的基本要求融入大学精神文化建设之中,有助于拓宽大学精神的发展空间、增强大学精神的科学内涵、充实大学精神的人文底蕴、激活大学精神的前进动力,实现大学精神文化质量的总体提升,是提高大学文化自觉和自信,实现大学文化大发展、大繁荣的必然选择。

将社会主义核心价值观融入大学精神,要求在大学学术精神建设中,各位教师要重新定位自身所担当的责任和使命,不仅要为学生传道授业、答疑解惑,更要时刻注重向学生传递科学的理念和正确的行为方式,逐步实现"明明德,止于至善";要在大学精神文化建设层面中,更多关注如何提升身为一名大学人的思想境界,运用理论教育与实践教育相结合的方式,丰富新颖的教育手段,使学生在互动交往中认识社会主义核心价值观,传递社会主义核心价值观,内化社会主义核心价值观的科学内涵,进而确立起贯彻践行社会主义核心价值观的坚定信念;要在大学精神文化建设中,根据社会主义核心价值观的要求,结合高校自身的发展历史与文化积淀,形成具有时代感的精神文化形态,更好地发挥大学文化的引领和导向作用。

（二）突出特色，凝练大学精神

建设大学精神文化，首要的问题就是要弄明白一所大学的大学精神究竟是什么。而这就需要在结合本校发展历史与特色的基础上进行总结凝练。在大学精神文化建设中彰显社会主义核心价值观的内容与要求，更要首先弄清楚这个问题，只有对大学精神有清晰明了的认识，在科学认知的基础上，才能够找准高校自身精神文化建设与社会主义核心价值观之间的结合点，实现二者的有效融合，也才能够激发出精神文化的强大育人功能和导向功能。

随着高等教育大众化发展趋势，我国高等教育院校逐渐增多。面对高校之间日益严峻的竞争压力，每一所大学都在强调培育和弘扬大学精神的重要性，都在呼吁构建独具本校特色的大学精神文化。但现实的情况是，许多高校对确立什么样的大学精神缺乏清晰的认识、更缺乏深入的研究和思考，没有科学的凝练和概括。以校训为例，在我国高校运行的现实中，校训明显地存在形式化和雷同化现象，所不同的只是词语顺序的变化和重组。大学精神的形成与发展是和大学的历史沉积、教育实践、优良传统紧密相连的，依托一定的大学文化载体进行传递、传播和弘扬，在历史向现实的迈进中得以传承和创新。因此，建设大学精神文化，凝练具有学校特色的大学精神，就要结合高校的历史发展，立足高校教育实践，善于从校史、校训、校歌、校徽、校风、教风、学风等各种文化载体中，尤其是从大学校长的办学理念和著名学者的学术实践和价值追求中发掘、总结、研究、归纳和凝练富有自身特色并得到师生校友广泛认同的大学精神。除此之外，还要组织专家进行研究凝练，组织校友总结回顾，组织师生进行深入讨论。只有这样，才能加深大学人对大学根本的办学理念和价值追求的认识，凝聚师生员工和广大校友的共识，科学总结凝练出一所大学的大学精神，为弘扬大学精神奠定坚实的基础。也只有在此基础上的大学精神文化才能够更好地引导大学生树立起符合高校发展、社会发展和国家需要的品格素养和价值取向。

（三）传承创新，弘扬民族精神和时代精神

民族精神和时代精神是丰富大学精神文化建设不可缺少的宝贵资源。传承中华民族优秀传统文化，弘扬民族精神教育，实现民族精神与大学精神的结合，能够增强大学精神文化的厚重感，突出大学精神文化建设的使命感和感召力。开拓创新，传播时代精神，将时代精神融入大学精神文化整体建设过程中，是大学精神文化建设与时俱进的要求，也是增强大学精神文化时代感、生命力，提升大学精神文化引导力的重要内容。党的十八大从国家、社会、个人三个层面提出了"倡导富强、民主、文明、和谐;倡导自由、平等、公正、法治;倡导爱国、敬业、诚信、友善"的24字社会主义核心价值观内容。这是根植于我们中华民族优秀传统文化,契合国内、国际发展形势而提出来的,是社会主义核心价值体系的高度凝练和集中表述,也是社会实践发展的要求和体现。可见,在大学精神文化建设中传承创新,弘扬民族精神和传播时代精神,不仅是高校精神文化建设的需要,更是融入核心价值观的要求,发挥文化育人功能的要求。

民族精神不仅是大学文化的重要资源,也是我们国家乘风破浪、长足发展的宝贵资源。以中华优秀传统文化为代表的民族精神在一定程度上塑造了中国知识分子的优良品格,也在影响着一代又一代的大学生。正是在优秀传统文化的熏陶、感染下,中国古代知识分子形成了"家国天下"的情怀、"以天下为己任"的社会责任感和"先天下之忧而忧,后天下之乐而乐"的忧患意识,形成了"士志于道""天下无道,以身殉道"的理想和"见贤思齐,见不贤而自省""君子慎独"的道德自律意识。可以说,中华民族优秀的传统文化对当今知识分子人格品质的形成仍具有重要意义。高级知识分子集中于大学,将民族精神融入大学精神文化,充分发挥优秀传统文化在教学育人中的作用,必然会对大学的精神文化建设产生积极影响,也会极大推动在大学生群体中培育和践行社会主义核心价值观的步伐和进程,提升在大学生中培育和践行社会主义核心价值观的力度和效果。

时代精神形成于特定的历史阶段,存在于特定历史发展阶段的创造性社会实践之中。随着改革开发的发展和深入,我国逐渐形成了以改革创新为核心的时代精神。改革创新是我们在新形势下的口号,也是我们国家迅速发展的不竭动力。以改革创新为主的时代精神和以爱国主义为核心的民族精神一道成为社会主义核心价值观体系的重要内容。这些精神也体现在社会主义核心价值观的科学内涵之中,继续对实现中华民族伟大复兴的共同理想发挥着不可替代的作用。大学是社会先进文化的集散地,大学生是时代的先锋与弄潮儿,在构建大学精神文化的过程中,我们更应该突出大学的文化阵地作用,担负起培育时代精神、引领先进文化的重任。开拓创新、与时俱进,真正在思想观念、创新能力、价值导向等方面走在时代前列。这既是大学精神文化所应担当的职责,也是高校培养社会主义合格建设者和接班人的本质要求。

二、在大学制度文化建设中渗透

"制度文化"指制度经过长期完善,在逐渐被人们所认可、接受的过程中沉淀于人们内心而形成的认知与行为习惯及其反映出来的价值观念。大学制度文化是大学在进行人才培养、科学研究、社会服务等长期的办学实践和发展历程中逐渐形成的,具有规范性、组织性、约束性的一种文化概念,是高校在办学和发展过程中一系列权利、义务和责任的综合,也映射着大学长期积淀而成的价值观念、办学理念、行为方式和治学精神。"不以规矩,不成方圆",作为大学文化系统的一个重要组成部分,大学制度文化既涵盖对大学制度进行设计、执行、监督过程中的内在价值取向和理性原则,也直观地体现在"大学制度"这一实体层次的方方面面。在大学制度文化建设中渗透社会主义核心价值观的内容和要求,不仅能够以制度的强制性和稳定性优势提升在大学生中培育和践行社会主义核心价值观的可操作性,降低培育和践行成本,同时,还能够提升大学制度文化建设的导向作用,为在大学生群体中培育和践行社会主义核心价值观保驾护航。

（一）强化价值导向

明确的价值导向,是大学制度文化建设的前提和基础。发挥好大学制度文化对大学生培育和践行社会主义核心价值观的导向和规范作用,必须强化制度文化建设的价值导向。在高校文化系统中,制度文化是衔接物质文化和精神文化的中介和纽带。大学制度文化具有明确的导向效应,制度文化能够使大学生对不符合学校、社会和国家发展的价值取向、道德准则和行为方式产生自我调节和免疫作用,从而能够激发起广大学生的潜能、激情,使他们在内在约束和外在强制的双重作用下朝着理想境界不断地努力奋斗。良好的制度文化既是精神文化的外在体现,也是整合大学文化育人力量的有效手段。在大学制度文化建设中强化价值导向,就是要以社会主义核心价值观为引领完善大学制度文化建设,就是要将社会主义核心价值观贯彻、渗透到制度文化建设的各个方面,贯穿制度设计理念、制度实施与监督的全过程。通过制度、规章、条例等外化形式使社会主义核心价值观和"三个倡导"的要求成为广大师生日常校园生活的基本规范,成为高校师生的共同行为准则和评判标准,促进大学生在强有力的外在约束下逐渐培养起正确的世界观、人生观和价值观,真正发挥好制度文化对规范大学生行为、塑造大学生品格的促进作用。

（二）完善"以人为本"的管理制度

大学制度文化一经确立便具有较强的稳定性和规范效力,能够为社会主义核心价值观扎根高校提供制度保障。制度是为人服务的,因此,大学制度文化建设必须完善"以人为本"的管理制度。一方面,制度文化建设要建立在全员参与的共同办学理念上,制度的制定应规避精英化阶层为主的制定方式弊端,实现全员广泛参与,共同制定和完善学校规章制度,在共同维护、共同参与的基础上做到有制可依、有制必依。另一方面,制度文化建设要突出人文关怀。无论哪一种组织管理都是在一定的思想观念、理想追求以及精神向往的支配下进行的,而每一项组织管理活动都有其特定的目的、宗旨和原则,所谓"有什么样的组织管理制度,就有什么样的大学文化",制度文化建设对大学文化建设的作用可见一斑,制度文化建设对于培育和践行社会主义核心价值观的意义也更加突出地显现出来。大学组织管理的对象是教师和学生,而管理的最终目的也是为了教师和学生。鉴于新形势下高校师生在科研、学业、生活、工作上面临的种种压力和出现的种种问题,大学组织管理制度的"人文关怀"就显得尤为突出和重要,尽快确立和完善"以人为本"的管理制度势在必行。为了保证大学生社会主义核心价值观培育的长久性和规范性,高校管理者应将管理育人制度与社会主义核心价值观培育的现实要求相结合,真正贯彻"以人为本"的组织管理理念,不断完善高校现有规章制度。

(三)科学制定大学章程

大学章程是大学设立的法律依据,是根据教育法等法律法规的规定,以条文形式对大学的重大事项做出全面规定所形成的规范性文件,是大学获得合法地位的基础。可以说,大学章程是大学的"宪法"。制定大学章程,能够将大学管理纳入法制化轨道,提升大学管理的科学化,形成大学内部规范的权利运行机制,优化大学治学环境、促进大学信息的开放性和公开性,是建立现代大学制度的坚实基础,也是大学制度文化建设的重中之重。

《国家中长期教育改革和发展规划纲要(2010~2020年)》中将"完善中国特色现代大学制度"作为重要改革目标,这就进一步凸显了制度文化建设对于高校发展的意义和价值。而大学章程作为大学制度的重要组成部分,也是大学文化在制度层面的集中反映,综合体现了大学的办学理念、培养目标、发展战略、历史使命和时代特征。在我国现行的大学制度建设进程中,虽然有《高等教育法》保驾护航,但面对国际、国内新形势和高校在发展中的新问题和新挑战,大学制度文化建设存在着明显的不足,大学章程的缺失为大学的制度化管理和建设、大学的发展方向、大学自治等关键问题的解决造成了很大障碍。这就要求我们在遵循现代大学治理理念和原则的前提下,依据高校发展现实、结合自身发展实际,切实制定大学章程。此外,鉴于大学章程对学校发展、学生成长成才具有的直接约束和导向作用,我们在制定大学章程的过程中,必须以社会主义核心价值观为依托,将社会主义核心价值观的内容合理融入大学章程之中,旗帜鲜明地确定大学章程的导向性和目的性,使学生在章程的规约下逐渐培养起正确的价值取向和价值观念。

三、在大学环境文化建设中充盈

著名教育家杨叔子曾经说过:"一所现代化的大学,必须具有一个很高的文化品位,构筑一个富存活力的高尚的生态环境,形成一个朝气蓬勃的浓厚的学术氛围,充满着求真的科学精神与求善的人文精神,教育人、启迪人、熏陶人、引导人、充满着对人的终极关怀,充分调动人的主体的自觉性与积极性,滋润着优秀人才的成长。"可见,环境文化对于大学生成长成才的重要影响。大学环境文化是大学文化系统的重要载体,是大学文化形象、生动的体现。随着社会的发展,信息化时代的到来,大学环境文化的构建也不仅仅局限在物质化的形态构建方面,网络虚拟环境文化的构建已经成为大学环境文化建设的重要方面。环境文化的育人功能也愈加显现出来。在大学环境文化建设中充盈社会主义核心价值观已然成为培育和践行社会主义核心价值观的重要举措和手段。

(一)以"物化"环境为载体

高校里的校园环境、建筑、教育教学设施等物质形态在时间的洗礼和岁月的沉淀下已经积累了越来越深厚的文化内涵,它们无言地承载、传递着大学的精神、理念和追求,在曲曲折折的林荫小道中,在形态各异的建筑楼群里,大学生们无时无刻不在感受着其中所蕴含的文化内涵、悠久历史和朝气蓬勃、奋发向上的精神。

物质化形态的文化环境是由学校师生员工在教育实践过程中创造的各种物质设施,它们能够迅速为人们提供感觉刺激,给人一种有意义的感情熏陶和启迪,是一种以物质形态为主要研究对象的表层学校文化。它运用视觉设计手段,通过特色的建筑、标志的造型等方式,将学校的精神理念、办学思想、管理特色等有机整合,形成一种整体形象和系统文化。苏联教育家苏霍姆林斯基曾说过"孩子在他周围——在学校走廊的墙壁上、在教室里、在活动室里——经常看到的一切,对于精神面貌的形成具有重大的意义。"校园物质文化以可感、可观、可触的方式影响着大学生的认知、情感和行为,透过它可以了解大学的校园精神、大学理念以及其中包含的深刻精神内涵,是对大学生进行社会主义核心价值观教育的重要环境载体。

第一,校园各种建筑物是大学生学习、生活的重要场所,高校要摆脱千篇一律的建筑风格,要在学校建筑中融入社会主义核心价值观的丰富内涵,不能一味讲究气派而应追求和谐,要突出蕴藏在建筑物背后的民族精神与时代精神,使社会主义核心价值观具体化、形象化。干净、整洁、优雅的校园自然环境能够净化学生的心灵、陶冶学生的情操、启迪学生的思想、愉悦学生的身心、激发学生的爱校热情。高校要设法创设实用性、审美性与育人性和谐统一的校园环境,使大学生在"润物细无声"中接受教育。要把校园内包括雕塑、校训石、花坛、建筑等景观充分渗透校园文化精神和人文内涵,让学生在潜移默化中培养起高雅的情操、健康的人格、正确的价值观。

第二,要把体现社会主义核心价值观文化主题的名人雕塑、书画作品、名言警句等张贴在教室、学生食堂、宿舍、走廊等场所,通过这种最直观、最直接、最频繁的方式展示给所有人,透过这些具体形象的展示,让学生耳濡目染、潜移默化地接受以社会主义核心价值观为主题的德育教育内容。"以器物形式为载体的景观文化充分发挥教化育人的作用,是高校校园文化建设必要而有效的手段",高校要重视校园景观的使用功能、审美功能和教育功能,把对学校建筑、校园广场、道路、水系等景观的命名与校史校情教育、传承民族优秀文化以及社会主义核心价值观教育结合起来,使其成为莘莘学子寄托爱校情结的载体,成为学校弘扬核心价值理念的途径。

第三,校园总体设计、规划要与学校的特点、特色相一致,要反映学校的精神和校风,要树立学校良好的形象及品牌,体现大学的"精、气、神"。在校园规划上不要贪多求大、走粗放式发展模式,要合理利用土地资源,争做资源节约型、环境友好型社会的示范者,用行动号召大学生发扬勤俭节约的生活作风,培养良好的道德情操。

第四,要加强文化设施建设,要满足文化建设对校园的教学楼、办公楼、图书馆等建筑的需求,不断改善其内部的软硬件设施,以最优质、最先进的条件满足全校师生学习、工作的需求,让师生在环境优雅、功能齐备的硬件环境中得到思想认识和人生境界的升华。及时增添以社会主义核心价值观为主要内容的专著、期刊、报纸等师生所需的学习资料,让他们更好地学习知识技能、提高思想素质、了解社情国情。在校园物质文化建设中一定要贯彻"以人为本"的理念,并将其渗透在校园教学、管理的各个环节,让大学生在飞速发展的物质文化环境建设中,感受学校独有的人文精神。要注重在提升人文感染力上下功夫,使学生在身处其间的同时,能够受到熏陶和感染。

（二）整合"非物质"化环境因素

"物质"化的文化环境,以屹立于校园之中的名人雕像、亭台楼宇、雕刻绘画等多种表象形式,在增强学生的情感体验之中,让教育以"润物细无声"的方式进入学生的头脑、走进学生的内心,于无形之中铸就了学生的气质和品格。而"非物质"化的文化环境,如遍布于校园各个角落的广播之声,无论是音乐还是新闻,于学生而言,都是一种熏陶和滋养;散落于校园操场、广场之中的舞蹈,也是一种涵养无言的渗透;尤其是伴随科技的进步,虚拟的网络环境文化早已成为影响大学生价值观培养的重要因素,无论是以校园网页、论坛、贴吧等哪一种形式呈现并进入大学生的生活起居,都影响着大学生的价值取向、生活方式以及思维方式。这些"非物质"化的环境因素,已然成为构建大学环境文化必不可少的方面,也是在大学生群体中培育和践行社会主义核心价值观十分珍贵的资源。

我们要在规划好和建设好校园物质文化环境建设的同时,重视对"软"文化环境的打造和优化,借助学校的电教传媒手段,融合学校杂志、报纸等传播媒介,采取丰富多样的形式,正确解读、宣传社会主义核心价值观,使学生在热烈的争鸣和讨论中认识到社会主义核心价值观的科学性,自觉树立社会主义核心价值观,并将其作为引导和规范自己行为的准则。此外,我们还应通过学校组织的文化艺术活动,如:音乐会、话剧、歌舞表演等,使学生在视觉冲击与真切感受中体会社会主义核心价值观的魅力。

发挥校园网络环境文化的影响力和渗透力,在大学生群体中切实培育和践行社会主义核心价值观。"网络文化是指以计算机技术和通信技术的相互融合为条件,以网络物质的创造发展为基础的网络精神创造。它是相伴网络技术的出现和进步而产生的一种新型文化形式。"[①]大学生是时代的弄潮儿,大学文化与先进文化有着内在的一致性,如何构建和谐的网络环境文化,对大学生的成长成才至关重要,社会主义核心价值观是建设校园网络环境文化的价值导向,而引导大学生树立正确的价值取向,培养健康的生活方式和科学的思维方式也是校园网络环境文化义不容辞的责任和担当。这就要求我们在加强校园网络环境文化的过程中,既要加强对学生思想的引导、网络行为的规范,也要加强对网络信息的筛选,形成有效的运行机制、监督机制和反馈机制,最大限度地发挥网络环境文化对学生的积极影响力,降低其对学生造成的不良影响。

---

① 王少安:《大学环境文化及其育人功能》,载《中国大学教学》,2008 年第 12 期,第 12 页。

"物化"环境和"非物质"环境因素共同构成了大学环境文化建设的完整内容,唯有整合两种资源,形成一种合力,才能将社会主义核心价值观的内容潜移默化地传递给学生,环境育人的功能才能够发挥到最大。

四、在大学行为文化建设中倡导

行为是行为文化产生与形成的根源和基础,缺乏参与主体行为的长期积淀与践行,行为文化的产生也无从谈起。行为主要"是指人们本能地回应内部或外部的某种刺激的活动和自觉的为了某种需要而进行的有目的活动。也可以说,行为是人们通过内在的生理和心理作用,而产生的本能和自觉的外显性活动。是人和环境相互作用的产物和表现"。① 行为文化,随着人类由野蛮走入文明的历史进程逐渐发展而来,是人类在长期的历史发展过程中积淀下来的社会心理、思维方式、风俗习惯、道德行为等外显性较强的文化形态的综合。文化的行为孕育出了更高层次的行为文化,而行为文化又是文化行为的凝练和升华。

大学行为文化的定域和场域是在教育系统中具有重要位置的高校。大学行为文化历史久远,随着大学文化研究的兴起,大学行为文化的研究也逐渐进入我们的视野,取得了丰富的研究成果。以行为文化定义为基础,我们可以将大学行为文化定位为在高校发展历程中长期形成并通过高校行为主体的活动展示出来的各种文化形态的综合。加强大学行为文化建设,不仅能够促进和丰富大学文化的整体发展,也有助于提升教育教学的质量,更能够有力地促进高校德育工作的深化。社会主义核心价值观不仅是一种观念,而且也是一个培育和践行的动态发展过程。高校价值观的实际效果要通过师生的组织行为、管理行为、生活行为等外显的行为方式来展示和衡量,也就是说人的行为方式是价值观的外化,但同时它也会反过来促进价值观的形成。因此,要帮助学生树立社会主义核心价值观,必须重视打造校园的行为文化,借助大学行为文化践行主体和实施载体的力量,在大学行为文化建设中贯穿并倡导社会主义核心价值观的内容和要求。

(一)大学行为文化主体是关键

谈及行为文化,就必然会提到行为文化的主体。在很大程度上,大学行为文化的品位高低关键就取决于行为文化主体的整体素养。在培育和践行社会主义核心价值观中,大学行为文化主体的作用至关重要。

---

① 马国清:《校园行为文化建设探析》,载《中国高教研究》,1999 年第 3 期,第 22 页。

第一，要打造一支兼具人格魅力与学术造诣的高素质教师队伍。"现代大学的本质是传承、研究、融合和创新高深学问的高等学府，传承、研究、融合和创新高深学问就是治学，这个任务主要是由教师来完成。"①大学教师是大学文化的主要践行者和传播者。在课堂上、校园中，教师不仅仅是作为知识的传授者，更是以其独具的人格魅力、达观积极的人生态度、科学敏捷的思维方式、循循善诱的教学方法等内在的力量达到育人的功效。所以，作为一种大学行为文化的践行主体，大学教师必须以科学的精神解读社会主义核心价值观，并将其内化为自己的人生信仰，通过言传身教的深刻影响，指导学生自觉地将外在的文化、精神、价值观念内化并形成自己的综合素养。

第二，要加强大学管理队伍建设，塑造一支极具战斗力、凝聚力和创新力的管理队伍。大学的管理队伍是一支由大学党委、行政及其他各级党群部门共同组成的管理团队，在大学的发展过程中担负着重要的决策、沟通、协调与服务功能。高校管理行为是形成大学行为文化特色的重要方面。管理者们的价值取向和追求、个人魅力与知识素养对大学的未来发展至关重要，对学生的成长成才也有着举足轻重的影响。营造先进的大学行为文化，发挥大学行为文化对大学生价值观的导向作用，就要求高校管理者具备过硬的政治思想素质和与时俱进的工作理念，将社会主义核心价值观贯穿到管理工作的各个方面，通过管理工作体现社会主义核心价值观的要求，进而使学生在管理之中感受社会主义核心价值观的魅力和科学性。

第三，要切实加强学生主体建设。学生团体作为大学校园生活的参与者之一，也是大学行为文化主体的重要组成部分。大学的重要使命在于为社会、为国家培养高素质人才，大学各项工作的开展也都是围绕学生培养这一核心而展开。撇开学生，大学便失去了其存在的价值和意义。要在大学生群体中培育和践行社会主义核心价值观，就必须在大学的日常管理、课堂教学和校园活动中注重培养学生的务实精神和求实秉性、拼搏精神和创新能力、民族精神以及时代精神。

（二）大学行为文化实施载体是基础

大学行为文化建设是一个系统工程，既包括行为主体，也包括实施载体。而丰富多彩的校园活动是大学行为文化实施载体的集中体现和外显。因此，我们在进行大学行为文化建构过程中，若要充分融入社会主义核心价值观的内容，就要

---

① 冀生：《现代大学文化学》，北京大学出版社 2002 年版，第 225 页。

不断探索校园文化活动的形式、挖掘校园活动的内涵。同时,也应加强对学生社团、学生文体活动的行为规范,加强监督,设立相应的奖惩措施,形成良好的活动陶冶机制。

第一,要坚持校园活动的导向性原则,必须以正确的方向和目标为指引,以免误入歧途,造成不良后果。因此,我们要时刻以马克思主义为指导,抓好政治行为文化活动开展,也要时刻以社会主义方向为指引,做好法纪行为文化活动的开展、组织和实施,更要时刻以社会主义核心价值观为引领,提升高校道德行为文化活动、学习行为文化活动和生活行为文化活动的质量和影响力。

第二,要在校园文化活动开展中,明确运用激励原则,全面引入激励机制,运用正向(表扬、嘉奖等)激励和负向(批评、教育、惩罚等)激励措施,在校园文化活动开展中形成一种竞争的氛围和态势,从而更好地激发行为主体动机、调适行为主体需求,营造良好的文化育人氛围。

第三,要积极开展以社会主义核心价值观为主题的校园文化活动。校园文化活动不仅具有思想教育作用,而且对于良好的行为养成具有重要作用。学校要举办体现时代脉搏的科技创新、时事理论的学术报告会、政策宣讲会等,加强教师的参与和指导作用,使各项活动保持正确方向,通过丰富的内容、多样的形式激发学生参与热情,提高学生的参与程度,让众多学生自觉提升自身精神境界。开展以爱国主义教育为内容的系列活动,利用重大纪念日、民族传统节日等契机开展文化活动和实践活动,增强学生的爱国主义情感。同时建立有效的校园文化活动评价机制,营造良好的校园氛围。通过一系列教育活动的开展,寓教于行,陶冶情操,培养起学生符合社会主义核心价值观要求的良好行为习惯。

同时,在进行大学行为文化实施载体建设的过程中,我们必须高度重视活动形式的选择、活动社团的建构、活动物力的保障。做到活动场所、活动物品、活动经费三到位,只有这样,才能够保证校园文化行为的实施和开展效果。

第十三章

培育和践行的重要阵地——网络新媒体

随着科技日新月异的发展,网络新媒体已经成为大学生学习、交流、娱乐的重要平台,在大学生的日常学习生活中占据了重要地位。社会已进入信息时代,网络新媒体已经深入到社会生活的各个领域,网络文化深刻地影响着人们,尤其是青年大学生的思想观念、价值取向和民族意识。作为高校思想政治教育重点内容的社会主义核心价值观的教育内容、教育方式、教育手段也受到了很大影响和挑战。正确地对其加以引导和利用,可促进社会主义核心价值观教育的顺利进行,收获良好的教育效果。因此,网络新媒体成了在大学生中培育和践行社会主义核心价值观的重要阵地。

网络新媒体是具有重要影响力的思想武器,是开展社会主义核心价值观教育、推动社会主义和谐社会建设的有生力量,是传播先进文化、弘扬社会正气的有效途径。现阶段,我国大众传媒站在代表先进文化的角度宣传党的方针政策、监测社会环境、协调社会关系、传承文化,对大学生价值观的塑造也起到积极的引导作用。但是我们也应该看到,近几年来,有的媒体在新闻宣传和娱乐报道中呈现出娱乐化、庸俗化和快餐化低俗之风,造成了很不好的社会影响。这种不良的文化环境,影响了大学生对客观价值的认知和判断,使大学生的价值选择和价值取向趋于功利化、物质化。现阶段,网络新媒体应充分发挥在个体价值观形成过程中的重要导向作用:要高扬社会主义核心价值观,确保媒体正确的价值导向;要通过主题网站、论坛、校园网络文化、网络教学等加强阵地建设;要通过建设良好的媒介生态,通过提升大学生的媒介素养来弘扬核心价值观;要净化网络环境,积极倡导文明上网,抵制不文明行为,为大学生创造文明、健康的网络风气。

一、发挥网络阵地的价值引导作用

习近平总书记在与各界优秀青年代表座谈时强调,青年最富有朝气、最富有梦想,青年兴则国家兴,青年强则国家强。随着网络新媒体发展带来的信息大爆炸以及纷繁复杂的社会思潮,对大学生进行理想信念教育,保证大学生价值观念的正确性与主流性,成为当前思想政治教育的新方向与新途径,不仅关乎大学生的成才与发展,更关乎整个民族的未来与希望。

(一)网络舆论深刻地影响着大学生的价值取向

根据 CNNIC(中国互联网络信息中心)的最新统计,截至 2014 年 6 月 30 日中国网民规模已达 6.32 亿,其中手机网民规模达到 5.27 亿,网站数 273 万,域名数 1919 万。互联网打破了传统媒体的时空界限,成为覆盖广泛、快捷高效、影响巨大、互动程度高和发展势头强的新型大众传媒。数字技术、网络技术在新闻出版、广播影视、演艺娱乐、文化会展等领域广泛应用,催生了新的文化生产方式和传播方式,孕育出新的文化样式和业态,深刻影响了社会舆论的形成机制、传播方式,影响了人们的生产方式、生活方式、思维方式、思想观念。当前,互联网已成为各种社会思潮、各种利益诉求的交汇中心,成为思想文化信息的集散地和社会舆论的放大器,成为意识形态较量的重要战场。互联网在人们的价值观形成中的影响力越来越突出,对人们的思想观念特别是对知识分子和青年学生的影响越来越大。在推进社会主义核心价值观建设中,必须把互联网作为特殊阵地,特殊对待。由于互联网具有便捷、高效、廉价的特点,通过网络获取信息已经成为人们最主要的认知渠道之一,网络舆论也正深刻地影响着人们的政治态度、道德风貌、价值取向。因此,有针对性地研究网络舆论,正确地进行网络引导,对建设社会主义核心价值观具有十分重要的现实意义。

(二)发挥网络在培育社会主义核心价值观中的自身优势

面临信息化发展潮流与培育和践行社会主义核心价值观现实,我们要充分运用数字技术、网络技术优势,提高宣传教育工作科学化水平,使网络在传播和弘扬社会主义核心价值观中发挥自身的特殊作用,充分利用网络传播便捷性和交互性强的天然优势,使其成为传播社会主义核心价值观的重点工具和重要场所,从而占领文化传播的制高点,牢牢掌握信息化条件下宣传思想工作的主导权。要高度重视社会主义网络文化建设,在加强中改进,在改进中规范对互联网、手机短信等新兴媒体的应用和管理,重点扶持和建设新闻网站,提高网络文化产品和服务的供给能力,主动引导网上舆论,有效防范和遏制有害信息的传播蔓延,努力使互联网成为传播社会主义先进文化的前沿阵地、提供公共文化服务的有效平台、促进人们精神文化生活健康发展的广阔空间。支持重点新闻网站运用新技术、开拓新业务、开发新产品,积极进入手机电视、网络电视、下一代互联网等新领域,进一步增强服务功能,不断扩大社会影响。抓好重点新闻网站租用带宽等方面优惠措施的贯彻落实,研究制定拓展融资渠道、引进高素质人才的具体政策,为重点新闻网站发展壮大创造条件。重点新闻网站要强化舆论引导功能,有效引导网上热点,努力掌握网上舆论引导的话语权。要重视发挥知名商业网站的积极作用,团结和引导其为建设社会主义核心价值观贡献力量。

新闻网站、学校网站、社科网站要发挥自身优势,坚持用社会主义核心价值观引领网上多样性的思想思潮,通过开设专题、评论、访谈和微博、QQ 群等形式,大力推动社会主义核心价值观在网络上的传播。要组织开办网上讲堂,丰富网上道德教育内容,倡导良好的网络道德风尚。

当前特别值得注意的是,西方一些敌对势力为了达到从思想上彻底搞垮中国的图谋,或出资创办网站,或幕后策划操纵,或专门雇用国内的网络"写手"、网络"水军",在各个重要的社区论坛上肆无忌惮地张贴攻击中国的文章和假消息,极尽污蔑歪曲之能事。这种情况必须在社会主义核心价值观培育和践行中引起重视,采取有针对性的举措切实加以改变,引导大学生明辨是非,正确认识各种社会思潮。

二、完善培育和践行的网络阵地建设

(一)完善主题网站建设

2014 年 2 月 27 日,习近平总书记指出,做好网上舆论工作是一项长期任务,要创新改进网上宣传,运用网络传播规律,弘扬主旋律,激发正能量,大力培育和践行社会主义核心价值观,把握好网上舆论引导的时、度、效,使网络空间清朗起来。

社会主义核心价值观的培育和践行是一个系统工程,其中一个重要方面就是要加强社会主义核心价值观培育和践行的网络阵地建设。目前,我国存在着各级各类的以思想政治教育为主题的"红色网站"。但从调查的情况看,这些"红色网站"的点击率普遍偏低,大学生群体中经常使用"红色网站"的人数不足一半,教育效果不尽如人意。从网站建设的角度看,导致这种状况的主要原因在于:一是网

站建设功能定位不准,缺乏特色,服务功能差。"红色网站"建设普遍考虑的是实现宣传、教育功能,没有很好地区分层次、区域和特定网民群体,不同的网站在栏目设置、内容框架等方面趋于雷同,缺乏自身特色;重灌输教育而轻信息服务,网站的实用功能如信息沟通、学习、休闲娱乐等功能简单匮乏,难以满足网民对日常工作、学习和娱乐等方面的综合信息需求,削弱了网民对它们的依赖程度和上网兴趣。二是传播手段不够丰富,传播方法不适应网络媒体的要求。目前思想政治教育网站开发的视听功能(如在线视频点播等)和内容严重偏少,绝大部分网站还停留在简单的文字、图片传播方式上,其建设水平与商业网站差距悬殊;同时,缺乏对网络宣传艺术的研究,许多网站的宣传内容报道会议活动多,与网民日常生活密切相关的信息少;摆成绩多,讲问题少;说教多,分析引导少,这种"大而空"的通病,也使网站很难具有吸引力。三是信息更新不及时,时效性差。网络传播具有即时性的特征,对信息更新、反馈的时效性有很高的要求。但一部分思想政治教育网站不重视信息内容的及时更新维护、互动反馈差,这也使上网者对它们丧失了兴趣。四是不注意对网站的宣传,因此难以在网上树立起富有特色的品牌。

要建设好社会主义核心价值观培育和践行主题网站,必须在汲取以往在思想政治教育主题网站建设经验并反思的基础上,在坚持导向原则、求实原则、安全原则等前提下,注重以下建设环节:一是分层分类,明确网站定位,打造富有特色的文化教育网络体系;二是促进主题网站信息服务的全面性和综合化;三是提高主题网站信息服务的时效性和互动性;四是重视综合运用多种手段进行网站形象宣传与维护。

(二)加强网络论坛建设

网络论坛又称电子论坛或 BBS 论坛,是指基于网络的 BBS 功能而建立起来的网络讨论系统和多元言论空间。目前,随着网络技术及网络文化的发展,各种形式的网络论坛和栏目层出不穷。网络论坛已经成为网民议论时政、交流思想、沟通情感的重要场所,其社会功能主要包括传递社会信息、形成社会舆论、服务大众等。网络论坛是网络空间中各种思想观念交锋、碰撞、对话最为激烈的场域,影响着社会价值观念的形成和扩散。同时,网络论坛也是网络思想政治教育过程中实现教育者与受教育者互动交流最重要的途径之一。因此,在培育和践行社会主义核心价值观中,需要加强对网络论坛的引导和建设工作,使之对传播社会主义核心价值观发挥积极的推动作用。

目前,可从以下几方面加强网络论坛建设。一是积极传播社会主义核心价值观。传播学中著名的"沉默的螺旋"理论,表现在网络论坛中就是意见趋同的多数网民的意见,会对网络舆论的形成产生重要的影响。因此,网络论坛必须坚持用社会主义核心价值观引导网络舆论,始终坚持用是否有利于推动先进文化建设等标准来判断网上多数"声音"的走向,通过及时深入地引导、弘扬社会主义核心价值观,并使之形成占据主导的舆论方向。二是加强网络评论员队伍建设。网络评论员要力争成为网上的"意见领袖",发挥引导网络舆论的中坚力量。三是充分发挥技术和制度的监督管理作用。传播全面、客观、正确的信息,删除片面、虚假和错误的信息,是网络论坛建设的重要课题。目前,可以采取技术规制和法律规制双重手段,加强对网络论坛的监督管理。在技术运用上,可以采取网络实名制,管理网络论坛准入制度,加强网络信息过滤软件的开发和运用,加强版主的技术使用范围等措施;在制度建设和实施上,则要不断完善和促进各类网络法规的出台,并有效地加以运用,共同服务于社会主义核心价值观的传播和弘扬。

(三)建设网上精神家园

从文化的角度看,社会主义核心价值观培育和践行的网络阵地建设最根本的目的是要建设以社会主义核心价值观为主导的网上精神家园,使社会主义核心价值观渗透到网民的日常工作、学习、交往、生活和娱乐等方方面面,引导网民形成健康向上的生活方式。以社会主义核心价值观为主导的网上精神家园,是以特定网民群体为对象,坚持价值观培育的生活化趋势,充分体现网络阵地培育的虚拟和现实融合的特性。网上精神家园以社会主义核心价值观为导向,是日常生活中表现出的与特定网民群体的精神交往,特定网民群体对其有"家"的认同感和依赖感。构建以社会主义核心价值观为主导的网上精神家园,应当注重以解决现实问题为主旨,实现虚拟空间与现实空间的有机融合。网上精神家园建设要紧贴大学生网民群体的学习、生活实际和思想实际,注意解答和解决大学生学习和生活的实际问题,实现网络思想政治教育的现实生活化,而不是从"虚拟"到"虚拟"。

同时,灵活运用博客、微信等通信工具弘扬社会主义核心价值观。博客、微信、QQ 等是一种十分简易的个人信息发布平台,它让任何人都可以像免费电子邮件的注册、写作和发送一样,完成个人网页的创建、发布和更新。如果把网络论坛(BBS)比喻为开放的广场,那么博客、微信、QQ 等就是一种开放的私人房间。通过博客、微信、QQ 人们可以充分利用超文本链接、网络互动、动态更新的特点,精选并链接全球互联网中最有价值的信息、知识与资源;也可以将个人工作过程、生活故事、思想历程、闪现的灵感等及时记录和发布,更可以以文会友,结识和汇聚朋友,进行深度交流沟通。博客、微信、QQ 的出现和发展,为拓展社会主义核心价值观培育提供了新载体和新形式。当前,运用博客、微信、QQ 开展价值观培育应关注以下几个方面问题的解决:首先,要加强教育者与网民的互动;其次,要注重建立博客、微信、QQ 教育者队伍;再次,还要注重充分发挥优秀博客、博文的示范引领作用。

高校应适时开通校园官方微博,与学生进一步亲密沟通。但在这个过程中应坚持三个统一的原则:一是教育与沟通相统一。以平等关系对待校园官微与学生微博,与学生进行互粉或者互相点名,在友好融洽的关系中共同学习,践行核心价值观。二是线上与线下相统一。官微不仅是网络上的交流平台,更可以促进现实中校园的良好风气形成,通过定期举办线上组织、线下开展的校园活动,引领大学生践行核心价值观。三是原创与转发相统一。在适量转发经典博文的基础上,根据每一阶段宣传主题的不同,定期撰写有价值、有意义的原创博文,达到预期培育效果。

高校还应开通微信交流平台。近几年来,多数年轻人已经习惯了使用微信进行免费的即时信息推送与语音对讲等功能,这为高校在大学生中进行核心价值观培育工作提供了快捷高效、交流平等且又具备潮流感的培育路径。在微信上组建以学院或者班级为单位的交流群,只要有手机在身边,师生就可以随时随地进行实时互动,针对热门话题展开多向讨论,充分交流和探讨;此外,以学校为单位创建微信公共账号,定期制作校园文化相关文章向关注者进行推送,图、文、声并茂,用丰富多彩的形式弘扬社会主义核心价值观,抢占网络价值观培育阵地。

(四)构建校园网络文化

校园网络文化是在校园网络环境下产生的一种新的文化形态,它既是对传统校园文化的虚拟,又是对其的发展和延伸。近年来,随着网络信息技术的迅猛发展和电子计算机的应用普及,校园网络文化也呈现出迅速发展的态势,逐渐成为高校校园文化必不可少的组成部分。高校要在校园文化网络建设中竭力体现社会主义核心价值观,使之成为校园文化活动的主导,使大学生在参加校园文化活动中不断提高自身的审美修养、内在素质等,树立正确的价值观、人生观,促进其全面发展。

对于高校而言,目前绝大部分的高校都已建成相对成熟的校园网站系统,提供发布动态、成绩查询等服务。高校可以依托校园网站,开通大学生社会主义核心价值观教育专栏,要在内容、形式和手段上下功夫,提高网站利用广度与深度。

在价值观教育专栏,选取学生中践行社会主义核心价值观的典范进行宣传;信息内容上不仅要保证质量,还要保证其时效性和丰富性;与校园 BBS 以及百度贴吧等进行合作,为同学提供发表言论、互通信息、建言献策的交流平台;配备专门的宣传人员进行适当的舆论引导,确保专栏充分发挥其教育作用。在专栏建设过程中,充分发挥新媒体优势,合理利用图文结合、微电影、微语录等方式进行全方位的价值观宣扬,给学习者带来完美的视听享受,增强专栏对大学生的吸引力和凝聚力,从而达到良好的宣传目的。此外,运用校园新闻资源,整合校报、广播、电视台等媒体,搭建校园网络新闻立体平台,做好典型宣传、热点透视和舆论引导工作,从而形成网上网下社会主义核心价值观体系的教育合力。

高校还要注重加强校园网的软硬件建设,改善校园网络基础设施,加大物质投入,推动技术升级。首先要充分利用高校自身的技术人员和网络资源优势,自主地逐步设计出自身特色的应用系统。其次,要加强网络教育软件建设。最后,为了发挥校园网的作用,有必要对各级领导干部和广大师生进行有针对性的培训,提高他们利用校园网开展教育教学、管理、服务等工作的能力。

高校应充分关注掌握高等学校师生的网络道德现状、网络道德个案,制订网络道德建设的具体方案,与相关部门协作开展文明上网宣传、网络道德评议等活动。同时可以建立网上竞赛、网上交流、网上信息发布、网上意见征集、网上心理咨询、网上谈心等一整套网络评价体系,让学生自检、自评,借以自我约束,自我提高。高校要加强校园网的管理,努力营造大学良好的环境氛围,为大学生创造良好的网络环境,增强校园网对大学生的吸引力。

(五)深入开展网络教学

传统的教学方式突出老师的主体性,忽视了学生的主观能动性,这种教学方式可能会导致社会主义核心价值观教育流于形式,不能真正地被学生所接受。所以高校教师要从学生活泼的个性出发,在课堂教学中采用问题式、启发式、参与式、开放式的教学模式,运用案例教学、情境教学、双向互动教学形式,鼓励学生大胆发言与讨论,引导、调动学生对社会主义核心价值观的接受兴趣,深入浅出、创造性地开展价值观教育。此外,老师可运用更易被学生接受的多媒体教学和网络教学的方式来进行社会主义核心价值观教育。一方面,老师可以在教学中采用多媒体教学,制作生动形象、内容丰富、图文并茂的教学课件,使沉闷的课堂教学气氛变得活泼有趣,使学生主动接受社会主义核心价值观教育,并内化于心。另一方面,依靠校园网,建立教育网站。通过网站上传党的方针政策、社会主义核心价值观等内容,并且对学生学习生活中出现的问题进行及时解答,对社会中出现的热点话题、网络论坛中的热聊话题进行评述,对学生的世界观、人生观、价值观进行引导。开设网上聊天室,了解大学生的思想状况、学习困惑和生活情况等问题。同时教师也可以通过个人主页、博客、电子邮件、微信等方式,与学生进行思想交流,充分发挥学生的主体地位,使学生主动、积极地学习社会主义核心价值观。

要保证网络教学顺利开展、个性化教学发展良好,高校就要加快网络教育基地的建设和发展,汇集大量包括数据、资料、程序、教学软件等教学资源,形成一个高度综合集成的信息库,为大学生社会主义核心价值观教育提供技术支持。同时要重视对教师的信息技术培训,通过开展多形式、多层次的培训活动,提高广大教师的现代教育理论水平、教研能力和运用信息技术的能力,为大学生社会主义核心价值观教育提供师资保证。

三、强化大学生网络媒介素养教育

"素养"的本义为"识字""有文化"和"阅读写作的能力"。在媒介教育研究领域,媒介素养被引申为具有正确使用媒介和有效利用媒介的能力。网络媒介素养是指人们了解、分析、评估网络媒介和利用网络媒介获取、创造信息的能力。网络媒介素养不仅包括人们对网络知识的基本了解和使用网络获取信息的能力,还包括对网络信息价值的认知能力、判断能力和筛选能力,对各种网络信息的解构能力,对网络世界虚幻性的认知能力,建立网络伦理观念的能力。网络交往的能力和认识网络双重性影响的能力等。在网络时代,人们对网络媒体的信任度越来越高,网络媒体表现出来的影响力、社会地位、政治认可度以及对重大事件的报道能力,已使它成了和传统媒体并行的"第四媒体"。网络媒体给了受众更大的自由选择信息空间,也对受众的媒介素养提出了更高要求。尤其是网络信息"把关人"角色的去中心化现象和网络媒介受众与传者的一体化现象,更对大学生的网络媒介素养提出了高要求。对大学生进行网络媒介素养教育不仅是高校思想政治教育的重要内容,也是大学生成长成才的必要环节,是培育和践行社会主义核心价值观的迫切需要。

(一)重视网络道德建设

随着信息时代的到来和网络技术的迅猛发展,海量的网络信息更新频繁,大学生所接触的信息往往缺乏条理和逻辑。美国密执安大学精神卫生所所长詹姆斯·米勒的研究表明,当一个人接受信息超过他能处理的极限时,就可能导致紊乱。这就要引导大学生坚持"去伪存真"和"去粗取精"地辨别和整合,对网络媒介信息进行客观的评价和敏锐的捕捉,加强自身网络道德修养。

2001年,《公民道德建设实施纲要》指出了网络道德建设的必要性和紧迫性,提出了"引导网络机构和广大网民增强网络道德意识,共同建设网络文明"的要求。2006年,《二〇〇六年——二〇二〇年国家信息化发展战略》提出了"倡导网络文明,强化网络道德约束,建立和完善网络行为规范,积极引导广大群众的网络文化创作实践,自觉抵御不良内容的侵蚀,摒弃网络滥用行为和低俗之风,全面建设积极健康的网络文化"的网络道德建设的奋斗目标。网络道德是人们在网络交往过程中应遵循的道德规范和行为准则。与现实社会的道德相比,网络的全球化、信息化使不同的道德意识、道德观念和道德行为之间发生经常性的冲突、碰撞和融合,呈现出一种多元化、多层次化的特点与趋势。所谓网络道德教育,一般学者认为包括两个方面:一方面是把网络作为一种新的德育途径,开展德育工作,以提高德育的实效性;另一方面是在对学生进行网络技术教育的同时,加强网络道德规范的教育,培养学生自觉的网络道德意识、道德意志和道德情感,提高学生的道德自律能力。网络道德教育,就是教育者遵循道德教育活动的基本规律,向受教育者系统传授网络道德规范,并使其逐渐内化为自身网络道德需求,从而自觉指导和约束自己网络行为的一种教育活动。道德教育的内容,是根据社会发展的要求以及道德教育对象的实际而确定的,网络道德教育的内容必然反映网络社会的特殊要求。

随着网络文化的迅猛发展,网络道德问题已日显突出。加强大学生网络道德教育,已经成为大学生网络教育的重要方面。首先要进行网络意识教育。网络时代的到来,网络技术的飞速发展,既是压力也是挑战,网络在带给我们便利的同时也给大学生价值观念带来了一些负面影响。在网络文化中价值观念的多元性、文化信息的开放性、网络内容的复杂性的形势下,要教育大学生认识到网络的两面性,引导他们充分发挥网络的优势,自觉规避不良信息,树立正确的价值观。其次,以"慎独"为核心,引导大学生做到网络道德自律,自觉做到"六不"。"慎独"是儒家思想家所提出的一种道德修养方法和道德境界,其核心是要求人们善自独处。这就要求高校教育引导学生即使一个人独自上网,也不应该做有违道德规范的事,自觉做到"六不,即不沉迷于网络聊天和网络游戏、不做黑客、不抛垃圾、不浏览和传播淫秽物品、不侵权、不轻信。再次,高度关注大学生的精神和心理需求。充分发挥网络道德教育虚拟、现实两手抓,两手都硬的优势,在网络上,尤其是校园网上,对网上的道德和不道德的行为做出评价,表明态度,坚定立场,以此来促进和强化良好的道德认识。同时要建立互联网道德建设的专门网站,培养网络道德意志,确立道德信念。最后,在利用网络进行核心价值观教育中,应加强对大学生网络法律意识的教育,确保网络对大学生思想意识的正面效应。

(二)推进大学生网络媒介素养课程化建设

网络媒介素养教育应帮助大学生对网络媒介的基本知识有较系统的了解,从而对网络的使用有较强的操作能力和网上行为的自我管理能力。网络媒介不同于传统媒体,其传播方式也有很大不同,如果对网络媒体的基本运作常识不能掌握,就只能成为网络的被动使用者,就不能更好地利用网络,尤其是不能对自己的网络行为进行良好的管理,还会因为过量过度使用网络而导致"网络成瘾"。这就要求大学生掌握网络媒介和传播学的基本常识,了解传播的基本原理,改善知识结构,提高上网的"冲浪"技能。同时,还要引导大学生通过科学知识的学习,明确自己的"网络媒介需要",适时、适量、适度地接触网络,管理自己上网的动机、时间和情绪,做理性的网民。

在网络媒介素养课程化建设过程中,首先,应将媒介素养教育的内容融入其他相近或相关的学科课程中或者直接开设网络媒介素养教育课程。虽然我国大部分地区在中小学就开设了媒介课程,但多侧重于多媒体网络技术及其运用。进入大学后他们以前学习的网络技术知识是远远不够的,这就需要高校开设相关的必修课或选修课,用这些课程来介绍主要媒介类型的知识,培养学生对网络媒介信息的分析与评价方法与能力,通过在课堂中由教师引导的对网络新闻信息的正确解读,达到提高网络媒介素养水平的效果。其次,要编写网络媒介素养教育的适用性教材。作为知识载体的教材不管对于教师的教还是学生的学都至关重要。当前我国虽然对网络媒介素养的教育问题讨论颇多,并且也出版了一些媒介素养的相关教材,但其通用性和实用性都有待提高,这就需要尽快组织有关专家根据重点难点编写出适合大学通识教育的网络媒介素养教育普及教材。再次,要构建和完善媒介素养教育的相关评价指标体系,保证高校媒介素养教育取得良好的效果。

(三)加快大学生网络媒介素养队伍化建设

在传统的教育教学模式中,教师都担负着极其重要的作用。同样,在媒介素养教育的过程中,教师的作用也不可替代。教师如果引导得好,就能最大限度地激发学生的学习热情,使其在自主学习的过程中自觉促进自己网络媒介素养的提高。加强网络核心价值体系教师队伍建设,才能形成网络社会主义核心价值观工作体系,牢牢把握网络教育主动权。

然而不容乐观的是当前很多教师自身网络媒介素养不高,有的教师在网络意识、网络知识、网络能力等方面根本不能适应信息化社会的要求,因此,要加快大学生网络媒介素养队伍化建设,就需要高校开设媒介素养教育相关的教师培训项目,采取"送出去、请进来"的做法组织教师进行培训。对教师开展短期和长期、脱产和半脱产以及利用现代远程教育进行在职培训,同时邀请相关专家来学校开设专题讲座,使他们在短时间内掌握有关教育、教学理论和学科发展的新成果,掌握现代化的科学研究手段和教育媒介技术,真正起到网络育人的作用。

(四)强化网络心理教育

网络心理教育就是根据网民生理、心理发展特点,运用相关学科的基本理论和方法,培养网民良好的心理素质,促进网民身心素质全面和谐发展的教育和指导活动。对大学生进行网络心理教育,不仅有助于提高大学生网络思想政治教育的实效性,促进网络环境下大学生顺利成长成才,而且有助于引导大学生网络心理健康自我调适的形成,切实提高大学生心理素质。因此要培养大学生健康的网络心理,以正确的人生观和价值观来引导大学生心理健康发展:一是进行网络认知教育,帮助和引导大学生正确认识网络的性质和功能,提高网络信息的鉴别能力。二是进行网络情感教育,教育和引导大学生保持情绪健康,培养高尚的情感情操。三是进行网络意志教育,培养大学生具有良好的意志品质,如学习知识的自觉性高、判断问题果断性强、执行计划坚持不懈、面对诱惑自制力强等,这能够有效阻碍大学生网络心理问题的形成。四是进行网络人格教育,培养大学生健全的人格倾向和优良的性格品质,并帮助他们掌握自身气质特点。五是进行网络人际交往教育,帮助他们更新交往观念,掌握网络交往原则。

四、净化网络环境

(一)增强家长作用

家庭是大学生行为习惯、性格特征、思想品德养成的最初环境,虽然大学生已经离开家庭进入大学,但大学生进入校园后与家庭仍保持着紧密的联系,作为以婚姻血缘性为基础的家庭的影响始终是存在的,并以其潜移默化的形式融入亲情的氛围之中,对培育大学生正确的价值观具有不可替代的作用,是引导大学生价值观成长的主要途径。家长的思想修养、言行举止都成为大学生价值观形成过程中的楷模与参照。因此,在大学生中培育和践行社会主义核心价值观,一定要重视家长的引导示范作用。

网络是现代科技迅猛发展的产物,许多学生家长不接触网络,既不懂得操作,也不了解网络的实际情况。据调查发现,众多家长对子女上网持两种极端的态度,第一种是漠不关心,放任子女在网络上的各种活动,第二种视网络为洪水猛兽,简单粗暴地制止一切网络活动。事实上这两种极端的做法都不利于大学生网络文化的发展。家长要营造良好的家庭网络氛围,引导子女正确上网;帮助子女提高对网络的基本认识,让子女了解网络的由来、网络的作用以及网络将来的发展趋势等;用生动形象的事例让孩子既要懂得网络给我们生活带来的便利,也要让子女明白沉迷网络的危害。通过教育增强子女网络使用的道德自律能力,形成健康的道德人格和网络人格。教会子女正确地使用网络资源,不能把电脑的功能仅仅局限在聊天、网页浏览和打游戏上,而是要把互联网作为获取信息、培养创新能力的工具。教会子女正确处理网络信息,选择科学、有效信息,排除有害、多余信息。指导子女利用网络从事一些健康有意义的活动等。

随着网络科技的迅猛发展,越来越多的家长已经熟知网络,有些家长甚至开始迷恋网络,如有的家长热衷于网购,有的家长沉迷于网络世界等,而家长的这些言行会对子女产生有形或无形的影响。因此家长对子女进行网络教育的最好方式就是以身作则。家长平时在家中上网须严于律己、以身作则,坚决不做有违文明和道德规范的网上活动,家长要使自己成为子女学习的榜样,要在潜移默化中培养子女的社会主义核心价值观。

大学生入校后一般离家比较远,家长对学生的学习更多的是通过学生自己的传达进行了解,与学校的联系较为缺乏。这既有学校层面的原因,也有家长方面的原因,更有现实层面的原因。首先,高校一般没有像现代的中小学一样有定期的家长接待日,学校、学生和家庭之间完整有效的信息互联网络也尚未建立起来,学校一般都是在学生出现了各种各样的问题之后,如考试不及格、违反学校纪律、身心出现问题等,才与家长进行联系,寻求协助解决的办法。其次,家长认为学生已经成人,很多事情是可以自己处理的,加之学生离家比较远,所以家长对学生的关心更多的是生活方面,对于学生在校的表现情况知之甚少。因此,家长应采取行动,保障家庭与学校的信息畅通。要掌握学校各部门领导、辅导员、班主任和学生寝室的电话等通讯联系信息,要通过互联网与学校老师、学生本人联系,从而快捷、准确、全面地了解学生在校学习、生活的实况,使家庭教育更具针对性。

(二)建立网络管理制度

近年来,随着我国互联网技术的不断发展创新,网络呈现出跌宕起伏的特点。众多的天灾人祸、社会矛盾,以及改革开放 30 多年积累下来的深层次问题,加上百年一遇的全球金融危机,诸多突发事件和社会现象,使得中国网民表现出强烈的社会关怀,频频发声。互联网成为各阶层利益表达、情感宣泄、思想碰撞的舆论主渠道。

当前,我国在网络管理与网民结构方面存在很多问题:一方面,社会管理机制缺失,导致法律和道德对网络行为的约束力较弱,网络舆情环境混乱复杂。另一方面,由于我国网民结构尚处于三低状态,网民自律意识缺乏,言论与信息传播缺少自律性,对于负面信息的好奇心大,对突发网络事件认识不理性,观点意见往往表现出情绪化、个人感官化和偏激化。导致网上有害信息、虚假信息泛滥,网络舆论的产生、扩散和形成处于自发无序的状态中,网民道德自律、网络传播行业自律和管理亟待加强。互联网是社会大众共有的虚拟世界,这一虚拟世界早已和现实社会密不可分,这就决定了互联网不是绝对自由的平台,而应该是和谐与法治秩序的领地。如果管理不善,国家信息安全就会受到威胁,企业电子商务就会受到影响,大众个人隐私就会受到损害。

与现实社会管理一样,互联网管理不仅要依靠行业和个人自律,更应依靠机制和法律。对于网络监管,动力来自社会,呼声来自民间;作为国家利益和公众利益的代表,政府介入其中,健全法律机制,促进立法、执法,敦促行业自律,引导并保持互联网健康的发展方向,是网络发展的需要。通过网络立法,明确在互联网中哪些是得到保护的,哪些是要进行限制、禁止的,让网民明确自己的权利与义务,使上网行为有章可循、有法可依,是公民合法权益的一部分,更是依法治国的题中之义。

(三)加强网络监管

当前网络环境下,不够健全和完善的大学生网络监管制度是导致大学生出现网络问题重要因素,制定强有力的监管制度是大学生网络教育的重要保障。建立完善的监管制度不仅需要高校积极主动,还需要政府相关部门、社会各界的沟通与配合。要形成全员育人的良好氛围,首先应健全网络的检查监督制度。在网站注册登记时,严格把关、认真审核,从源头上进行检测。同时要做好工作实际效果和落实情况的督促和检查。其次,建立信息监管制度。网络信息五花八门、鱼龙混杂,这就要求相关部门对发布的信息进行必要的监控和过滤,加强对网络信息的监管力度,对获取到的信息经过组织加工之后再提供给学生阅读。再次,建立网络应急突发事件处理预案制度,以确保在突发网络公共事件时相关职能部门能够第一时间快速反应和处理,避免出现失去管控的情况。同时高校也要通过加强网络管理,落实校园网络安全责任制,引导文明上网,规范网络管理,强化网络监督,严防各种有害信息的传播。

网络的虚拟性、开放性、匿名性特点,在引起人们网上道德行为失范的同时,也会进一步导致人们网络违法犯罪行为的增加。恶意攻击诽谤、非法侵入他人隐私、实施黑客攻击行为、侵犯知识产权及利用网络从事各种非法活动的现象屡屡发生,仅仅靠网络道德的自律,已很难保证健康有序的网络生活的发展,加强网络法制教育迫在眉睫。法制教育是以普及法律常识、增强人们的法律意识为目的的教育活动,网络法制教育是一项与传统法制教育既相联系又相区别的教育活动,其主要方式是教育者在熟悉和了解网络生活情况的基础上,向受教育者传授相关的网络法律知识,培养其网络法制观念,从而提高受教育者网络守法和维权能力的教育活动。网络法制教育的内容应该包括普及网络法律知识、培养网络法律意识、增强网络守法能力、完善网络维权教育等方面。

第十四章

培育和践行的深厚根基——中华优秀传统文化

习近平同志在2014年2月24日中共中央政治局第十三次集体学习时的讲话强调，"培育和弘扬社会主义核心价值观必须立足中华优秀传统文化。牢固的核心价值观，都有其固有的根本。抛弃传统、丢掉根本，就等于割断了自己的精神命脉。"中华优秀传统文化是五千年悠久文明中积累的智慧成果，是中华民族最深沉的精神追求、最根本的精神基因、最深厚的文化软实力。作为文化范畴的社会主义核心价值观的形成、发展必须立足于这个根和魂，必须根植于中华优秀传统文化这片深厚土壤。社会主义核心价值观与中华优秀传统文化是一脉相承、相得益彰的。社会主义核心价值观继承了中华优秀传统文化，借鉴了近现代社会文明与文化发展的最新成果，汲取了蕴含着几千年人类文明曲折发展历史的精华积淀。

习近平同志指出："深入挖掘和阐发中华优秀传统文化讲仁爱、重民本、守诚信、崇正义、尚和合、求大同的时代价值，使中华优秀传统文化成为涵养社会主义核心价值观的重要源泉。"中华优秀传统文化是我国现代文明的基础，是我们的核心价值观的立足之地。高校作为中华优秀传统文化传承的重要阵地和思想文化创新的重要源泉，将中华优秀传统文化融入立德树人的实践，是其职责所在。

《完善中华优秀传统文化教育指导纲要》中指出：加强对青少年学生的中华优秀传统文化教育，要以弘扬爱国主义精神为核心，以家国情怀教育、社会关爱教育和人格修养教育为重点，着力完善青少年学生的道德品质，培育理想人格，提升政治素养。要从小学到大学按照从易到难、循序渐进、相互衔接的思路分学段，有序推进中华传统优秀文化教育，在大学阶段，主要是增强学生传承弘扬中华优秀传统文化的责任感和使命感，个人理想和国家梦想、个人价值与国家发展结合起来，坚定为实现中华民族伟大复兴的中国梦不懈奋斗的理想信念。

一、家国情怀教育

"家国情怀"是一个人对自己国家和人民所表现出来的深情大爱,是对国家富强、人民幸福所表现出来的理想追求,它体现的是公民对国家的认同感和归属感、责任感和使命感。"家国情怀"是一种强大的精神力量,是民族凝聚力的心理基础,是中华传统文化中最宝贵最活跃的精神资源。"家国情怀"在不同的时代有着不同的内涵和话语形式,古代的"家国情怀"是心系故国、不忘故土,近代的"家国情怀"是反抗列强、建构现代民族国家,现代的"家国情怀"是国家富强、民族振兴、人民幸福。随着社会主义现代化建设的发展,我们的生活环境、社会结构、经济条件都发生了巨大变化,但是我们不能忘根,那就是我们是中国人。中华儿女内心深处无不有着浓厚的家国情怀,诗礼传家、耕读传家、精忠报国等已经融入每个中华儿女的血脉当中,代代相传。追求"修身、齐家、治国、平天下",强调个人、家庭和国家的有机统一,是中华民族在辉煌发展史中凝聚的核心价值取向。有活力、有思想、有能力、有价值的,代表着祖国未来、民族希望的大学生更要进行以国家为己任的家国情怀教育。

习近平同志在新一届中央政治局常委与中外记者见面时提出,要对家国、对民族、对人民、对党负责,道出了"责任重于泰山,事业任重道远"的紧迫感、责任感、使命感。在接受其他国家媒体联合采访时,习近平总书记说:"这样一个大国,这样多的人民,这么复杂的国情,领导者要深入了解国情,了解人民所思所盼,要有'如履薄冰,如临深渊'的自觉,要有'治大国如烹小鲜'的态度。"改革开放以来,中国经济高速发展了30多年,发展中产生的问题以及长期累积的困难不少,改革进入"深水区"和攻坚期,诸多矛盾共存。习总书记强调既不能操之过急,也不能松弛懈怠,才能把事情办好,体现了对党和国家事业高度负责的执政理念。

(一)中国梦教育

梦想,是一个国家和民族前行奋进的灯塔。一个人不能没有理想,一个民族不能没有梦想。在参观《复兴之路》展览的过程中,习近平同志指出:"实现中华民族伟大复兴的中国梦,就是要实现国家富强、民族振兴、人民幸福。"习近平同志关于中国梦的论述,指明了中国特色社会主义的前进方向和奋斗目标,描绘了人民幸福、国家富强、民族复兴的美好蓝图,激发了人们努力奋斗的力量,在全社会引起强烈反响。

任何伟大的理想成为现实都不是一蹴而就的,实现中华民族伟大复兴的"中国梦",是一个漫长而充满坎坷的奋斗过程,在这个过程中不能缺少强大的思想保证和坚实的精神支撑,而这个思想保证、精神支撑就是社会主义核心价值观。社会主义核心价值观与中国梦二者密不可分并有机统一于中国特色社会主义实践。首先,社会主义核心价值观构成中国梦不可或缺的价值内核。其次,实现中国梦离不开社会主义核心价值观的思想保证。同时,两者有机融合、同步推进,中国梦的实现过程同时也是社会主义核心价值观一步步落地生根的过程。社会主义核心价值观的最大说服力应该来自夺取中国特色社会主义新胜利、实现中国梦的生动实践。社会主义核心价值观所倡导的价值理念,在为中国梦提供精神支撑的同时,也将逐步彰显强大生命力,触及人们的灵魂深处,使人们更自觉地认同和遵循,进而转化为更积极追求幸福生活的行动。

"中国梦"是强国梦,强国必先强教。党的十八大报告指出,教育是中华民族振兴和社会进步的基石,要努力办好人民满意的教育。实现中华民族的伟大复兴,实现伟大的"中国梦",是高等教育肩负的重要使命,也是大学义不容辞的责任。人生的理想决定个人的发展方向,"中国梦"其实就是理想信念,高校对大学生进行"中国梦"教育就是对大学生进行理想信念教育。在大学生中进行理想信念教育就是引导他们做什么样的人,指引他们走什么路,激励他们为什么学。通过教育引导大学生树立远大理想,坚定崇高信念,在为实现中国特色社会主义共同理想而奋斗的过程中实现个人理想,而这是大学生自身成长成才的现实需要,是国家和人民的殷切期盼,也是践行社会主核心价值观、实现"中国梦"的客观需要。

高校要鼓励大学生追求青年之梦、学子之梦,引导广大学子将个人价值与国家命运紧密联系在一起,积极投身于社会实践中。要组织学生深入学习马列主义、毛泽东思想、邓小平理论、"三个代表"重要思想、科学发展观和习近平总书记系列讲话精神,学习中国近现代史、学习党的知识,用先进理论武装学生头脑。首先,积极开展一些有关马克思主义经典著作阅读、学术沙龙、学术研讨会、读书报告会、学术征文、学术讲座、学术交流会等,提高大学生的马克思主义理论素养,坚定大学生的中国特色社会主义理想信念,培养大学生的爱国主义精神和改革创新的时代精神。其次,可以引导成立诸如孔孟学说研究会、传统文化学生宣讲团、青衿国学社等社团组织,将其作为弘扬中华优秀传统文化的重要阵地,调动学生的积极性和参与性,提高培育和践行社会主义核心价值观的有效性。再次,要以爱国主义教育为重点,深入开展和弘扬民族精神教育,深入开展"中国梦、我的梦"

"我与祖国共奋进"等主题实践活动,激发学生爱国热情,引导他们理性表达爱国情怀,同时引导他们树立忧患意识,刻苦学习,报效祖国。以中华民族传统节日如端午节、中秋节以及党史国史上重大事件、重要人物纪念日等为契机,组织开展形式多样内涵丰富的主题教育活动。而作为祖国未来、民族希望的当代青年大学生,要用"中国梦"丰富自己的价值愿景,用爱国主义情怀提升自己的思想境界,用扎实的专业知识和技能提升自己的本领,用创新创造的激情超越自己,用艰苦奋斗的精神鼓舞自己,用奉献社会的品格锤炼自己。

(二)革命传统教育

革命传统文化是指在革命战争年代,以马克思主义理论为指导,由中国共产党人、先进分子和人民群众共同创造并极具中国特色的先进文化。革命传统是中国共产党创造、积淀的重要文化遗产,是伟大民族精神在革命斗争中的传承、锤炼和升华,是社会主义先进文化的重要内容,也是社会主义核心价值观的重要渊源之一。习近平同志指出:焦裕禄精神同井冈山精神、延安精神、雷锋精神等革命传统和伟大精神一样,过去是、现在是、将来仍然是我们党和国家的宝贵精神财富。

《完善中华优秀传统文化教育指导纲要》中指出:加强中华优秀传统文化教育要坚持中华优秀传统文化教育与时代精神教育和革命传统教育相结合的原则,既要大力弘扬以爱国主义为核心的民族精神,又要积极弘扬以改革创新为核心的时代精神,继承和弘扬革命传统文化。在大学生中进行革命传统教育不仅能确保大学生思想政治教育的方向,而且能丰富大学生价值观教育的内容,增强培育和践行的感染力和说服力。

高校在培育和践行社会主义核心价值观的过程中,要实现革命传统"课程化",把革命传统教育与学生的思想政治理论课学习相结合,与学生的专业课学习相结合,与学生的素质拓展课相结合,实现革命传统文化教育进教材、进课堂;要实现革命传统教育"网络化",充分利用网络信息资源,着力构建革命传统文化资源网络平台,加快革命传统文化网站的建设,建立诸如红色网站、思进网等革命传统主题教育网站,设立图文并茂、声像并举、学生感兴趣的内容板块,不断丰富网站内容。高校应当坚持用革命传统文化资源来加强校园文化建设,积极寻找校园文化活动与网络文化的结合点,开展诸如"红色网站制作大赛""革命传统知识网络竞赛"等融思想性、知识性、趣味性于一体的网络文化活动,努力营造校园革命传统文化传播的氛围,使革命传统文化在整个校园中随处可见、可学;要把革命传统文化教育纳入大学生党建活动,依托革命传统文化资源,丰富党建的内容和形式,充分发挥党员、团员的先锋模范作用。此外,高校可以组织大学生参观博物馆、纪念馆、展览馆、革命烈士陵墓或者文化遗址等,加深他们对中华优秀传统文化的理解,强化对红色革命精神的认同,提升自身文化素养。积极倡导大学生进行"红色旅游",开展"红色之旅"学习参观,充分发挥爱国主义教育基地的教育作用,激发大学生的爱国热情,加强对大学生的爱国主义教育。

(三)家风家教宣传展示教育

家庭是社会的细胞,是连接个体和社会的桥梁。作为"社会细胞",家庭也绝非仅仅是社会组织的开端,更是社会文明教养、德行培育和文化传承的第一驿站。故此,家风家教具有优先、初始、前提预制的特殊文明及文化意义。顾名思义,所谓家风即作为伦理亲缘共同体的家庭(家族)在长期的家庭生活传承中,逐渐形成和积淀起来的日常生活方式、家庭文化风范和道德伦理品格。所谓家教即家庭教育或教养。家风的形成,建立在家训、家规和家教基础之上。有的有明文规定,有的没有,但总会从父母长辈那里传承下来一些为人处世的品德要求。这些要求,沉淀了优秀的民风民俗,从不同侧面体现了中华民族的性格,反映出中华民族的精气神。组合起来,就是中华民族传统文化和精神气象的生动写照。家风家教积淀着中华优秀传统文化最深沉的精神追求,社会主义核心价值观植根于中华文化沃土,反映人民意愿,适应时代进步要求,有着深厚的历史渊源和广泛的现实基础。从这个意义上说,家风家教就是社会主义核心价值观的具体化、生活化。

家风家教是一个家庭的风气、风格与风尚,是一个家庭的主旋律,也是一个家族共识性的道德观念。家风家教作为家庭教育中最传统、最基础、最难忘的行为规范,对人的影响最贴切、最直接、最深刻,也最长久。家风影响社会风气,正如习近平同志所强调,家庭是社会的基本细胞,千千万万个家庭的家风好,子女教育得好,社会风气才有好的基础。家风是支撑一个家庭乃至家族世代前行的精神内核,并由此影响着整个民族的价值观和道德内涵,实际上就是家庭精神传统影响国家价值追求。社会主义核心价值观不是冷冰冰的说教,而是贴近每个人、带着温度、生动活泼的精神追求。培育和践行社会主义核心价值观是一项长期而又艰巨的系统工程,需要从具体问题抓起,要不断拓宽渠道,丰富载体,家教家风作为中华传统文化传承重要形式,理应成为社会主义核心价值观宣传教育的重要载体。因此良好的家风家教,既是培育和传承中华传统美德最直接的方式,也是弘扬和践行社会主义核心价值观最重要的手段。

家风虽然不能涵盖社会主义核心价值观的全部,但它对引导人们培育和践行社会主义核心价值观来说,却是最基础的东西,是人们的价值观形成和精神成长的重要起点。完善宣传家风家教可在全社会培育知荣辱、讲正气、作奉献、促和谐的良好风尚,激发人们形成善良的道德意愿和道德情感,培育正确的道德判断和道德责任,提高道德实践能力,为培育和践行核心价值观奠定道德基础。虽然每个家庭的家风家教各有不同,但所有优秀家风家教的根本都是在教人崇德向善,内容基本无外乎是教人向善、积极进取、尊老爱幼、勤俭节约等。在现代社会文明新潮流下,家风家教又注入了如男女平等、科学教子、家庭民主等新时期的道德理念,然而现实生活中一些新问题的出现,如子女不赡养老人、夫妻不忠、父母不管小孩、留守老师和儿童、啃老等,也对家庭道德产生诸多负面影响,培育优良家风家教势在必行。

事实上,现代社会的公共化程度越高,家风家教越显珍贵。现代社会的公共化秩序不单单是宏观制度系统的强化和成熟,更根本的还需要公民美德的内在支撑。当代美国伦理学家麦金泰尔看得深刻:对于一个缺少正义美德的人来说,普遍的正义规范约束效果等于零。社会公共性确实具有其宏观结构的外在普遍性特征,但人格典范、道德先进和品格卓越同样是公共文化价值的精神根基,更是引领公共社会的内在价值力量。因此,在新的历史时期家风家教依然不可或缺,要深入挖掘传统家风家教资源,使其在培育和弘扬社会主义核心价值观中焕发新的活力。

现阶段三口之家甚至两口之家已经成为最基本的社会单元,家庭结构出现了变化,为了避免因这种变化导致传统家风家教资源流失,防止良好的家风家教传承出现断层,应将家风家教看成一种重要的文化遗产加以发掘,并应在全国逐步建立起家风家教文化研究体系,建立家风家教文化遗产学科。现阶段独生子女问题、住房问题等使得人们对家风家教的重视不够,应通过开展尽孝家庭、五好家庭、和谐家庭等活动,评选好婆婆好媳妇、十大孝星等,宣传优秀的家风家教,建立家风家教宣传的长效、联动机制。当下"裙带提携"价值观有一定市场,许多领导干部在亲情家庭面前,失掉原则,打了败仗。培育和践行社会主义核心价值观,领导干部必须带好头,协调好国家、集体、家庭、个人的关系,按规矩办事,不搞特殊化。父母是孩子的老师,孩子是父母的镜子,所以家长必须从自身做起,用社会主流价值取向来规范个人的行为,用道德准则进行自我约束,言传身教,形成具有新时期特色的新家风,让家风带动国风,让国风带领我们实现中华民族伟大复兴!高等学校要适应现代家庭组织、家庭结构的深刻变化,加强以感恩担责、孝亲敬老为基础的家风家教宣传展示教育活动,例如开展家风家教故事宣讲、家规家训征集与展示、身边人讲身边事等活动。

(四)民族民间文化教育

民族民间文化是各民族在其历史发展过程中创造和发展起来的具有本民族特点的文化。父母是孩子的第一任教师,民族民间文化是孩子的第一门课程,民间童谣是孩子的第一本教科书。每个人除了接受专门的教育外,还要受所属民族、所属区域特有文化的教育和影响。民族民间文化蕴含着民族情感和民族精神的内在特质,以人民群众喜闻乐见的教育方式,用人民群众口口相传的民谣民俗和人民群众自发产生的民间智慧来教育人民,这也是进行社会主义核心价值观教育的有效途径。

民族民间文化是民族智慧和精神的载体,是民族凝聚力和创造力的重要基础,是综合国力竞争的重要因素,是社会主义核心价值观的重要渊源。发展和繁荣民族民间文化,能够激发人们的民族自豪感,增强民族的文化自觉和文化自信,提升民族精气神,凝聚发展正能量。培育和践行社会主义核心价值观必须重视民族民间文化。

把民族民间文化引进校园并融入高校教育教学实践中,是培养大学生树立以爱国主义为核心的民族精神的需要,也是传承和保护非物质文化遗产,促进本土文化发展的需要。高校在培育和践行社会主义核心价值观时要站在提高学生素质,增强民族自豪感、自信心,增强民族认同感、归属感的高度去传承民族民间传统文化,聘请专家组对本土的民族民间文化开展评估,做出整体规划,编制项目。将民族民间文化融入高校思想政治教育课中,融入专业课中,如将民族民间美术融入美术课中,将民族民间武术融入体育课中等,甚至可以将其作为一门新课程,开设特色的专业课和公共选修课,推进民族民间文化课程建设,探索高校本土民族民间文化传习道路。此外,还应加强师资队伍建设,培育相关教师,同时把当地的民间艺人、非物质文化传承人以名誉讲师的身份聘到学校讲学授课。成立具有当地民间特色的社团,如秧歌队、民歌队等,加强对地方民族民间文化的研究与传播。组织学生参观民族民间文化展览馆,借此拉近距离,增强民族民间文化的亲和力。

(五)传统节日文化教育

中华传统节日是中华传统文化的缩影,凝结着中华民族的民族精神和民族情感,承载着中华民族的文化血脉和思想精华。中华传统节日形式多样,内容丰富,清晰地反映着社会生活的精彩画面。中华传统节日有春节、元宵节、清明节、端午节、中秋节等,其精神内涵涵盖团圆、忠孝、和谐、仁爱、诚信、爱国等各个方面,这与社会主义核心价值观的内在本质上具有一致性。两者都具有构建和谐社会、捍卫社会稳定的功能,都是维系民族团结、国家统一发展的基础。中华传统节日对社会主义核心价值观的广泛普及、不断强化以及自觉接受都具有重要意义。

高校在培育和践行社会主义核心价值观的过程中要充分利用中华传统节日这一载体和平台,一方面要提炼蕴含在传统节日中的积极进步文化理念、价值取向和伦理道德等精神文明,让大学生在传统习俗中认同社会主义核心价值观。另一方面,要开展多种形式的传统节日纪念活动,通过深化传统节日文化教育,让大学生感受其文化内涵,自觉接受社会主义核心价值观的熏陶和感染。

传统节日是弘扬传统文化的重要载体,也是大学生了解、学习传统文化的重要契机。高校应挖掘传统节日的教育元素,利用端午节、元宵节、清明节等传统节日,以主题班会、传统节日论坛、传统文化展演等形式,广泛开展丰富多彩的活动,为大学生增强传统文化知识提供机会,引导他们将优秀传统文化精神注入自己的价值体系中。如将宿舍文化节和中秋节融合起来,渲染浓郁的传统节日氛围和文化理念,通过一起品尝传统美食,回味民族历史,讲述文化传统,使学生的情操得到陶冶,形成健康向上的宿舍文化氛围。

此外,还可以依托重大节假日、纪念日开展以社会主义核心价值观为主题的教育活动。如利用"一二·九"运动纪念日、五四青年节等重要时机举办经典诵读、演讲比赛、辩论赛、知识竞答、科技大赛、文艺晚会等活动,滋养学生心灵,陶冶道德情操,升华道德境界。通过相关主题教育活动,让大学生能够从具体事件中联系自身、班级、学校的实际情况,从社会发展、历史规律的角度进行深层次思考,以此来培养学生以爱国主义为核心的民族精神和以改革创新为核心的时代精神。同时在节日期间也可以举办相关论坛、参观教育基地等,增加大学生对中华优秀传统文化的认识,增强民族自豪感和自信心。

二、社会关爱教育

社会关爱教育是通过系列的体验性、实践性教育活动,使个体学会爱,养成个体关爱能力,从而优化人际关系,提升精神境界。它以关怀为价值取向,以关爱情感为先导,以关爱品质的形成为目标。社会关爱教育的范畴很广,包括父母的关爱、教师的关爱、学生的关爱、社会的关爱等。社会关爱教育不仅有助于培养大学生良好的品德心理和健康的身心素质,而且有助于和谐社会的建设与形成。

我国党和政府从培养社会主义现代化事业的建设者和接班人的高度,历来重视大学生关爱品德养成问题。新中国成立之初,我国政府倡导在中小学生中进行"五爱"教育(爱祖国、爱人民、爱劳动、爱科学、爱公共财物),《关于进一步加强和改进大学生思想政治教育》中指出:"陶冶大学生关爱自然、关爱社会、关爱他人的美好情操。"培育和践行社会主义核心价值观必须重视社会关爱教育。

(一)仁者爱人

"仁者爱人"既是儒家的核心思想和首要价值,也是中华传统文化的最高道德原则和人格理想。仁爱包含了三个大的层次:以家庭为体系的爱、以行业为体系的爱和以社会为体系的爱,这三个体系内的爱是相互联系的。以家庭为体系的爱主要有尊老爱幼、男女平等、夫妻和睦、勤俭持家、邻里团结等;以行业为体系的爱主要有爱岗敬业、诚实守信、办事公道、服务群众、奉献社会、素质修养等;以社会为体系的爱主要有文明礼貌、助人为乐、爱护公物、保护环境、遵纪守法等。这其实就是我们现在所提倡的社会公德、职业道德和家庭美德,再加上个人品德,共同构成了一个完善的道德体系。社会主义核心价值观的第三层次爱国、敬业、诚信、友善就是对传统仁爱精神的传承和发扬,与仁爱精神有着高度的一致性。

"仁者爱人"理念包含了许多充满智慧的理论见解和实践经验,在当代大学生中普及这一理念,对于大学生处理人与人、人与社会的关系有着重要的借鉴意义。在建设和谐社会的进程中"仁者爱人"理念应发挥更加积极的作用。大力开展仁爱之传统美德教育,这是道德建设的内在起点。进行仁爱精神的理性和情感教育,营造良好的社会文化舆论环境,不仅"让社会充满爱",而且要努力"使世界充满爱",建立新型的、人道的、互助友爱的社会主义新型人际关系。要长期不懈地进行为人民服务思想的教育,并使之具有"仁爱"精神的广泛群众基础,这是社会主义核心价值观的核心内容和根本目标。高校要在教师中进行"五心"活动,即爱心、耐心、细心、恒心和信心,做到真心关爱学生。要在学生中进行"五爱"教育,即爱自己、爱父母、爱老师、爱他人、爱祖国,通过吸收"仁者爱人"的博爱宽容精神,宽人严己,在未来的发展道路上建功立业。

(二)公平正义

"正义是社会制度的首要价值,正像真理是思想体系的首要价值一样。"①公

---

① [美]约翰·罗尔斯:《正义论》,何怀宏等译,中国社会科学出版社1988年版,第1页。

平正义可以说是任何制度形式都始终秉持的一个较为根本的价值原则,也是衡量制度合理与否的重要尺度。公平正义品质是公平正义理念、原则和价值在个人思想、行为中体现出来的比较稳定的特征与倾向,它主要表现为公平正义的认知、情感、意志和行为四个维度。① 公平正义不仅是中国特色社会主义的内在要求,也是我们党的一贯主张。党的十八大报告把坚持维护社会公平正义作为中国特色社会主义的基本要求,提出要营造公平的社会环境,保证人民平等参与、平等发展权利。党的十八届三中全会更是把促进社会公平正义、增进人民福祉作为全面深化改革的出发点和落脚点。习近平同志在中央政法工作会议上指出,促进社会公平正义是政法工作的核心价值追求。公平正义体现的就是民主,而民主是公平的前提,所以公平正义不仅是改革发展的精神源泉,更是社会主义核心价值观的内在要求。

公平正义作为人类社会文明基本价值,是社会主义社会的价值目标,更是社会主义的本质要求与社会主义的核心价值追求,是构建和谐社会的有效途径。"不患寡而患不均,不患贫而患不安"价值观充分反映了我们对于公平的追求,当前社会教育不公、收入差距、身份歧视都是对公平正义的探讨,在培育和践行社会主义核心价值观中要坚守公平正义的共同信念,用自由、平等、公正、法治的价值取向引领思潮、凝聚共识、整合社会。高校要以学生为根本,努力创设公平的环境,实现权利公平、机会公平、规则公平、分配公平,让学生切身感受到公平的存在。首先要实现制度的公正,既制定的制度要合法合理,同时对所有师生具有同等效应,如招生公平、处罚公平等。其次要注重程序公平,公开各种标准和操作过程,严格评选程序,接受师生监督,如各类奖学金评选时的公平、公平保研等。再次,培养大学生公平正义品质,要倡导大学生在较高层次上实现自身价值,在完善自我中发挥自己的能动作用,修身养性,重视公平正义品质的践履。

(三)诚实守信

诚信意为以真诚之心,行信义之事。诚信是中华民族传统美德,是华夏民族最崇尚的品质。古有曾子杀猪教子诚信、商鞅立木为信的故事,今有诚信交友、诚信做人之案例。诚信是立人之本、齐家之道、交友之基、为政之法、经商之魂。习近平总书记在辽宁考察时指出,领导干部要自觉讲诚信、懂规矩、守纪律。中华民

---

① 王莉:《大学生公平正义品质研究》,载《山西高等学校社会科学学报》,2014 年第 6 期,第 46 页。

族历来推崇诚信,所谓"人无信而不立""人而无信,不知其可也""不宝金玉,而忠信以为宝"等,都说明诚信的重要。对于我们现代公民而言更是如此,讲诚信就是要光明磊落、襟怀坦白、表里如一、言行一致,对国家忠诚老实,对群众忠诚老实,对说过的话做过的事敢于承担责任,做到台上台下一种表现、圈里圈外一个样。

近年来,诚信缺失、道德滑坡现象严重,"毒奶粉""瘦肉精""地沟油""皮革胶囊"等事件的发生,让我们更加深刻地认识到诚信的重要性。对即将步入社会生活的公民——大学生进行诚信教育,借鉴中华传统诚信思想对大学生进行诚信教育,以传统美德引导学生坚守诚信、求真务实势在必行。诚实守信、言行一致,不但是大学生人格修养的必要基础,而且在人际交往中也会持续发挥"正能量"的作用。高校应加强正面宣传引导,利用校园网、橱窗、讲座等宣传有关诚信的典型人物和事例;举行以"诚信"为主题的班会、征文比赛等,以引导大学生说实话、做实事。同时也要宣传诚信缺失的严重后果,强化诚信光荣、不诚信可耻的观念,形成诚信者受尊重、不诚信者遭鄙视的社会风气,进而学会用发展的眼光看待社会上出现的诚信危机现象。

三、人格修养教育

人格修养是人积极主动地对自身人格不断充实完善,创造出一种内在精神美的过程,它是人的价值观、道德观、思维方式、心理等的综合体现。从古至今,加强人格修养历来被重视,《大学》中指出"大学之道,在明明德,在亲民,在止于善",同时也提到"自天子以至庶人,壹是皆以修身为本"。习近平同志在北京大学师生座谈会上对当代大学生提出了四点希望:勤学、修德、明辨、笃实。大学生作为时代中的先进分子,作为社会中的优秀青年,肩负着时代和历史赋予的重大使命,其人格发展程度、行动推动力量关系到国家的强大、民族的复兴与社会的和谐。因此对大学生进行人格修养教育不仅是大学生自身发展需要,也是社会发展的需要。高校在人才培养过程中,不仅要进行知识的传播,更要对大学生进行人格修养教育,提高大学生素质,培养他们高尚人格。

中华传统文化讲究表里如一的内心修养,"首尾周密,表里一体。"大学生要成长成才首先要学会做人,而修养是做人的根基,"不辨是非难处世,不知荣辱不成人"。大学生在学业上有问题不影响他的一生,但是在道德人格上有问题是肯定不能成才的。当今中国处于社会转型时期,社会上道德缺失现象屡见不鲜,这就要求当代大学生以深厚文化道德为基础,不骄不躁、不媚不馁、知书达理、明辨是非、勇于探索和坦荡正义，积极主动提升自身内心修养。

（一）"三观"的培养

"三观"就是人的世界观、人生观、价值观，它们三者是一个有机统一的整体，世界观是人生观和价值观的基础，价值观是世界观和人生观的现实体现。大学时代是大学生形成系统世界观、人生观、价值观的关键时期，高校要抓住这一时期，结合学生实际和社会现实对其进行相关教育，使大学生领悟人生真谛，创造人生价值。

传统文化教导儒生要有治国平天下的世界观，这正与当代大学生树立治国安邦的远大志向同出一辙。《大学》在开篇中提出读书人的理想人生轨迹和职业规划，即"格物、致知、诚意、正心、修身、齐家、治国、平天下"。自我人格修养和国家的命运应该紧紧联系在一起，为历代仁人志士设定了治国平天下的世界观，升华了人格修养的动机。对当代大学生来说，要志存高远，使自己的命运和国家的发展紧密关联，让个人价值实现与国家繁荣富强相辅相成。

"天行健，君子以自强不息"是中华民族的重要精神心态。目前科学技术日新月异的变化以及在人们日常生活中的普及，在给人们带来极大便捷的同时，也带来了一些错误的思想观念，如拜金主义、享乐主义、个人主义等，而"宅男宅女""屌丝"等新名词的出现，也从侧面反映了人际交往中的一些不良现象，在这种形势下，个人积极进取、自强不息的精神就显得尤为重要。有效地践行中华民族的自强不息精神，对当代大学生的人生观能有正确的引导，可以有效抵制社会上的消极影响，避免精神上的患得患失，以更加昂扬的精神面貌紧跟时代步伐，与时俱进，开拓创新。

中华传统文化提倡贵义贱利的价值观，"君子喻于义、小人喻于利""富贵不能淫、贫贱不能移、威武不能屈"等是其生动的表达，胡锦涛同志在"八荣八耻"中也提到要"以见利忘义为耻"。当前金钱主义、物质主义影响了大学生形象主流导向，甚至会出现人的异化、人格的异化。大学生应以"贵义贱利"来抵御物质主义的侵蚀，抵御社会生活中利益至上的歪风邪气，这样才能做到"脱离了低级趣味"，避免人格异化等不良倾向在大学生群体中的形成。

正确的世界观、人生观和价值观不仅对大学生的学习起着决定性的作用，而且也是获取知识的动力，更是树立全心全意为人民服务思想的源泉。高校要以理想信念教育为核心，以爱国主义教育为重点，以思想道德建设为基础，以大学生全面发展为目标，结合实际情况，采取有效措施，引导大学生自觉树立正确的"三观";要用马克思主义武装学生头脑,从而使大学生正确认识和处理政治、经济、文化等领域的问题,正确处理国家、集体和个人的关系,正确选择人生目标和发展道路,树立坚定正确的政治方向;要帮助学生树立积极的学习心态,包括马列主义的学习和专业课的学习,通过学习增强本领;要引导学生明辨是非,把握好自己的言行。同时引导、组织学生参加社会实践,培养全心全意为人民服务的思想。

(二)礼仪修养

人无礼则不立,事无礼则不成,国无礼则不宁。礼仪不仅仅是一种形式,而且是一个人、一个集体乃至一个国家精神文明的象征。中华古代礼仪文化高度发达,对各方面的仪表仪容、言行举止,皆有详细严格的程式化规定,并具有典章制度和道德规范的约束力。在大学生中进行礼仪教育不仅是提高大学生道德修养、人文素质以及人际交往能力的需要,也是弘扬中华传统美德、促进社会和谐的需要。

大学生礼仪教育包括道德品质的修养、文学艺术的修养、科学知识的修养、心理素质的修养和礼仪习惯的修养。道德品质修养就是在思想政治教育过程中,坚持马克思主义在意识形态领域的指导地位,牢牢把握社会主义先进文化的前进方向。具体而言,就是要确立社会主义核心价值观的核心地位,培育文明道德风尚。文学艺术修养就是使学生发现美、感受美、欣赏美,确立正确的审美观。科学知识修养就是使学生全面而深刻地理解礼仪的原则和规范,更好地提高自身的礼仪修养水平。心理素质修养就是使学生学会调节、控制自己的心理活动状态,文明有礼地完成交际活动,达到理想的交流目的。礼仪习惯修养就是把大学生礼仪的程式和规范内化为自己的行动,养成良好的礼仪习惯。

高校应借鉴中国古代书院学规中有关礼仪教育的积极内容,充实当代大学生守则中的礼仪规定部分,深化和固化中小学阶段礼仪教育的内涵和成果。第一要转换礼仪修养教育理念,即学校应努力实现科学教育与人文教育的结合,实现其协调平衡发展。第二将礼仪教育引入课堂,纳入教学计划,切实完善高校德育体系,规范礼仪修养课程设置。第三塑造教师礼仪修养形象,强调教师的人格魅力和学识魅力,发挥教师的引导、示范作用。第四开展多层次、多主题的礼仪实践活动,营造良好的礼仪修养氛围,引导大学生慎独自律、文明修身、进德修业,发挥对全社会礼仪文化建设的示范引领作用。第五构建家庭、社会、学校协同教育体系,真正发挥三位一体的教育合力,提高教育效果。

(三)行为习惯

"中和"是中庸之道的主要内涵,是中华传统文化中一条十分重要的伦理原则和道德要求,也是中华主流文化的一种潜要求,它要求个人的行为举止不偏不倚,反对"过"和"不及",同时,这也是协调和团结人际关系的一条重要原则,要"君子和而不同"。这一思想能够促使大学生和谐相处,为大学生确立共存共赢的思想观念创造崭新的思维方式,也能够为他们和谐处世提供有益的方法指导。高校既要举办一些竞赛,如体育比赛、智力竞赛等展现学生的才华,激发学生的进取心,又要高度重视学生合作精神的养成教育,使学生正确处理竞争与合作的关系。

勤俭节约是中华民族的传统美德,"俭,德之共也;侈,恶之大也。""历览前贤国与家,成由勤俭破由奢。"现在国家也适时地提出了"建设节约型社会"。现阶段大学生中盲目攀比、两极分化和消费结构不合理等不良现象不同程度地存在,在大学生中进行勤俭节约教育,就是要杜绝大学生相互攀比、浪费严重现象,就是要清除在大学生中存在的错误观念和行为,建立正确的人生理念。高校要把消费观念、消费常识、消费道德纳入思想政治教育中,引导学生树立正确的消费观。结合学校日常教育管理、校园文化建设、大学生社会实践等,有针对性地开展社会主义荣辱观教育,开展相关勤俭节约主题活动,举行"光盘行动""勤俭节约我先行"主题征文活动等,以促进大学生勤俭持家治国优良品德的形成,加强高校思想政治教育的针对性和实效性。

中华传统文化提倡人际交往的原则是中和、宽恕、谦敬、仁爱、诚信、义忠。只有遵循上述原则,才能"一个篱笆三个桩、一个好汉三个帮"。人际交往与沟通是一门学问,它对于大学生成长和发展具有重要意义。和谐的人际关系不仅有利于培育大学生健康的心理,使大学生顺利完成学业,同时也是大学生未来事业成功的必备素质。然而现阶段部分大学生在人际交往中出现轻友情、图实惠现象,功利化趋向明显。比如,生日聚会必须买东西才能去,请客吃饭超出自己的经济承受能力,在交往中轻视互相的志趣和友情,互利意识强烈。大学生应以社会主义核心价值观为指导,客观理性积极地进行人际交往,最终达到建立和谐人际关系的目标。

参考文献

[1]《马克思恩格斯选集》(第3卷),人民出版社1995年版。

[2]《马克思恩格斯选集》(第1卷),人民出版社1995年版。

[3]《邓小平文选》(第3卷),人民出版社1993年版。

[4]《邓小平文选》(第2卷),人民出版社1994年版。

[5]社会主义核心价值观学习读本编写组:《托起〈中国梦〉社会主义核心价值观学习读本》,新华出版社2013年版。

[6][苏]图加林诺夫:《马克思主义中的价值论》,齐友、王霁、安启念译,中国人民大学出版社1989年版。

[7]袁贵仁:《价值观的理论与实践》,北京师范大学出版社2006年版。

[8]陈章龙、周莉:《价值观研究》,南京师范大学出版社2004年版。

[9]麦金生:《哈佛肯尼迪政治学院读本》,四川大学出版社1998年版。

[10]林泰:《改革开放以来的社会思潮与青年思想政治教育研究》,中国社会科学出版社2013年版。

[11]周中之、石书臣:《社会主义核心价值体系教育探索》,上海人民出版社2007年版。

[12]吉登斯:《现代性与自我认同》,三联书店1998年版。

[13]骆郁廷:《当代大学生思想政治教育》,中国人民大学出版社2010年版。

[14]李纪岩:《当代大学生社会主义核心价值观培育研究》,山东人民出版社2013年版。

[15]杨晓慧:《社会主义核心价值体系融入大学生思想政治教育全过程的基本问题研究》,人民出版社2011年版。

[16]吴明隆:《SPSS统计应用实务:问卷分析与应用统计》,科学出版社2003年版。

[17]侯杰泰、温忠麟、陈子娟:《结构方程模型及其应用》,教育科学出版社2004年版。

[18]郑承军:《理想信念的引领与建构——当代大学生的社会主义核心价值观研究》,清华大学出版社2013年版。

[19]彭聃龄:《普通心理学》,北京师范大学出版社2004年版。

[20]《列宁选集》(第 2 卷),人民出版社 1995 年版。

[21]郑承军:《理想信念的引领与构建:当代大学生的社会主义核心价值观研究》,清华大学出版社 2010 年版。

[22]陈芝海:《大学生社会主义核心价值观教育研究》,光明日报出版社 2013 年版。

[23]《列宁选集》(第 1 卷),人民出版社 1995 年版。

[24]《马克思恩格斯选集》(第 2 卷),人民出版社 2009 年版。

[25]《马克思恩格斯选集》(第 10 卷),人民出版社 2009 年版。

[26]祖嘉合:《思想政治教育方法教程》,北京大学出版社 2004 年版。

[27]万美容:《思想政治教育方法发展研究》,中国社会科学出版社 2007 年版。

[28]姜璐:《钱学森论系统科学》,科学出版社 2011 年版。

[29]孙其昂:《思想政治教育学前沿研究》,人民出版社 2013 年版。

[30]倪志安:《马克思主义哲学教育方法论研究》,人民出版社 2006 年版。

[31]《马克思恩格斯全集》(第 23 卷),人民出版社 1974 年版。

[32]邹绍清:《当代思想政治教育方法论发展研究》,人民出版社 2013 年版。

[33]李建平:《当代国外思想政治教育比较》,社会科学文献出版社 2009 年版。

[34]冯益谦:《比较与创新——中西德育方法比较》,中央编译出版社 2004 年版。

[35]《毛泽东选集》(第 1 卷),人民出版社 1991 年版。

[36]杨业华:《当代中国大学生核心价值观研究》,人民出版社 2011 年版。

[37]张岂之:《中华优秀传统文化核心理念读本》,学习出版社 2013 年版。

[38][法]卢梭:《爱弥儿》(下卷),李平沤译,商务印书馆 2001 年版。

[39][西班牙]奥尔特加·加塞特:《大学的使命》,徐小洲、陈军译,浙江教育出版社 2001 年版。

[40]冀生:《现代大学文化学》,北京大学出版社 2002 年版。

[41][美]约翰·罗尔斯:《正义论》,何怀宏等译,中国社会科学出版社 1988 年版。

[42]张岂之:《中国传统文化》,高等教育出版社 2010 年版。

[43]李忠军:《社会主义核心价值体系领大学生思想政治教育研究》,人民出版社 2014 年版。

[44]方宏建、郭春晓:《大学生思想政治教育学》,人民出版社 2014 年版。

[45]陈华洲:《思想政治教育方法论》,华中师范大学出版社 2010 年版。

[46]褚凤英:《思想政治教育活动研究》,人民出版社 2011 年版。

[47]司马云杰:《中国文化精神的现代使命》,山西教育出版社 2008 年版。

[48]Rosenkrantz P S, Vogel S R, Broverman I K, Broverman DM, *Sex role stereotypes and slef concepts in college students*, Journal of consulting and clinical psychology, 1968.

[49]A. R. Buss, *A dialectical psychology* , New York:Irving Publishers,1979(98).

[50] Carl F. Kaestle, *Conunon Sehools and Alnerican Soeiety*, New York: Hill and Wang, 1983.

[51] 程霞、马得林:《社会主义核心价值体系引领社会思潮机制研究述评》,载《毛泽东思想研究》,2014 年第 5 期。

[52] 戴木才:《积极培育和践行社会主义核心价值观》,载《思想教育研究》,2014 年第 2 期。

[53] 杨燕:《当代大学生价值观取向的问题分析及对策》,载《道德与文明》,2010 年第 3 期。

[54] 赵有田:《构建有中国特色社会主义价值观念体系》,载《长白学刊》,2001 年第 1 期。

[55] 龚旭芳、吴亚林:《社会主义核心价值观——意识形态建设的着力点》,载《学校党建与思想教育》,2013 年第 11 期。

[56] 李玮:《中国古代社会的"礼"、"法"考证》,载《兰台世界》,2013 年第 30 期。

[57] 张国祚:《中国梦与文化软实力》,载《中共四川省委省级机关党校学报》,2014 年第 1 期。

[58] 蓝维、夏飞:《价值观教育的确立与发展——价值观教育 30 年的历史回顾》,载《中国德育》,2008 年第 12 期。

[59] 虞崇胜:《社会主义核心价值观生成的一般规律、基本原则和基本要素》,载《东南学术》,2013 年第 1 期。

[60] 刘玉红:《职业院校学生价值观培育的心理学思考》,载《中国职业技术教育》,2012 年第 12 期。

[61] 刘波:《青年学生价值观形成的一般过程和内在机制》,载《思想教育研究》,2010 年第 2 期。

[62] 吴贵春:《用社会主义核心价值体系指导高校思想政治理论课建设》,载《思想理论教育导刊》,2013 年第 6 期。

[63] 吴红英:《以人为本的思政课教学模式》,载《南昌师范学院学报》,2013 年第 11 期。

[64] 雷志轶:《通识教育与创新型人才培养刍议》,载《科教导刊》,2012 年第 9 期。

[65] 刘隽颖:《哈佛大学本科生通识教育改革之路评析》,载《大学教育》,2013 年第 18 期。

[66] 孙华:《通识教育的中国境遇》,载《江苏高教》,2013 年第 3 期。

[67] 杨叔子、余东升:《文化素质教育与通识教育之比较》,载《高等教育研究》,2007 年第 6 期。

[68] 刘凌霜:《以人为本的德育刍议》,载《漳州师范学院学报》,2001 年第 3 期。

[69] 朱冬英:《从理论灌输到实践参与》,载《江苏高教》,2005 年第 6 期。

[70] 钟一彪:《大学生社会公益实践探讨》,载《当代青年研究》,2013 年第 1 期。

[71]赵侠:《大学生社会实践模式的局限性及其超越》,载《江苏高教》,2007 年第 5 期。

[72]刘宝存:《论大学精神及其在大学发展中的作用》,载《青海师范大学学报》,2002 年第 2 期。

[73]王少安:《大学环境文化及其育人功能》,载《中国大学教学》,2008 年第 12 期。

[74]马国清:《校园行为文化建设探析》,载《中国高教研究》,1999 年第 3 期。

[75]王莉:《大学生公平正义品质研究》,载《山西高等学校社会科学学报》,2014 年第 6 期。

[76]朱善璐:《以社会主义核心价值观引领立德树人工作》,载《人民日报》,2014 年 6 月 17 日。

[77]吴潜涛:《深刻理解社会主义核心价值观的内涵和意义》,载《人民日报》,2013 年 5 月 22 日。

[78]张朋智:《社会主义核心价值观与中国梦的内在联系》,载《光明日报》,2013 年 4 月 6 日。

[79]王霄:《"给先进生产力以至尊地位"——学习"三个代表"系列谈话之五》,载《中华读书报》,2002 年 1 月 16 日。

[80]江泽民:《在庆祝北京大学建校 100 周年大会上的讲话》,载《人民日报》,1998 年 5 月 5 日。

[81]冯刚:《提高国家文化软实力要努力传播社会主义核心价值观》,载《光明日报》,2014 年 7 月 23 日。

[82]韩震:《培育和践行核心价值观需注重方法和途径创新》,载《光明日报》,2014 年 1 月 15 日。

[83]王炳林:《在解疑释惑中统一思想认识》,载《光明日报》,2014 年 1 月 9 日。

[84]高玉丽:《构建主体性德育模式》,载《中国教育报》,2001 年 8 月 18 日。

[85]朱珠:《大学生社会主义核心价值体系认同研究》,长春理工大学硕士论文,2009 年。

[86]韩烨:《中国基层公务员激励约束机制研究——基于陕西省基层公务员队伍现状分析》,西北大学硕士论文,2009 年。

附　录

大学生社会主义核心价值观认同现状问卷调查

亲爱的同学们：

您好，为更好地了解大学生群体对社会主义核心价值观的认知、践行状况，促进社会主义核心价值观在大学生中的培育与践行，特进行此次问卷调查。本问卷不计姓名，答案无对错之分，请按照您的真实想法进行选择，在正确答案相应位置打勾即可，调查资料仅供科学研究使用，不必有任何顾虑。

谢谢您的配合和帮助！

教育部社会主义核心价值观研究课题组

基本信息：

1. 您的性别：A. 男　　　B. 女

2. 专业类别：A. 理科　　B. 工科　　　C. 文科　　D. 其他

3. 年　　级：A. 大一　B. 大二　　C. 大三　　D. 大四　　E. 大五

4. 政治面貌：A. 共青团员　B. 中共党员　C. 群众

5. 您的家乡：A. 城镇　　B. 农村

第一部分：

1. 您通过什么方式首先了解到"社会主义核心价值观"的说法？（　　）

A. 报纸新闻　B. 电视报道　C. 网络媒体　D. 书籍　E. 思想政治理论课

F. 不了解

2. 您感觉社会主义核心价值观同平常的学习和生活有联系吗？（　　）

A. 有很大联系　B. 有联系但不大　C. 没有任何联系　D. 不清楚

3. 您的信仰是（　　）

A. 宗教　　B. 权力　C. 财富　D. 社会主义和共产主义　E. 无　F. 其他

4. 您认为当代大学生的价值观确立与哪些因素有关系？（多选）（　　）

A. 社会大环境　B. 学校教育　C. 家庭理念　D. 个人选择

5. 您认为当代大学生的整体状态如何？（　　）

A. 整体积极向上　B. 整体萎靡不振　C. 好坏各半　D. 不了解情况

6. 您认为有没有必要在大学生群体中进行社会主义核心价值观的宣传教育？
（　　）

A. 很有必要　　B. 没有必要　　C. 不清楚

7. 您了解"中国梦"的具体含义吗？（　　）

A. 部分了解　　B. 很清楚　　C. 完全不了解

8. 您对"中国特色社会主义事业能使我们的社会变得自由、平等、公正、法治"的看法（　　）

A. 十分同意　B. 基本同意　C. 不同意　D. 不关心

9. 您认为"富强、民主、文明、和谐"的中国能早日实现吗？（　　）

A. 能　　B. 不能　　C. 不关心

10. 您如何看待大学生中的"韩流"、"日流"等现象？（　　）

A. 正常选择　B. 文化的入侵　C. 包容的心理　D. 无所谓

11. 将来您的就业方向是什么？（　　）

A. 考公务员　B. 考研　C. 到外企工作　D. 到国企工作　E. 创业　F. 出国　G. 其他

12. 您的入党动机是什么？（多选）（　　）

A. 为人民服务　B. 找一份好工作　C. 父母的建议　D. 先进人物的影响
E. 不想入党

13. 您认为让大学生认同和践行社会主义价值观需要哪些方面的教育？（多选）（　　）

A. 价值取向　B. 诚信意识　C. 理想信念　D. 创新意识　E. 社会责任
F. 心理健康

14. 您对思想政治理论课感兴趣吗？（　　）

A. 感兴趣　B. 不感兴趣　C. 无所谓　D. 看老师水平

15. 您所在学院有没有开展过关于社会主义核心价值观方面的专题教育活动？（　　）

A. 开展过　B. 没开展过　C. 不清楚

16. 您感觉网络思想政治理论课是不是优于课堂的效果？（　　）

A. 是的　B. 不是　C. 差不多　D. 不清楚

17. 您认为引导大学生树立社会主义核心价值观应依靠（多选）（　　）

A. 辅导员或班主任　B. 思政课老师　C. 专业课老师　D. 父母　E. 自己

F. 社会

18. 您如何看待大学生中的道德滑坡现象？（　　）

A. 正常现象　B. 会好起来的　C. 跟自己没有关系　D. 越来越差

19. 您认为影响大学生树立社会主义核心价值观的主要因素是什么？（多选）（　　）

A. 西方社会思潮的影响　　B. 市场经济的影响　C. 多元文化的存在　D. 大学生群体　E. 个人价值观

20. 您认为引导大学生确立社会主义核心价值观的有效方法有哪些？（多选）（　　）

A. 组织专家学者讲座　　B. 开展理论学习　C. 通过比赛活动加以促进　D. 组织社会实践工作　E. 定期交流心得

21. 您认为专业课老师是否有必要在课堂上讲解的过程中涉及思想政治教育内容？（　　）

A. 很有必要　B. 毫无必要　C. 可有可无　D. 不清楚

22. 您参加过的社会实践活动感觉如何？（　　）

A. 没参加过　B. 挺有意义　C. 效果一般　D. 效果不好

23. 您参加的社会实践活动有资金保障吗？（　　）

A. 非常充足　B. 需要自己垫付　C. 学校和自己各半

24. 您对本校举办过的校园文化活动如何评价？（　　）

A. 丰富多彩　B. 相对单调　C. 效果一般　D. 不怎么参加

25. 您怎么看待本校的"红色网站"（宣传部、团委或学生处开设的相关思政网站）？（　　）

A. 非常不错　B. 内容枯燥乏味,没有吸引力　C. 互动性差　D. 不感兴趣

第二部分：

序号	题 项	完全符合	比较符合	说不清楚	不太符合	完全不符合
1	公民可以不为国家尽职尽责					
2	大学生有必要进行理想信念教育					
3	良好的文明现象要从自身做起					
4	"中国梦"一定会实现					
5	文明素养对一个人的成功十分关键					
6	在车上会主动给老年人让座					
7	个人文明行为与国家无关					
8	只有人与人平等才能实现和谐					
9	人民民主具有广泛性、真实性、全民性					
10	国家是否和谐与我无关					
11	我对国情和历史很感兴趣					
12	看到五星红旗"留影"月球很自豪					
13	大学生应该为环境保护贡献力量					
14	参与社会公益活动有意义					
15	社会公正与否和我个人关系不大					
16	我国会建成一个法治社会					
17	学校应该加强学生的法律意识培养					
18	我对"钓鱼岛事件"非常关注					
19	我国运动员获奖会心潮澎湃					
20	我了解爱国主义的精神内涵					
21	别人有困难时我很乐意帮助					
22	法制健全才会有安全感					
23	我崇尚人人平等的社会					
24	诚信意识要从小学生抓起					
25	交朋友时很看重对方是否诚信					
26	社会上的造假行为令人心痛					
27	对人友善是个人成功不可或缺的因素					
28	我赞成"送人玫瑰手留余香"					

续表

序号	题　项	完全符合	比较符合	说不清楚	不太符合	完全不符合
29	诚信是一种可贵品质					
30	我渴望看到国家统一					
31	我支持讲民主的领导					

再次感谢您的参与,祝您学业进步!

后 记

　　提高思想政治教育科学化水平是深化教育领域综合改革的重要内容，也是落实立德树人根本任务的必然要求，这需要广大思想政治教育工作者进一步探索规律、把握规律、运用规律，进一步加强学科和理论的支撑，进一步加强思想政治教育前沿问题研究和跨学科研究，强化问题导向，立足学科前沿，组织联合攻关团队，紧紧围绕大学生思想政治教育工作中的现实问题、重点任务、工作难题开展研究，让学科、理论优势转化为推进思想政治教育科学发展的强大动力。基于此，教育部思想政治工作司着手《思想政治教育研究文库》培育建设工作。

　　本书是《思想政治教育研究文库》入选著作之一。本书紧扣时代脉搏，紧紧围绕习近平总书记等系列讲话精神，依据中央办公厅《关于培育和践行社会主义核心价值观的意见》等文件要求，在遵循理念先导与务实有效相统一、科学规范与创新发展相统一的原则下，通过集成广大一线大学生思想政治教育理论研究与工作实践队伍的思想和智慧，分别从理论成果升华和实践经验提炼的角度，对在大学生中培育和践行社会主义核心价值观进行了系统的研究梳理，以期为新形势下在大学生中培育和践行社会主义核心价值观做出贡献。

　　本书得到了教育部人文社会科学研究专项任务项目（高校思想政治工作）"在大学生中积极培育和践行社会主义核心价值观研究"（批准号：13JDSZ1011）的资助。参与课题研究与本书撰写的还有齐德义、王维、于波、李晓辉、杨波、王琦、贾玉跃、李晓霞、薛诚、仝莉莉、丁于娟、张建军、杨文超、刘晓静等老师。在本书的写作过程中，得到了许多专家学者的热心帮助和精心指导,借鉴了诸多专家学者已有的研究成果,中共山东省委高校工委齐秀生副书记为本书作序,在此一并表示感谢!本书在撰写和出版过程中,得到了中国书籍出版社的大力支持,在此表示衷心的感谢。受自身水平限制,加之这又是一个与时俱进的命题,需要不断探索与创新,因此书中难免存在疏漏与有失偏颇之处,恳请读者给予批评斧正!

李东

2015 年 2 月于青岛